国家出版基金项目
NATIONAL PUBLICATION FOUNDATION

"十四五"时期国家重点出版物出版专项规划项目

突发公共卫生事件应急物流丛书

基于情景构建的应急物流安全动态决策

朱佳翔　骆公志　著

中国财富出版社有限公司

图书在版编目（CIP）数据

基于情景构建的应急物流安全动态决策 / 朱佳翔，骆公志著. -- 北京：中国财富出版社有限公司，2024.11. --（突发公共卫生事件应急物流丛书）.
ISBN 978-7-5047-7897-0

Ⅰ. F259.221

中国国家版本馆CIP数据核字第20240B4W11号

策划编辑	王　靖	责任编辑	王　靖	版权编辑	李　洋
责任印制	尚立业	责任校对	杨小静	责任发行	敬　东

出版发行	中国财富出版社有限公司	
社　　址	北京市丰台区南四环西路188号5区20楼　邮政编码　100070	
电　　话	010-52227588 转 2098（发行部）　　010-52227588 转 321（总编室）	
	010-52227566（24小时读者服务）　　010-52227588 转 305（质检部）	
网　　址	http://www.cfpress.com.cn	排　版　宝蕾元
经　　销	新华书店	印　刷　宝蕾元仁浩（天津）印刷有限公司
书　　号	ISBN 978-7-5047-7897-0 / F·3754	
开　　本	710mm×1000mm　1/16	版　次　2024 年 11 月第 1 版
印　　张	20.25	印　次　2024 年 11 月第 1 次印刷
字　　数	253 千字	定　价　88.00 元

学术顾问委员会

编　委　会

前　言

近年来，随着各类突发公共卫生事件的频繁发生，应急物流供应链管理的研究已经成为热点。为了提高对各类突发公共卫生事件的应急能力，必须协同组织社会各方面的资源，全面开展科学的应急管理与应急决策的研究。

本书从系统优化的角度出发，以突发公共卫生事件下应急物流安全情景构建为基础，构建"情景构建—协同决策"的应急物流安全动态协同决策体系及其架构支持系统，有效解决突发公共卫生事件下应急物流安全动态决策预案与救灾实践严重脱节问题，有效服务于我国应急物流安全管理与决策实践，形成对应急物流安全客观规律的科学认识，有利于提高我国突发公共卫生事件下应急物流安全管理体系的科学性。本书拓展了突发公共卫生事件下的应急管理、应急物流管理、情景理论、情景构建理论、协同学、鲁棒决策、模糊决策理论，并探索了上述决策方法的协同和决策支持系统理论等方法，对基于突发公共卫生事件下的情景构建、应急物流安全等案例进行了深入分析与研究，并通过模拟仿真分析，验证应急物流决策等算法工具的科学性及决策支持系统的实用性。

本书主要包括以下内容。

第一章：通过文献综述为突发公共卫生事件下的情景构建、应急物流安全动态协同决策等理论奠定基础。

第二章：通过应急物流安全与情景构建等相关理论概述，为应急物流安全动态协同决策及相关案例分析进行理论铺垫。

第三章：基于模糊不确定性与鲁棒不确定性两个决策方法层面，探讨突发公共卫生事件下应急物流安全动态决策方法。

第四章：根据突发公共卫生事件演变的规律，构建突发公共卫生事件的情景演化网络图。以此为基础，构建突发公共卫生事件情景推演模型，并进行实证分析；构建了突发公共卫生事件下基于粒计算理论的情景层次模型；通过基于"情景—应对"的多维情景因子分析，给出突发公共卫生事件中"情景—应对"的多维情景熵，针对事故暴露出的问题，提出相应的防范措施和建议。

第五章：构建基于D–S的应急物流配送安全情景模型，给出相应的应急物流安全对策与建议；探讨突发公共卫生事件情景构成，定义情景描述与变迁关联的模糊规则，给出应急物流中铁路运输安全情景重构模型，为突发公共卫生事件的"情景—应对"型决策提供支持。

第六章：构建基于突发公共卫生事件情景分析的应急物流安全协同决策模型，通过模糊协同决策模型的案例描述医用救灾物资调度、物流安全、配送与方法等问题；根据多维情景熵值来鉴别受灾区域差异化分类，给出差异化区域之间应急物流安全协同方案的组合；通过应急物流安全协同运作的鲁棒性检验，给出突发公共卫生事件下应急物流安全鲁棒控制策略。

第七章：在突发公共卫生事件下应急物流安全动态协同决策的基础上，研究了应急物流架构支持系统的构建问题；构建了应急物流决策支持系统的结构框架模型；科学设计了应急物流安全决策支持系统的数据库、管理子系统及其逻辑结构、模型库结构及其算法原理，为政府应急管理部门提供有力的决策参考依据。

本书可作为高等院校管理类学科的本科高年级教材，也可作为管理科学与工程、工商管理及公共管理等专业的研究生教学参考书，同时还可作为政府、企业管理部门及相关的高级管理人员进行管理与决策的入门工具书。

本书的推广可全面普及突发公共卫生事件下的应急决策理论方法知识体系，提高全社会应急管理决策的意识，促进交叉领域合作创新思维的培养，在突发公共卫生事件的发生、发展与预防的实践中取得良好的社会效益，在全面降低突发公共卫生事件造成的损失方面起到间接提高经济效益的作用。

由于作者水平有限和时间仓促，书中不当之处在所难免，请读者批评指正。

朱佳翔

2024 年 1 月

目　录

第一章　研究现状

近年来，突发公共卫生事件频繁发生，尤其是2019年12月以来席卷全球的新冠疫情造成上千万人死亡，数十万亿美元财产损失（数据源自"worldometers"）。突发公共卫生事件下应急物流安全危机暴露出传统"预测—应对"型决策的许多弊端：应急物流运作安全预案与决策脱节、应急物流运作安全缺乏动态监控及智能研判、应急物流安全情景感知及动态反应能力缺失，以及应急物流安全决策体系偏于"静态"，很难适应"动态"疫情环境。而且，长期以来，由于传统"预测—应对"型决策缺乏信息平台支持，以致应急物流安全决策预案与救灾实践严重脱节，关键时刻起到的作用微乎其微。针对传统"预测—应对"型决策的缺陷，本书以突发公共卫生事件下应急物流安全情景构建为基础，搭建"情景构建—协同决策"的应急物流安全动态协同决策体系及其架构支持系统，有效解决突发公共卫生事件下应急物流安全决策预案与疫情中救灾实践严重脱节问题，有效服务于我国应急物流安全管理与决策实践，形成对应急物流安全客观规律的科学认识，有利于提高我国突发公共卫生事件下应急物流安全管理体系的科学性。

应急物流安全管理是指以突发公共卫生事件下的应急物流系统为研究对象，以安全系统工程的原理和方法为手段，重点探讨突发公共卫生事件下应急物资仓储、运输、装运及配送等环节中安全事故原因及系统安全决策方法，并提出安全技术和管理的对策措施。

本章在参考大量国内外文献基础上，系统分析了突发公共卫生事件下应急物流安全管理相关理论、决策方法的研究现状，并以问题为导向，给出相关研究的学术价值与应用价值，全面介绍本书的研究内容、研究目标与研究方法等。

第一节　基本概念

　　SARS（传染性非典型肺炎）事件之后，学术界迅速掀起了一个突发公共卫生事件的研究高潮，主要沿着三条路径展开。一是针对突发公共卫生事件工作中具体问题的研究。童星（2012）结合国内实践对突发公共卫生事件下的政府应急管理提出相关可操作性的建议。Kristin 等（2019）对突发公共卫生事件应急过程中卫生监督机构的职责进行了研究。郁建兴等（2020）基于疫苗监管治理体系及应对危机的案例进行研究。黄奇帆（2020）对新冠疫情下中国公共卫生防疫体系提出了改革的建议。王帆（2020）针对新冠疫情，提出了构建系统的防疫应急管理体制的建议。李维安等（2020）提出了突发疫情下应急治理的紧迫问题及其对策建议。二是突发公共卫生事件监测预警相关的研究，主要有黄建始的SARS研究课题组，对SARS症状监测及其在应对突发公共卫生事件中的作用进行了研究，提出了一个初步的突发公共卫生事件预警方案。曹广文教授以国家自然科学基金为依托，对我国突发公共卫生事件主动监测系统进行了研究。此外，方继等（2017）、徐婷婷等（2019）、Olivier 等（2017）、Martine 等（2019）对构建突发公共卫生事件监测预警系统提出了各自的观点。三是医院应对突发公共卫生事件的研究，主要有兰奎旭等（2016）、曹战英（2017）、Khan 等（2019）、计晓丽（2019）、Saini 等（2020）对综合性医院在突发公共卫生事件处理中的职能、作用进行了深入分析。

一、突发事件

突发事件指突然发生，造成或者可能造成严重社会危害，需要采取应急处置措施予以应对的自然灾害、事故灾难、公共卫生事件和社会安全事件。

突发事件的类型及划分方法如下。

（1）按照成因：自然性、社会性。

（2）按照危害性：轻度、中度、重度危害。

（3）按照可预测性：可预测的、不可预测的。

（4）按照可防可控性：可防可控的、不可防不可控的。

（5）按照影响范围：地方性、区域性或国家性、世界性或国际性。

（6）按照性质、严重程度、可控性和影响范围等因素，一般分为四级：Ⅰ级（特别重大）、Ⅱ级（重大）、Ⅲ级（较大）和Ⅳ级（一般）。对突发事件进行分级，目的是落实应急管理的责任和提高应急处置的效能。Ⅰ级（特别重大）突发事件由国务院负责组织处置；Ⅱ级（重大）突发事件由省级政府负责组织处置；Ⅲ级（较大）突发事件由市级政府负责组织处置；Ⅳ级（一般）突发事件由县级政府负责组织处置。

二、突发公共卫生事件

突发公共卫生事件是指突然发生，造成或者可能造成社会公众健康严重损害的重大传染病疫情、群体性不明原因疾病、重大食物和职业中毒以及其他严重影响公众健康的事件。根据突发公共卫生事件性质、危害程度、涉及范围，突发公共卫生事件划分为特别重大（Ⅰ级）、重大（Ⅱ级）、较大（Ⅲ级）和一般（Ⅳ级）四个等级。

其中，特别重大突发公共卫生事件主要包括以下几种。

（1）肺鼠疫、肺炭疽在大、中城市发生并有扩散趋势，或肺鼠疫、肺炭疽疫情波及2个以上的省份，并有进一步扩散趋势。

（2）发生传染性非典型肺炎、人感染高致病性禽流感病例，并有扩散趋势。

（3）涉及多个省份的群体性不明原因疾病，并有扩散趋势。

（4）我国尚未发现的传染病发生或传入，并有扩散趋势，或发现我国已消灭的传染病重新流行。

（5）发生烈性病菌株、毒株、致病因子等丢失事件。

（6）周边以及与我国通航的国家和地区发生特大传染病疫情，并出现输入性病例，严重危及我国公共卫生安全的事件。

（7）国务院卫生行政部门认定的其他特别重大突发公共卫生事件。

三、应急管理

随着《国家突发公共事件总体应急预案》的出台，我国应急预案框架体系初步形成。作为公众中的一员，我们每个人都应具备良好的心理素质和一定的应急管理知识。

应急管理是指政府及其他公共机构在突发事件的事前预防、事中处置和善后恢复过程中，通过建立必要的应对机制，采取一系列必要措施，应用科学、技术、规划与管理等手段，保障公众生命、健康和财产安全，促进社会和谐健康发展的有关活动。危险包括人的危险、物的危险和责任危险三大类。人的危险可分为生命危险和健康危险；物的危险指威胁财产安全的火灾、雷电、台风、洪水等自然灾难；责任危险是产生于法律上的损害赔偿责任，一般又称为第三者责任险。

应急管理包括预防、准备、响应和恢复四个阶段。尽管在实际情况中，这些阶段往往是重叠的，但它们中的每一部分都有自己单独的目标，并且成为下个阶段内容的一部分。

四、应急物流

应急物流是指为应对严重自然灾害、突发公共卫生事件、公共安全事件及军事冲突等突发事件而对物资、人员、资金的需求进行紧急保障的一种特殊物流活动。应急物流与普通物流一样，由流体、载体、流向、流程、流量等要素构成，具有空间效用、时间效用和形质效用。应急物流多数情况下通过物流效率实现其物流效益，而普通物流既强调效率又强调效益。应急物流可分为军事应急物流和非军事应急物流两种。中国是世界上受自然灾害影响严重的国家之一，灾害种类多、频度高、损失严重。有关数据显示，随着经济的发展，灾害损失逐步增加，我国有70%以上的大城市、半数以上的人口、75%以上的工农业产值分布在气象、海洋、洪水、地震等灾害严重的沿海及东部地区。诸如此类的造成或者可能造成重大人员伤亡、财产损失、生态环境破坏和严重社会危害，危及公共安全的紧急事件，都催生出巨大的应急物流需求。中国目前处在突发事件的高发时期，而且在未来很长一段时间内，都将面临突发事件所带来的严峻考验。政府作为行政主导，陆续出台了许多应对突发事件的政策，如《国家突发公共事件总体应急预案》和《交通运输安全生产和应急体系"十二五"发展规划》等，应急物流得到政府庞大的资金支持和政策鼓励。照此发展，应急物流必将带动一系列相关产业链的发展，市场前景广阔。

应急物流的"应急"二字本身带有一定的军事色彩，但应急物流并不等同于军事物流。军事物流的指令性较强，尤其在战争爆发的时候，始终把军事利益放在首位。而应急物流系统以社会利益为牵引，服务的对象是受灾地区的人民。

应急物流一般具有突发性、弱经济性、不确定性和非常规性等特点，多数情况下通过物流效率实现其物流效益，而普通物流既强调效率又强调效益。目前，中国的应急物流有自己的特点，表现为政府高度重视，企业积极参与；军民携手合作，军队突击力强；平时预有准备、预案演练到位等。

五、应急物流安全

应急物流安全没有标准的定义。相对于传统物流安全，应急物流安全是指为应对严重自然灾害、突发公共卫生事件、公共安全事件及军事冲突等突发事件的应急物流活动中，仓储、运输、配送等环节出现安全事故的防控、管理及决策。应急物流安全管理是指以重大灾害事件下的应急物流系统为研究对象，以安全系统工程的原理和方法为手段，重点探讨重大灾害事件下，应急物资仓储、运输、装运及配送等环节中安全事故致因分析及系统安全决策分析，并提出安全技术和管理的对策措施。

第二节 国内外研究述评

一、突发事件下应急物流安全相关的研究

在国外，突发事件下应急物流安全的有关内容一般放在应急管理中加以研究。发达国家通过多年对突发事件应急管理的研究，大多建立了比较完善的应急物流安全管理相关的法规、体制与机制，且公共事件的应急处理流程及应急物流安全流程逐渐科学、规范和高效。许多学者研究了突发事件的危害，指出重大的灾害事故可能在极短的时间内造成重大人员伤亡（Georgiadou等，2007；Jia等，2007a，2007b；Rawls和Turnquist，2010；Caunhye，2012，2015，2016；Ai等，2016；Santos等，2016）。事故发生时，大量的应急物资（食物、水、药品等）配送给受灾地区，并迅速设立了一些紧急救援设施（FEMA，2008；Caunhye等，2012；Rennemo等，2014）。有学者认为紧急救援设施是应急物流安全系统必不可少的组成部分。也有学者认为救援设施地理位置至关重要，可确保应急救援效率与应急物流安全（FEMA，2008；Lee等，2009；Horner和Downs，2010；Maliszewski和Horner，2010；Caunhye等，2012；Maliszewski等，2012；Zhao和Chen，2015，2016，2017）。

在国内，有关突发事件下应急物流安全的研究偏少，主要集中于

传统物流安全问题的研究。有学者认为，在物流运作过程中，人为原因与技术缺陷等所致的人、财、物及信息失真，就是物流安全问题（罗铮，2005）。有人对物流安全进行了细分，认为物流安全应该包括一般物流安全与特殊物流安全（张诚等，2006）。有人针对中国物流企业在安全管理中出现的许多问题，给出了提升物流安全管理效率的具体对策（杜汉钦，2006）。有人通过分析福建省应对突发事件的案例，提出福建省应急物流安全机制（潘晓英等，2014）。有人针对煤矿生产安全管理中出现的矿难不断、安全能力欠缺等问题，应用系统动力学及粗糙集方法来对煤矿生产物流系统安全影响因素进行敏感性分析（张博，2015）。有人针对中国危化品物流运作中出现的问题，提出危化品智能控制、战略安全管理的支持策略（于添，2017）。有人认为，运用自动化、信息化、流媒体等多种先进技术集成可堵塞安全管理漏洞，实现物流安全的综合管控（刘霞，2017）。有人针对物流安全管理及防护中的问题，提出基于"互联网+"的危化品物流安全防护策略（肖立刚，2017）。

关于物流安全的解决方案，定性的研究较多，定量的研究较少。定性研究方面，偏重于物流安全法规、制度及机制等方面的研究，物流安全情景方面的研究较少。定量研究偏重于"预测—应对"型的传统优化与决策，"情景—应对"型的决策方法研究较少。

二、突发事件下情景构建理论方面的研究

"情景构建"也译为"情景分析"。情景分析理论是近年来公共安全领域前沿研究之一，国内外学者对情景分析或构建的研究成果给予了积极关注。情景构建的核心思想是：实时感知自然及人为等原因所致的突

发事件情景，综合运用互联网、大数据处理等技术，从海量、非结构化、分散、动态变化的突发事件相关数据中挖掘出有价值的信息，获取并分析当前突发事件发展的宏观势态，及时、全面、有效地理解突发事件演化客观规律，并进行情景仿真、推演与实验，达到科学辅助突发事件应急决策，以及对突发事件下应急管理效率、效果进行科学评估。

国外方面，Candolin 等（2003）设计了一种情景感知框架，此后，Kwan（2003）、Gross-mann（2005）试图将情景感知框架理论推广应用于社会经济领域。Michael 等（2005）给出基于随机线性规划的多级网格情景生成算法。Ovidiu 等（2005）运用情景聚合方法分配航空公司动态容量及机队组成。Cebrowski（2005）将广义社会空间的感知范畴划分为物理域、信息域、态势域和社会域，并应用于社会经济领域。Pagnoncelli 等（2012）开发出一些情景计划的应用程序，并基于不确定性样本的历史数据进行优化分析。Thomas 等（2009）设计了电子表格情景分析技术与其他优化算法的集成方法。Lars 等（2009）设计了基于情景树的随机启发式算法，处理库存与路径优化等问题。此后，Alazawi 等（2013）以情景构建理论为研究基础，综合应用智能交通技术及云计算，提出了一种智能灾害管理系统。Algo 等（2014）提出一种情景构建的快速算法，Jinil 等（2014）运用鲁棒情景方法处理不确定行程的车辆路径问题。

国内方面，徐晓林等（2008）针对高校管理中出现的群体性舆情情景，开展网上应急处理相关的研究。黄毅宇等（2011）探讨了基于情景分析的应急预案编制方法。刘铁民（2011）认为，可以通过情景构建及分析方法整合应急规划、预案和演练，使其在应急方向、应急目标上保持一致。此外，胡玉玲等（2014）、张辉（2012）、王文俊等（2015）、张敏等（2016）、孙超等（2017）也做了一些与应急物流情景感知、情景构建相关的研究，但成果数量还是偏少。

综上所述，国内外在突发事件下情景构建方面相关的研究还处于初级阶段，所涉及研究成果数量较少；情景构建理论在突发事件下应急物流安全决策方面的应用研究成果数量更少。传统管理模式下"预测—应对"型的应急物流管理研究较多，大数据背景下的"情景—应对"型应急物流管理研究较少；定性、静态方面的应急物流决策研究较多，定量、动态方面的应急物流决策的研究较少。

三、大数据在应急物流管理上的应用研究现状

大数据发展战略[①]是国家长远发展战略之一，习近平总书记多次强调，要推动大数据技术产业创新发展。大数据支持下的应急物流管理，充分应用大数据、云计算、物联网等理论、技术与方法，也非常重视"情景构建"，主要是一种"情景—应对"型的动态决策。大数据在应急管理应用领域的研究最早是在国外，此后，国内外学者将该项研究拓展到应急物流管理领域，但研究文献数量较少。

麦肯锡全球研究所定义了大数据的概念[②]，E. Pultar 等（2008）提出了地理空间探索的数据挖掘方法。A. Stefanidis 等（2012）运用社交媒体反馈信息获取地理环境大数据信息。T.Sakaki 等（2013）运用大数据技术检测地震报告系统。George 等（2017）着重于管理研究中

---

① 2015年9月国务院出台《促进大数据发展行动纲要》，大数据顶层设计完成；2016年3月出台的《中华人民共和国国民经济和社会发展第十三个五年规划纲要》首次提出要实施国家大数据战略，促进大数据发展，同时行业细化政策不断落地；同年12月工业和信息化部正式发布《大数据产业发展规划（2016—2020年）》。

② 麦肯锡全球研究所给出的定义是：一种规模大到在获取、存储、管理、分析方面大大超出了传统数据库软件工具能力范围的数据集合，具有海量的数据规模、快速的数据流转、多样的数据类型和价值密度低四大特征。

的数据科学应用研究，指出随着计算应用和实践迅速发展，大数据对统计有着显著性的影响。以上研究对应急管理领域产生了巨大影响。国内相关方面的研究文献较少，主要有马奔等（2015）、盛杨燕等（2016）。

国内冯秀成（2013）、涂子沛（2014）、孟小峰等（2016）、王旭坪等（2016）在该研究领域也取得了一定成果。此后，镇璐等（2014）、谭跃进等（2014）、庞素琳（2015）将大数据在应急管理应用研究拓展到应急物流管理领域，也取得了一定的研究成果，但该方面的研究还刚起步，研究成果数量较少。

综上所述，国内外学者将大数据技术应用于应急物流管理领域，虽然刚刚起步，但也积累了不少成果。但是，当前大数据在应急物流上的应用研究，偏重于将大数据作为一种辅助技术，较少注重大数据技术与应急物流技术的融合，较少注重大数据平台与应急物流平台的融合。应急物流系统与军民融合的深度、广度与力度不够，还需进一步融合、进一步研究。

四、应急物流组织方面的研究现状

应急物流相关的范畴，其早期的研究是在国外，主要集中在应急物流基本理论方面。国内应急物流、应急供应链的研究始于"非典"，其后经历2008年南方雪灾、汶川大地震及2010年的青海玉树地震等突发事件，应急物流、应急供应链研究才受到国内学者的重视。

应急物流组织是从常态物流组织演变而来，该方面的研究主要体现在应急物流组织机制与应急物流组织指挥等方面。国外方面，1992年，Carter最早对应急物流特征及内涵进行描述。此后，

Suleyman Tufekci 基于"安德鲁"飓风研究给出应急物流决策及其支持系统。Haghani 等给出应急救灾运作的流程与预案。Stock 等（1998，2001）指出，应急物流整合在救灾实践中是必要的。Janne 等（2011）研究了应急物流组织内部与外部的协调机制。Borgström 等（2011）认为，有必要构建应急物流服务系统，系统中服务商之间需要合作与协同。此后，有学者考虑运用网络方法构建应急物流的组织体系，如 Mirotin（2012）、D.V.Chernova（2015）、Ivanov（2016）。有人提出利用移动医院提供应急救援及服务的组织体系（Keyworthy Charles，2016）。

国内方面，"非典"引起了国内学者对应急物流组织理论的深思。欧忠文等（2005）提出全民动员机制以应对突发事件中的应急物流。王宗喜（2009）提出构建应急物流保障体系的建议。此后，薛梅等（2010）构建了应急物流系统运作的基本框架。李金太（2010）尝试构建军民融合的应急物流体系。张姣芳等（2011）认为在应急物流体系建设中，必须加强军民融合式发展。此后，陈树东（2012）构建了公共事件下应急物流区域框架下的协调机制。郑晓莹（2015）给出了粮食应急物流体系的保障机制及组织管理构成要素。此外，刘青芝（2015）、张中华（2017）都进行了相似的研究，也取得一定的成果。

上述应急物流组织方面的文献，从不同视角阐述应急物流的组织机构、组织保障、组织机制、指挥体系及运作流程等，有效充实了应急物流组织理论。但上述文献较多考虑政府、军队在应急物流组织中的主导作用，对企业与非政府组织在应急物流组织中的作用考虑较少。另外，对于"平战一体化"的应急物流组织理论的研究较少，在物流安全管理方面的研究更少。

五、应急物流能力方面的研究现状

聂彤彤（2011）认为，作为一项综合能力，应急物流能力主要包括实物储备、应急生产、物资保障及紧急运输四个方面的能力。此外，应急物流能力相关的指标，还包括救灾救援能力、资源动员能力、信息收集能力、资源整合能力等。

国外方面，早在1988年，美国就出台《物流支持动员计划》，以文件形式规定了应急物流计划目的与任务。Stock等（2000）开始分析应急救灾物流动员特征，认为快速响应与即时准备是其成功发挥作用的保证。后来，John等（2005）研究远距离作战物流和非对称环境作战物流供给能力问题。Jiuh-Biing Sheu（2007）构建了不确定大规模自然灾害信息条件下的应急物流作业动态救援需求模型，并对应急物流能力的提升提出相应对策。Nathalie Perrier等（2013）研究了配电系统的应急物流算法。Souza等（2014）考虑在南卡罗来纳州为消防部门增加新的基地，提高应急物流安全能力，以尽量协助受到某些紧急情况影响的公民在尽可能短的时间内得到援助。Moreira等（2017）将第三方物流服务商的物流服务作为应急物流能力之一，基于DEMATEL法（决策实验室法）分析各类应急风险产生阈值的优先次序。

国内方面，应急物流能力是从常态物流能力研究基础上拓展来的。马士华等（2005）给出了应急物流综合能力协调机制。刘小群等（2006）探讨了物流能力量化与优化问题。胡文刚（2010）提出了物流能力成熟度模型。罗书林（2010）实证分析了第三方物流在应急物流运作中的作用与保障效率。何叶荣（2011）基于应急物流管理现状，给出应急反应能力、处理能力和服务能力的培育措施。郝悦等（2012）认为军队应急物流能力的重要组成部分之一是采购能力，并从军队应急物流能力的六个要素进行分析。黄如安（2013）提出以低碳经济为切入点加快军队后勤保障生成，并提出提升应急物流保障能力的具体措施。程华亮等（2016）构建了包含军民协同保障能力的应急物流能力评价体系，给出军民协同保障提升应急物流综合能力的对策与建议。此外，马向国等（2017）、陈欢欢（2017）也做了相似的研究。

上述应急物流能力方面研究的文献，从政府、军队、企业及非营利组织等层面，对应急物流能力的各个方面展开研究，对于应急物流能力的培育、评价等理论做出了极大贡献。但上述文献较多考虑应急物流静态能力，很少考虑应急物流动态能力、安全生产能力培育。

六、应急物流优化与控制方面的研究现状

应急物流优化与控制是应急物流定量研究之一，国内外关于应急物流优化与控制的研究文献非常丰富。应急物流是一种非常态物流，其不确定性层面主要有一般不确定性及深度不确定性等。一般不确定性包含模糊不确定性、灰色不确定性及随机不确定性等，而鲁棒不确定性属于深度不确定性范畴。

国外方面，Kemball-Cook 等（2000）提出应急物流管理中的运输效率问题，并提出优化策略。Linet Özdamar（2004）给出两阶段多物资网络流模型并进行求解。Jiuh-Biing Sheu（2010）给出基于混合模糊算法的应急物流配送计划。Aharon Ben-Tal 等（2010）研究基于风

险转移的应急物流优化模型。Peter Korošec（2013）运用启发式算法求解应急物流模型，并进行比较分析。

Rodrigo 等（2015）构建了洪涝灾害下的应急物流随机优化模型，并通过实际案例进行实证分析。Alfredo Moreno 等（2016）给出了应急物流中车辆再利用的多时段定位运输问题的启发式方法，并进行算例验证。

国内方面，王旭坪等（2005）最早提出了应急物流系统的概念。刘春林等（2006）在应急物流优化算法中提出了给定限制期下最小风险路径的选取算法。孙华丽等（2013）利用遗传算子对应急物流路径优化模型进行求解。程碧荣等（2015）构建应急物流车辆路径随机优化模型。蒋杰辉等（2016）运用改进的智能水滴算法，对应急物资多目标优化模型进行求解。刘长石等（2017）构建应急物流双层协同优化模型。

王海燕等（2009）对危险品物流事故的应急管理机制进行探讨。赵林度等（2014）构建了基于双层规划的应急救援车辆调度模型，并通过算例检验。王红卫等（2015）给出基于HTN的应急物流协同优化算法。徐浩等（2017）构建应急物流多目标定位与路径优化模型。王喆等（2017）设计应急物流调度匹配选择模型，给出应急物流配送的优化策略与具体优化方案。

上述文献中，基本上偏重应急物流系统某个环节的优化，将应急物流各个环节进行整合，作为一个物流大系统的优化较少；对应急物流系统模糊、随机等不确定环境下的定量研究较多，在深度不确定救灾环境下，对应急物流安全能力及其鲁棒优化与控制的研究偏少，鲁棒优化与控制的实验研究更少。

综上所述，国内外在突发事件下情景构建理论方面的研究还处于起步阶段，应用于物流管理方面的研究偏少。传统管理模式下"预测—应对"型应急物流管理研究较多，大数据背景下的"情景—应对"型应急物流管理研究较少；定性、静态方面的应急物流决策研究较多，定量、动态方面的应急物流决策方面的研究较少。

本书针对传统应急物流管理模式下应急物流安全决策存在静态、滞后等缺陷，应用情景构建等决策理论、技术与方法，进行突发事件情景，以及应急物流安全相关的模糊决策、鲁棒决策等动态协同决策，给出突发事件下应急物流安全动态协同决策的架构并提供决策支持，拓展了综合交叉学科理论在应急物流安全决策与应用研究领域的范围，为政府及应急物流安全相关部门提供有价值的决策分析工具。本研究在突发事件下应急物流安全决策领域具有一定的前瞻性，为我国应急物流安全管理提供科学的决策方法，可有效服务于我国应急物流安全管理与决策实践。

第二章 理论基础

突发事件是指由于自然或者人为原因，所导致重大人员伤亡以及财产损失的一系列重大灾难事件。突发事件是自然界与人类自身原因所导致的重大异常事件，既包括气象灾害，也包括突发公共卫生事件。人为原因的突发事件包括战争、恐袭等重大社会性灾难。早在1995年，Boris就揭示发生在俄罗斯远东地区的一次重大地震灾难的主要特征及其所引发的社会反响与组织反应。

第一节 应急管理

一、突发事件下的应急管理研究

国外与突发事件相关的文献涉及教育、文化、医疗、经济、管理、军事等领域，涉及数量最多的是人道主义医疗救护，与应急管理相关的文献却少得多。

国内方面，董传仪（2011）认为，应急管理是运用一系列方法化解危机的管理过程。石彪等（2017）认为，在分析危机事件的基础上，集中全社会的资源有效控制、化解突发危机的过程就是应急管理。朱鹏飞等（2011）认为，应急管理就是最大限度地减少突发事件所导致损失的一系列管理行为。我国2007年颁布的《中华人民共和国突发事件应对法》认为应急管理的诱因是突发事件，并对突发事件的概念进行了描述。"非典"之后，我国在应急管理的预案、机制、体制及法制等一案三制建设方面取得了重大进展与历史性突破，在维护社会稳定、保障人民生命财产安全等方面做出了巨大贡献。

（一）应急管理预案研究

国外方面，美国早在20世纪60年代起就进行了行业应急预案的编制工作。20世纪90年代颁布了《联邦应急响应预案》。此后，进入21世纪，先后颁布《国家响应预案》（NRP）、《国家响应框架》（NRF）等，对应急预案管理内容进行明确分工，丰富了应急预案的涵盖面。

1974年，为应对弗利克斯巴勒化工厂突发爆炸事件，英国首次制定应急预案，应对应急事件的发生。进入21世纪，英国先后颁布《应急准备指南》《应急管理恢复指南》等应急管理文件。此后，英国颁布执行了《国民紧急事件状态法》，极大提升了应急管理能力。

Makino（2012）探讨了在2011年东日本海啸期间横滨港采取船舶疏散的应急预案。Hong-Yue Sun等（2014）做了两项调查研究和一项眼动追踪研究，发现基于制订应急计划期望最大化是可行的，但将其应用于单个案例则具有挑战性。Jack等（2015）制定了社区用水系统的应急预案。Myeong等（2017）根据海浪高度、海啸感应电流和船舶行为等，制定了应对海啸的船舶疏散应急预案。国外专家学者对应急预案的研究给予极大关注，做出了很大的贡献。

20世纪50年代以来，我国就开始在化工、煤矿等行业开展应急预案编制工作。

谢迎军等（2010）以系统理论为基础给出应急预案体系的基本模型。王卓等（2011）给出了应急预案的优化方案。常建鹏等（2016）考虑了多个应急风险指标，并对铁路应急预案进行风险评估。赵树平等（2016）验证了诱导集成算子科学性，给出应急预案评估的群决策方法，此后，石彪等（2017）也做了相似的研究。

（二）应急管理机制研究

国外关于应急管理机制的研究较少，主要集中在政府层面的研究，理论基础也是源于赫尔维茨、马斯金等诺贝尔经济学家提出的人的经济机制设计理论。应急管理机制是一项耗资巨大的系统工程。

Liu等（2006）分析了重大突发公共卫生事件应急处置的基本问题，给出相应的应急机制与对策。Krishna等（2015）给出地下矿山遭遇突发事件的应急机制，提出灾后矿山照明的解决方案。Arora等（2015）在应急信号传输中运用非平衡态高电场的量子纳米技术，并给出信息传输的应急反应机制。Alvioli等（2016）构建降雨诱发滑坡的TRIGRS模型，并给出应对山体滑坡的应急机制与预案。国内应急管理机制的研究，除政府机构外，相关领域学者也作出了很大贡献。

国内方面，李永清（2015）认为"十三五"时期应建立统一性与灵活性兼容的应急管理机制模式。孙招平等（2015）探讨了南疆农村地区自然灾害成因，给出了较为完善的应急管理机制。张永领等（2016）探讨了旅游过程中的突发事件，并提出相应的应急管理机制。此外，李民等（2016）、赖玉林等（2017）也做了相似的研究，提出了相应的对策与建议。

综上所述，国外应急管理机制涉及的内容涵盖经济、管理、军事、教育、文化等方面，在政府主导下以立法形式加以确定的研究文献较多，关于非营利组织与民间团体的研究较少。国内关于应急管理机制的研究，已经比较完备，给出了许多政策建议，做出了很大贡献。

（三）应急管理体制研究

国外方面，Gintautas 等（2017）给出了立陶宛急救医疗应急管理体制改进的策略。Richard 等（2015）基于当前用户及用户的偏好，对影响应急管理体制的因素进行实证分析，论证了计算机辅助决策支持系统的重要性。Minkyun 等（2012）基于公共部门视角评估了应急管理系统中人员、技术和结构的作用。此外，还有 Kim 等进行了相似的研究，做出了很多贡献。

国内方面，谢园青等（2016）提出应急管理体制大数据应用创新的建议。陶鹏（2016）给出基层应急管理体制网格化改革路径，并提出一些对策与建议。熊康昊（2017）对民航单位应急准备、组织创新等进行了研究。滕飞霞等（2017）探讨了政府应急管理咨询服务模式。

综上所述，国内外众多机构及学者从不同视角，对如何加强应急管理体制的建设进行了研究，提出了许多可行性的政策与建议。

（四）应急管理法制研究

国外方面，以美国为例，早在1958年就制定了《灾害救济法》，其后于1966—1974年先后多次对《灾害救济法》进行修正，并于

1974年颁布了新的《灾害救济法》。美国于1980年制定《美国超级基金法案》，作为突发事件应急管理的最高法律依据。此后，在1992年，美国出台了《美国联邦灾害紧急救援法案》，为美国各级政府部门的应急协同提供了一个模板。

英国从1948年至1987年先后颁布了《民防法》、《地方政府法案》（1972）、《和平时期民防法案》（1986）、《民防法规》（1987）。此后为处理应急事件颁布了《国内紧急状态法案》。

日本于1880年颁布了《备荒储备法》。此后，先后颁布了《河川法》《森林法》《砂防法》等，并于20世纪40年代前后颁布了《灾害救助法》《灾害对策基本法》。

我国在应急管理的法制建设方面较为滞后，在2007年颁布了第一部应急管理的基本法——《中华人民共和国突发事件应对法》，也是应急管理法制方面的龙头法。此后，颁布了40多部社会安全事件类的应急法律法规、20多部自然灾害类的应急法律法规。

我国在应急管理法制建设方面虽然取得了一些成绩，但仍然存在法制不够健全、层次偏低、立法分散等弊端，如果不及时纠偏，不利于我国公共事件应急管理长效机制的建立。因此，对应急管理的立法工作应常抓不懈。

二、应急物流

（一）应急物流特征

突发事件下应急物流的配送活动是动态的，要随时掌握信息变化，设计周密的应急物流配送计划，预防意想不到的情况发生。应急物流的主要特征可总结为以下几个方面。

（1）应急物流任务急迫。突发事件发生后，必须安排应急物资生产与配送等紧迫性任务，如应急物流的订货方需支付相应的加急费用等，特事特办，进行这些特殊化处理有助于应急物流的生产与配送顺利进行。

（2）应急物流运力不足问题。政府主导的应急物流运力不足时，可以委托第三方物流、第四方物流服务商辅助应急物流的配送。

（3）应急救援道路瘫痪等问题。在应急救援过程中，许多不可抗力因素，如地震等突发事件会引起救援道路的瘫痪，有时也会出现人为的运输车辆路途抛锚等问题。

（4）应急物流配送合同终止等问题。突发事件的救援活动中，不可预料的事经常发生。如承担应急物流的服务商临时改变合同内容，导致应急物流任务中断，发生扯皮、互相推诿责任的现象，可能会造成应急物流配送合同的终止等问题。

（二）突发事件下应急物流预案

国家关于应急物流方面的法律法规，是应急物流配送活动强有力的保证。在编制应急物流配送预案时主要考虑三个方面。

（1）关于应急物流背景的描述。针对突发事件下应急物流中出现的异常情形，必须进行背景描述，这是决策者制定应急物流预案的基础。

（2）救援任务的合理安排。在应急救援中，随时根据疫情发展动态安排救援车辆、调整应急物流种类及救援到达时间，必须针对不同的应急情况安排恰当的应急救援与物流配送任务，使整个应急救援工作、应急物流活动运作顺畅，也使各救援部门在应急物流配送任务的完成过程中，既有独立的一面，又有协作共同完成任务的一面。

（3）合理调配应急物资。在应急物流过程中，各个应急救援部门人员的角色是变化的，而且所使用的救援设备也有差异。随着救援工作的进行，应急救援设备与物流配送车辆也要更新。合理调配应急物资，可以使应急物流配送活动更加有效。

应急物流预案结构层次如图2-1所示。包括任务层、背景层与资源层，其核心内容主要有组织指挥、协调、配送人员与设备等。

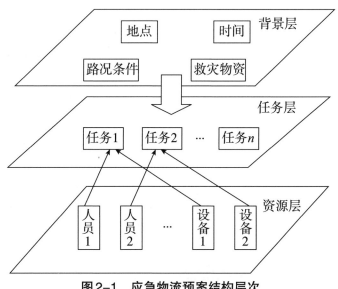

图2-1　应急物流预案结构层次

应急物流预案的任务层需明确各子部门详细职责。资源层需描述应急物流配送等活动的具体人员安排及设备的安装、借用等，这也体现了应急救援、应急物流配送等应急专业能力。接下来，构建应急物流预案的整体框架（如图2-2所示）。

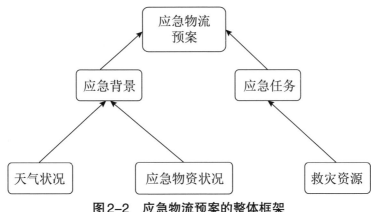

图2-2　应急物流预案的整体框架

（三）应急物流预案背景

应急物流预案背景是对受灾环境、受灾状况等应急状态客观情况的反映，通过描述性语言细致说明受灾过程中的异常情况，对受灾后果进行预测、评估，进而明确配送目标，制定可行的应急物流预案。应急物流预案背景模型如图2-3所示。

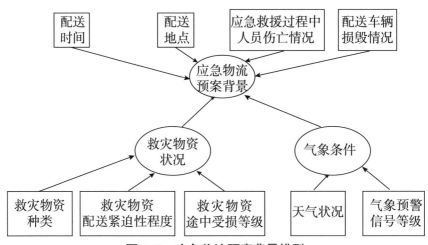

图2-3　应急物流预案背景模型

（1）天气状况。

应急物流预案必须考虑到气象条件，选择合适的时机进行应急救援相关的活动。依据2005年国家发布的天气符号标准，具体的天气分类标准如表2-1所示。

表2-1　　　　　国家标准化委员会发布的天气分类标准

序号	天气类别	分类标准
1	晴	天空无云，或有零星云层，云量小于天空面积的1/10
2	多云	天空有4~7成中低云，或有6~10成的高云
3	阴天	天空阴暗，云层密布
4	小雨	12小时降水量为0.1~4.9毫米，24小时降水量为0.1~9.9毫米
5	中雨	12小时降水量为5.0~14.9毫米，24小时降水量为10.0~24.9毫米
6	大雨	12小时降水量为15.0~29.9毫米，24小时降水量为25.0~49.9毫米
7	暴雨	12小时降水量为30.0~69.9毫米，24小时降水量为50.0~99.9毫米
8	雷阵雨	雷暴并伴有阵雨
9	冰雹	坚硬的球状、锥状或其他非规则固体降水
10	雾	悬浮在贴近地面的大气微细水滴的可见集合体，能见度在1千米以下
11	雨夹雪	雨和雪同时下降，或半融化的雪
12	小雪	12小时降水量为0.1~0.9毫米，24小时降水量为0.1~2.4毫米
13	中雪	12小时降水量为1.0~2.9毫米，24小时降水量为2.5~4.9毫米
14	大到暴雪	12小时降水量为3.0毫米以上，24小时降水量为5.0毫米以上
15	冻雨	由过冷水滴组成，遇到低于0摄氏度物体而立即冻结的降水
16	霜冻	温暖时期，土地表面或植物表面下降到0摄氏度或以下而造成植物损伤乃至死亡
17	强风	6级风，距离平地10米处，风速在10.8~13.8米/秒

续表

序号	天气类别	分类标准
18	疾风	7级风，距离平地10米处，风速在13.9~17.1米/秒
19	大到飓风	8~12级风，距离平地10米处，风速在17.2~36.9米/秒
20	热带气旋	热带海洋大气中形成的中心高温、低压的强烈气旋性涡旋
21	浮尘	尘土、细沙悬浮在空中，水平能见度小于10千米
22	扬沙	风将地面尘沙吹起，使空气混浊，水平能见度在1~10千米
23	沙尘暴	风将地面尘沙吹起，使空气混浊，水平能见度小于1千米
24	强沙尘暴	风将地面尘沙吹起，使空气混浊，水平能见度小于0.5千米

（2）配送时间。

突发事件下的应急物流配送，必须考虑到气象条件，可以根据国家气象局设定的天气预报进行规划。时间段划分标准如表2-2所示。

表2-2　　国家气象局设定的天气预报时间段划分标准

序号	时间段	分类标准
1	上午	08:00—12:00
2	中午	12:00—14:00
3	下午	14:00—18:00
4	傍晚	18:00—20:00
5	上半夜	20:00—24:00
6	下半夜	00:00—05:00
7	凌晨	05:00—08:00

（3）配送地点。

如果对突发事件下的应急物流配送点的道路情况进行评估后，发现道路垮塌、交通阻塞等状况，还要组织道路桥梁相关工程技术人员、施工队进行抢修，以保障通过应急物流将物资顺利、迅速、及时地运达受灾区域，减少人员伤亡及财产损失。

根据表2-3将运达救灾地点的交通运输道路进行分类。

表2-3　　　　　　　　交通运输道路分类标准

序号	运输道路	分类标准
1	高速公路	汽车分向行驶、分车道、全部控制、干线公路
2	一级公路	年平均昼夜交通量为15000~30000辆
3	二级公路	年平均昼夜交通量为3000~7500辆
4	三级公路	年平均昼夜交通量为2000辆以下
5	四级公路	年平均昼夜交通量为200辆以下

（4）应急救援过程中，往往由于天气条件恶劣，道路状况极差，导致一些救援配送人员发生伤亡事故。事故等级标准如表2-4所示。

表2-4　　　　　应急救援过程中人员伤亡事故等级标准

序号	等级	标准
1	轻微事故	1~2人轻伤，财产损失低于1000元
2	一般事故	1~2人重伤，或者3人以上轻伤，财产损失低于3万元
3	重大事故	死亡1~2人，或者重伤3~10人，财产损失低于6万元
4	特大事故	死亡3人以上，或者重伤11人以上，或者财产损失6万元以上

注：源于公安部发布的《道路交通事故等级划分标准》。

（5）车辆损毁程度。

在应急救援过程中，配送车辆往往易于损毁，根据车辆就地修复的难易程度，可以将配送车辆按损毁程度划分为三个等级，如表2-5所示。

表2-5　　　　　　　　配送车辆损毁程度标准

序号	分类	标准
1	严重损毁	车辆因核心部位损毁，在现场无法修复
2	一般损毁	短时间内车辆在现场可以修复
3	轻微损毁	车辆外观受损轻微，可照常行驶

（6）按应急物流紧迫性进行分类，采用CVA法，如表2-6所示。

表2-6　　　　　　按照应急物流紧迫性进行分类的标准

序号	分类	标准
1	较低优先级	受灾区域需用的物资，但可以缺货，替代性强
2	中等优先级	受灾区域较重要物资，允许一定限度的缺货
3	较高优先级	受灾区域基础性需用物资，但允许缺货
4	最高优先级	受灾区域需用的最关键物资，不可以缺货

（7）在应急救援途中，往往会发生救灾物资受损，我们参照有关规定，可以将救灾物资按照受损等级进行分类，其划分标准如表2-7所示。

表2-7 救灾物资途中受损等级标准

序号	分类	标准
1	严重损毁	救灾物资损毁率高于10%
2	一般损毁	救灾物资损毁率低于10%
3	轻微损毁	救灾物资中仅有包装受损，无其他受损情况

（四）应急物流预案任务

在界定各个救援部门、物资配送部门的分工及所担负的责任后，才能对应急物流配送的工作进行组织与协调。应急物流配送的任务模型如图2-4所示。

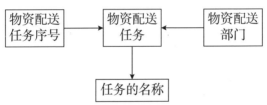

图2-4 应急物流配送的任务模型

在应急物流预案的设计中，应急物流预案资源模型如图2-5所示。

图2-5 应急物流预案资源模型

突发事件下的应急物流活动需要救援资源的支持。在应急物流预案的资源模型中，必须界定救灾资源之间的关系属性及其数值之间的关系。根据应急物流预案的具体情况，本书界定了如图2-6所示的21对关系，并对应急物流预案中概念之间的相互关系进行描述。

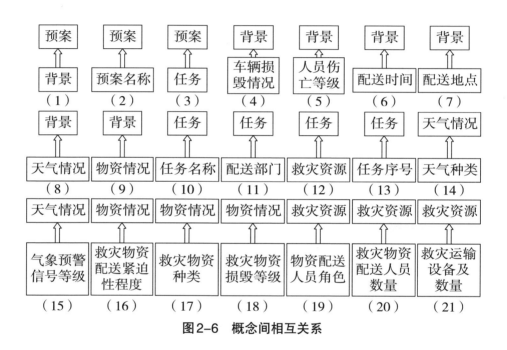

图2-6　概念间相互关系

1.应急物流预案框架结构中各个概念之间的关系

（1）预案与背景之间的对应关系。

（2）预案属性关系。

（3）预案与任务之间的对应关系。

2.应急物流预案框架结构与救灾背景概念间的关系

（4）应急救灾背景下应急物流车辆损毁状况的属性关系。

（5）应急救灾背景下人员伤亡等级的属性关系。

（6）应急救灾背景下应急物流配送时间的属性关系。

（7）应急救灾背景下应急物流配送地点的属性关系。

（8）应急物流配送时天气与应急救灾背景之间的对应关系。

（9）应急物资情况与应急救灾背景之间的对应关系。

3.应急物流预案框架结构与任务概念间的关系

（10）应急物流配送任务名称的属性关系。

（11）应急物流配送任务配送部门的属性关系。

（12）应急物流配送任务与救灾资源的对应关系。

（13）应急物流配送任务序号的属性关系。

4.应急物流预案框架结构与天气情况概念间的关系

（14）应急物流配送时天气种类的属性关系。

（15）应急物流配送时气象预警信号等级属性关系。

5.应急物流预案框架结构与物资情况概念间的关系

（16）应急物流紧迫性的属性关系。

（17）救灾物资配送种类的属性关系。

（18）救灾物资受损等级的属性关系。

6.应急物流预案框架结构与救灾资源概念间的关系

（19）应急物流配送人员角色的属性关系。

（20）应急物流配送人员数量的属性关系。

（21）应急物流配送运输相关设备及数量的属性关系。

三、应急物流安全

本书主要讨论突发公共卫生事件下的应急物流安全的协调决策问题，因此必须就应急物流安全基本概念与特征，应急物流安全的指导思想、作用与意义进行讨论。

（一）应急物流安全基本概念与特征

可以这样界定，凡是应急物流的生产与运作过程中出现的问题，都是广义应急物流安全的范畴；在突发事件的应急救援过程中，包括应急救援中的交通安全事故、应急设备搬运中产生的物体打击事故、应急物资仓储中的火灾等，都是狭义的应急物流安全事故。因此，安全科学与安全工作始终贯穿应急物流活动的始终。

从应急安全视角看，"应急物流安全"涉及人员伤亡与物的损失，而且有可能涉及各种状态下局部或整体损失。

应急物流安全有着普遍存在的基本特征。参阅相关文献，将应急物流安全的特征总结归纳如下。

（1）普遍性与必要性。

在应急物流过程中，应急物资遭遇到人为或天然的损坏是常见的，救援者也面临着危险。因此，在应急物流系统中，不安全的因素是客观存在的，这就决定了应急物流安全的普遍性，确保在应急物流活动中尽量使其趋向本质安全化。

（2）随机性。

随机因素对应急物流安全也会带来极大影响，随机因素会破坏应急物流中人、财、物的协同关系。由此，无论是常规物流安全还是应急物流安全，都存在随机性特征。例如，随着时间与空间的变化，应急物流活动的安全状态也在不断发生变化。因此，实现应急物流安全要做到不安全因素发生的概率最小化，即安全极大化。但是，即使随着救援人员的素质以及应急物流技术水平的提高，也无法杜绝不安全的因素，只能尽量将安全事故控制在一定的范围内。

（3）相对性。

应急物流安全的标准是相对的。在应急物流活动中，影响安全的因素很多，以显性或隐性表征客观的安全。

（4）局部稳定性。

应急物流系统的稳定是相对的，追求应急物流的绝对安全是不可能的。只有运用物流系统工程原理等调节，才可能实现局部的应急物流安全。

（5）经济性。

应急物流活动安全从经济效益视角考虑，负面效益的减少则相当于正向经济效益的创造，因此具有经济性特征。

（6）社会性。

如应急物流配送中的交通事故、仓储场所的火灾等，都可能带来人员伤亡与物质上的损失，影响社会稳定。

（二）应急物流安全的指导思想

应急物流安全的指导思想是将安全科学的原理与方法应用于应急物流活动中，确保应急物流活动的顺畅进行，以及应急物流的各个功能得以实现，以实现最大化的社会效益与经济效益。

（1）系统安全思想。

应急物流是由多元、复杂的功能、结构和要素组成的有机系统，必须本着系统安全思路，才能实现应急物流系统的整体安全，实现经济、社会效益的最大化。

（2）实践思想。

由于应急物流安全事故与公共事件类型的多样性，必须在应急物流安全事故调查中贯彻实践思想。应用统计学的致因理论对应急物流安全进行研究，找出应急物流安全事故的整改对策，完善应急物流安全管理中的事故赔偿制度，以及完善应急物流安全事故的保险制度等。

（3）辩证唯物思想。

在应急物流安全中，必须将辩证唯物思想贯彻、综合运用于应急物流系统，发掘应急物流安全的规律与本质，才能最大化实现社会效益、经济效益与应急效益。

（三）突发公共事件下应急物流安全系统

应急物流安全系统是应急物流系统的子系统，基础是应急管理、安全科学与物流科学[①]。

应急物流安全系统的输入输出模式如图 2-7 所示。

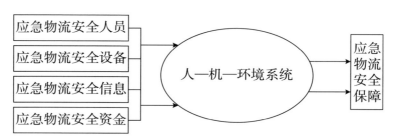

图 2-7　应急物流安全系统的输入输出模式

1.安全系统组成的要素

①应急运输与配送安全；②应急储存与保管安全；③应急装卸与搬运安全；④应急包装安全；⑤应急流通加工安全；⑥应急物流信息安全等。

---

① 母海林.浅论我国的应急物流系统建设 [J]. 中国高新技术企业，2008（20）.

2.应急物流事故模式

当前，国内外关于事故的模式有很多种，各种模式有着各自的特点，常见的应急物流事故模式主要有以下几种。

（1）骨牌论。

在人—机—环境系统中，可将具有连锁反应特征的事故编排成A、B、C、D、E五个骨牌，即所谓的骨牌论。各个骨牌的含义如下。

A：社会环境与管理欠缺，如生活环境差、教育培训不够、工作纪律差等。

B：个人的欠缺（人为过失），如睡眠不足、过度疲劳、身体状况不好、无视安全规章、知识与技术缺乏等。

C：人与物的不安全，如赤脚作业、开玩笑、工作场所狭小等。

D：事故。发生了与人的意志相违背的事情，是指前3种因素经过连锁反应，使潜在的应急物流安全风险暴露出来，暂时或永久地迫使应急物流活动或应急安全生产停止等。

E：人身伤亡。由于事故的发生导致的人体伤害。若按照因果顺序，伤亡事故的发生一般次序为：A的发生导致B的发生，而B的发生促使C的发生，C的发生引起D的发生，由于D的发生产生了E的效果。

（2）能量意外释放论。

20世纪60年代，吉布森与哈登等人先后提出安全事故发生的能量意外释放论，认为安全事故是一种不希望或不正常的能力释放。从能量意外释放论出发，应急物流系统中常见物的不安全状态如表2-8所示，应急物流系统中常见人的不安全行为如表2-9所示。

表2-8　　　　　　　　应急物流系统中常见物的不安全状态

应急物流功能要素	常见的不安全状态
应急运输与配送	车辆发动机状况不良、制动不足或失效，轮胎老化、胎压不合理等
应急物资仓储	应急消防设备不良、危化品无防护装置等
应急物资装卸搬运	起重机械状态不良、车辆制动失效、货叉强度不够、货物捆扎不牢等
应急物资包装	电器设备老化、包装设备状态不良、物品化学性质改变等
应急物资流通加工	无安全防护装备、工具缺乏维护、电气设备老化等
应急物流信息活动	设备在不安全位置、信息设备老化、信息相关的消防设备缺失等

表2-9　　　　　　　　应急物流系统中常见人的不安全行为

应急物流功能要素	常见的不安全行为
应急运输与配送	司机疲劳驾驶、酒后驾驶、超速行驶、驾驶差错、违章超车等
应急物资仓储	使用电器设备错误、使用安全防护装备不适当、危险作业等
应急物资装卸搬运	起重机司机超速行驶、超负荷作业、超载作业、指挥错误等
应急物资包装	带电操作、个人装备老化、操作区违规动火等
应急物资流通加工	剪板机操作失误、工具违规操作等
应急物流信息活动	带静电作业、违规用电等

应急物流系统常见事故的基本原因[①]如表2-10所示。

----

① 赵锟. 沈阳铁路局自动化驼峰作业安全性问题研究 [D]. 成都：西南交通大学，
2008.

表2-10　　　　　　应急物流系统常见事故的基本原因

	管理因素	个人因素	环境因素
应急运输与配送	运输制度不健全、缺乏运输监管等	司机驾驶经验不足、安全知识少等	道路交通条件，周边地质、气象条件，水文条件等差
应急物资仓储	缺乏有效消防管理、缺乏安全管理责任等	应急物流从业人员的经验、教育程度、管理能力不足等	仓储中心及周边地质、水文条件，气象条件等差
应急物资装卸搬运	安全检查制度不当、传送带无定期检查制度等	操作人员知识与经验不足、反应灵敏程度弱、岗位适应性差等	港口、码头的水文条件、气象条件等差
应急物资包装	封装、捆扎等操作无操作规范等	操作人员缺乏知识与经验、缺乏安全意识等	包装作业区域的地质、环境、气象条件等不合适
应急物资流通加工	操作人员缺乏培训与教育等	操作人员缺乏安全知识和经验、操作行为不规范、反应灵敏度弱等	流通加工场所的气候、地质条件等不合适
应急物流信息活动	无消防管理制度，无防水、无电气管理制度等	物流配送人员的安全意识薄弱、安全经验不足、不细致等	与湿度、温度相关的气候条件等不合适

第二节　情景与情景构建

一、情景构建概述

情景构建的优势主要在于能够描绘缺乏数据与非量化的因素，可以分析长期具有不确定性的情景。宏观方面，情景构建能够预测未来变化的进程，比较适用于政策分析、战略规划以及决策管理等领域。微观方面，情景构建适用于前导期长、投入大、风险高的产业。应急物流安全涉及的不确定性因素较多，潜伏的安全风险随时可能爆发，但又是可以预测和应对的，因此，本书采用情景构建与传统预测应对型决策融合的动态决策方法，对突发公共卫生事件下应急物流安全的情景进行构建，并在此基础上进行模糊、鲁棒等优化策略的研究。

1.发展历程

Scenario的字面意思是戏剧情节的大纲或摘要，它来源于意大利语中的scena，而scena来源于拉丁文scaena。Scenario在台湾地区被翻译为"情境"，在大陆则被翻译为"情景"。第二次世界大战后，由于各种突发事件对社会、经济系统带来的结构性冲击，过去完全基于历史数据的定量统计与预测方法，在揭示事件未来如何发展及制定怎样的应对策略方面，越来越力不从心，显示出局限性。在这种情形下，情景构建理论应运而生，作为一种预测未来的方法，逐渐得到普遍认可。

情景构建最早应用于军事战略研究领域。

近年来，情景构建方法无论在经济还是管理领域，都得到了广泛应用。众多的机构及专家学者不仅在企业战略规划方面运用情景构建理论，而且还把这种方法运用到更加宏观的细分行业与领域。随着应急管理理论的兴起，在应急物流管理方面的情景构建文献也随之增多。情景构建在不断发展的过程中，也逐步与其他方法和理论相融合，特别是与计算机技术的结合，使情景构建成为一种有效分析不确定性事件及宏观战略的工具。

2.概念与内涵

（1）情景的定义。

情景（Scenario）一词最早起源于戏剧中的故事情节。情景有两个本意，其一是戏剧剧情、电影脚本或歌剧的概要；其二是指未来事件可能发生的顺序想象。其中，第二个定义与情景构建中的情景相似。情景并不是预测未来将会怎样，而是描述将来如何展开，它不仅探索未来的可能性，而且讨论未来应该怎样，情景构建是对运用者超越思维定式的一种挑战。情景的本质是以故事性的叙述题材，解释某一可能事件的发生、发展及前因后果。情景除了对事件本身赋予意义，还能说明某事件为什么会以此种方式发生以及其背后的原因，据以对各个事件的发生进行排序，以有效连接成一个故事。基于未来的演变是由一连串的事件所构成的，通过叙述故事的方式，可有效传达未来演变的内容。

联合国关于情景的定义是：情景是描述将来可能的过程，它通过不同假设反映当前的趋势将如何展开，分析关键的不确定因素如何发挥作用，以及有什么新的因素在起作用。情景并不是预测，相反，它描述未来可能的情况，并探讨基于假定变化后可能产生的结果。国外一些学者对情景的定义归纳如下。Kahn和Wiener（1967）认为，情景是假设因果过程而产生的结果。Godet（2000）认为，情景是关于不确定未来的一系列描述。Van der Heijden（1996）认为，情景是一套关于未来的描述，具有内部一致性与挑战性。

此外，Porter（1985）、Fahey和Randall（2009）、Lan Wilson（2000）、Finlay Paul（1998）、De Jouvenel Hugues（2000）、Schwartz（1996）、Martelli（2001）都对情景下了相似定义。

巴特尔研究所的 Warfeld 认为，情景是采用叙述的方式描述未来事件的发展可能性，通过对未来进行推测性思考，引发讨论和反馈，并进行有用的模拟与想象。情景通常基于专家的定性分析，同时定量分析也是有帮助的。此外，宗蓓华（1994）也做了相似研究。

（2）情景、情景构建与情景规划。

随着情景研究的深入推进，情景逐渐与规划、分析、构建、思考、推演、学习等多个词语产生关联。如 Van Notten 等称之为情景分析，而 Millet 等称为情景思考。本书的"情景构建"一词，源于 Godet 的情景构建（Scenario Building）。因此，情景、情景构建与情景规划三者之间的差异还是存在的。

情景（Scenario）侧重于描述未来事件发生的各种路径，广义来说，对可选择未来的所有描述都是情景；狭义来说，情景只是对未来加以描述的故事情节。情景构建（Scenario Building）侧重于事件发展过程。情景规划（Scenario Planning）侧重于政策、决策分析。由此可知，情景侧重于结果，情景构建注重过程，而情景规划侧重于应用。

3.情景构建的原则与目标

（1）情景构建的原则。

情景构建作为一种分析问题的方法，具备一些基本的原则要求。国外的一些学者对该问题进行了研究，如 Hughes（2009）认为，情景构建需要满足以下原则：一是需识别不同情景构建的动机及情景用户的角色；二是在当前与未来之间建立确实可信的联系；三是需综合运用定量、定性工具和信息，挑战现有的决策模式。综合多方资料，现总结出情景构建需把握的一些原则。

·情景是描述性的；

·情景是关于未来的；

·情景提供一种可供选择的未来；

·情景构建需要系统的结构与进程；

·有效的沟通对于情景构建非常重要；

·情景发展过程中最有效的路径是描述；

·情景所基于的大多数未来是不可预测的；

·情景所基于的大多数未来事件具有高度不确定性；

·识别多样性、不确定性未来事件需要系统的框架；

·未来事件的发展趋势与当前的驱动因素及可识别的趋势有关；

·通过分享观点拓展知识，有可能提升预测准确度，对不确定性未来的认知做到精确把握；

·一个组织及环境是不断发生变化的，变化的过程中显示出不确定性，但是，有些不确定性是可以预测的。

（2）情景构建的目标。

情景构建的最大优势是避免常见的错误，发现未来变化的某些趋势。通过分析未来可能的机会，情景构建对具体的行动提供支持；在绘制未来事件发展的愿景时，情景构建能系统诠释人们的活动与所扮演的角色；在分析事件将来发展的过程与影响中，情景构建也是创造性灵感的源泉。

大多数情况下，情景构建的最终目标包括两个方面：一是提供更好的决策支持；二是模拟事件的演变过程及管理方式。

情景构建主要通过三种手段来实现其目标。手段之一，提出早期的预警，帮助决策者提高认识，识别微弱的信号变化，通过"如果—那么"的问题测试制定相关策略；手段之二，发现新的机遇及挑战思维定式，更好地明白事件的真相，做最好的决策；手段之三，减少可能的风险，通过模拟仿真、讨论及创造性思考，规避未来可能的风险。

4.情景构建的优劣势

（1）自身优势方面。

从宏观层面来看，由于能描绘未来变化的进程，情景构建更适用于战略规划与决策管理支持，如应急物流管理与决策、应急安全决策等。

情景构建具有以下优势。

一是把单一的未来转变成多样的可选择未来，把线性思考转变成系统思考，把对将来的预测转化为对将来的"预见"。

二是改变思维模式。情景构建挑战人们的传统思维，有利于突破一些思维惯式，开阔决策者的思路。情景构建展示了可选择的未来，在未来设定的情景下，之前对决策的预想可能会得到调整。

三是能够识别一些不连续的、微弱的信号，发现一些偶然的不确定性。

四是主要通过利益相关者等进行开放式对话，可以防止"群体思维"。

五是具有协调的功能。在分析过程中，情景构建能有效共享目标、机遇、风险与战略等信息，有利于决策过程中协调各方的利益。情景构建的过程具有很大的弹性，可形成多个情景，因此，可以根据事态发展对决策进行调整。

（2）应对不确定性优势。

在突发事件下或者平常的现实生活中，决策者有时很难把握未来发展的趋势，使传统预测模式的结果往往不是很准确，预测结果的价值和意义不大。

我们普遍认为，当前已知环境是可靠的、安全的，而未来的环境充满不确定性，是有风险的，安全与风险的主要来源如表2-11所示。

表2-11　　　　　　　　　安全与风险的主要来源

安全	风险
目前	未来
确定	不确定性
知道	不知道
信任	不信任

情景构建减少了未来的不确定性，增加了可靠度。情景构建克服了单一预测的缺陷，基于多种可能的情景构建描述未来的可能情景。因此，情景构建在分析不确定性方面具有一定的优势。

Cynthia（2005）认为，情景构建在增加未来可信度方面是很有帮助的，其主要观点如下。

方法的可靠：情景构建基于对其他预测方法的改进，分析过程也非常严谨。

来源的可靠：情景构建用于应对复杂及不确定的未来环境，许多应急管理、应急物流及战略的案例说明这种方法具有可靠性。

叙事的可靠：无论在选择关键问题、判断不确定性方面，还是在构建情景故事方面，情景构建在逻辑上具有合理性，不是凭空想象与捏造。

内容的可靠：众多利益相关者参与，运用多种资料分析，增加了内容的可靠性。

媒体的可靠：情景构建是在开放环境下的预测与决策，无论是政策制定者，还是利益相关者都可以通过相关媒体了解其内容，可以及时发现其不足，完善情景构建内容。

（3）情景构建的劣势。

与其他方法比较，在应对复杂性与不确定性方面，情景构建也存在不足，可能存在的问题主要有以下几个：一是缺乏多样化的数据及高水平理论的支持；二是不切实际的目标与结果预期；三是发展太多的情景，没有绘制明确的路线图；四是没有足够的时间发展情景以及没有很好地与规划进程结合；五是太过纠结结果，设定不适当的时限与范围；六是过度聚焦于趋势，对驱动力的关注程度不够；七是对于情景，经常出现内部意见不一致的情形。

二、情景构建理论研究

鉴于篇幅所限，本节只重点阐述情景构建理论发展、情景构建与预测理论、情景思考理论几个方面。

（一）情景构建理论发展

1.情景构建理论演化（见表2-12）

表2-12　　　　　　　　　情景构建理论演化

作者	情景构建理论的贡献
Herman Kahn	把情景引入政策与决策领域
Wiener	给出了"未来"概念
Pierre Wack	对心智与要素进行预测管理

续表

作者	情景构建理论的贡献
Forrester	采用系统方法对情景环境进行描述
Meadows 等	引入情景、系统与其他相互联系的概念
Michael	挑战性理解决策规划，承认不确定性、错误及通过自我反思来理解、学习规划
Lorsch	组织、环境定位及其适应性
Weick	组织是社会性的有机体
Arice de Geus	理论、学习过程与情景构建融合
Miles and Snow	与组织有关的行为分类
Burt 等	评价 PEST 方法及其衍生方法
Eden	认为社会性谈判进程是一种战略管理
Schwartz	引进"愿景"的艺术观念
Amara and Lipinsky	把7个问题引进情景构建方法
Van der Heijden	引入"战略谈话"作为情景构建的"风洞"战略进程选项
Schoemaker	情景与战略规划相结合
Leemhuis	在情景、决策之间建立联系
Galer	组织学习的情景构建
Burt	给出了"后生变化"概念
Bradfield 等	情景构建方法分类，包括直觉逻辑方法
Senge	提出了"系统思考、冰川隐喻及系统性结构"等观念

情景构建的每一个环节都需要相关理论的支持。Weick（1989）认为，从理论上识别决策焦点，与具体的管理实践一样重要。例如，在应急物流决策中，识别关键因素、分析外在驱动力时，需要相关专家与相关决策者共同参与，需要进行组织管理，需要运用其他不确定性

方法与情景构建进行协同决策，如模糊决策与情景构建的协同、情景构建与鲁棒决策的协同等。构建情景故事也需要借助经济、社会、政治、文化等方面的理论与实践。情景构建在发展进程中，经过大量学者与决策者的共同努力，逐步形成相对系统的体系。

2.情景构建的学派

情景构建逐渐形成三个主要学派，其中，以美国为中心的是直觉逻辑学派、概率修正趋势学派，以法国为中心的远景学派把情景构建方法分为直觉逻辑、交叉影响分析以及趋势影响分析三种方法。

三类情景构建学派比较如表2-13所示。

表2-13　　　　　　　　三类情景构建学派比较

	直觉逻辑学派	概率修正趋势学派	远景学派
情景目的	组织学习与战略决策	政策评估与外推预测	战略决策、行动规划及政策制定
情景表述	描述性或规范性	描述性	大多是描述性的
情景范围	全球企业、经济体	范围较窄	范围较窄
时间跨度	3~20年	3~20年	3~20年
方法论	依赖有约束的直觉进行定性分析	依赖计算机模拟	依赖计算机模拟
使用的工具	头脑风暴、系统动力学等	蒙特卡罗模拟等	德尔菲法、形态分析等
情景出发点	议题或领域	时间序列数据	具体对象
关键驱动力	直觉、STEEP要素分析等	时间序列、专家判断	角色分析、计算机工具
情景框架构建	情景逻辑作为主题	基于关键指标的预测	利用矩阵等手段
情景输出	有限的定量分析与基于图标的定性分析	基于情景的定量分析、可调整的时间序列预测	构建多个可供选择的情景

续表

	直觉逻辑学派	概率修正趋势学派	远景学派
情景概率变化	方案概率相等	方案概率的发生受制于各类前提条件	方案概率的发生取决于参与者的认知
情景数量	2~4个	3~6个	多个
情景评价标准	连贯性、内部一致性	可重复、合理	综合性、内部一致性

（二）情景构建与预测理论

1. 情景与预测

（1）预测分析方法。

预测分析方法大致可分为三大类。一是定性预测法，包括德尔菲法、专家会议法、岗位分析法等；二是数学模型法，包括时序模型法、回归模型法、动态需求法等；三是模拟模型，包括数字模拟仿真法、交叉影响模拟技术法等。在实际预测工作中，可进行综合预测项目，预测项目大致由表2-14中的要素构成。

表2-14　　　　　综合预测项目的构成

步骤	描述	产出
框架	项目范围：意图、目标、团队环境、态度、人员等	项目规划
扫描	收集信息：历史信息、系统信息与未来信息	信息
预测	描述基准及可选择的未来：驱动力、不确定性、含义、结果等	基准和可选择的未来
愿景	选择所希望的未来：最好的结果、实现路径与目标	更愿意的未来
规划	组织资源：战略、选项、规划	战略规划
行动	执行规划：传播结果、执行议事日程、制定战略和构建信息系统	行动规划

（2）情景、预测、愿景的关系。

情景构建是一种广义的预测工具。情景、预测、愿景三者之间的区别如表2-15所示。

表2-15　　　　　　　　　情景、预测与愿景的区别

预测	愿景	情景
未来很可能发生	未来有希望发生	似乎是真的、可能的未来
基于确定的联系	基于价值	基于不确定性
隐藏风险	隐藏风险	说明风险
定量	通常定性	定性或定量
需要敢于决策	激励	需要知道决策是什么
每天使用	经常使用	很少使用
对短期预测及低度不确定有效	具有自愿变化的触发功能	对长期预测及高度不确定有效

2.提高情景构建预测准确性的方法

（1）造成情景构建预测准确性低的六个因素。

①运用不适当的统计模型。模型运用的失误会导致预测的精度大打折扣，更容易误导分析。

②认知偏差。模型及资料收集、运用的不当都会导致认知的偏差。

③资料不全面。预测的准确性往往依赖大量的历史数据与资料，资料与数据掌握得不够，预测也就缺乏基础。

④引用过多过时的资料。未来是不断变化的，引用过多失效的资料，就难以预见未曾发现的事实。

⑤因果关系错位。预测需基于一定的假设前提，因果关系错位、参数设定失误，预测就很难精确。

⑥设定的框架草率。情景构建设定的框架有严格的程序，随意草率设定情景框架，容易产生预测偏差，过程不严谨。

（2）对策。

在情景构建运用过程中，应对不确定性的主要方法有：构建有创意的架构；有效识别不确定性的边界；运用回溯逻辑构建情景；加强利益相关者分析；情景评价方法的可靠性、多样性及灵活性；提升直觉逻辑的能力。同时，运用以下策略增强稀有事件的可预见性，如拓宽情景分析的范围、保护策略、准备预备方案以及通过头脑风暴式讨论，提升情景构建与规划的可能性。

（三）情景思考理论

1.情景思考的内涵

在情景分析过程中的思考模式即情景思考，可把情景思考看作情景构建的一部分。在情景构建过程中，运用系统思考来代替线性思考。国外的学者 Neilson 等（2000）认为，情景构建能通过创造性思维激发策略思考，情景思考的目标有以下几个方面：

预见未来的状态；

预测未来机遇与威胁；

培养战略思维；

挑战或消除未来习惯性假设；

建立一个支撑点；

构建决策选项；

为新的倡议提供方向；

创造一个关于未来的共同愿景框架；

建立一个超越组织的外部与内部沟通的渠道。

2.情景思考的原则

Mates Lindgren 等（2003）给出了情景思考的七个原则，具体如下。

①给自己找一个工具箱。

②小心控制你的大脑。

③戏剧中的思维模式。

④未来思维模式。

⑤角色移动思维模式。

⑥不确定性思维模式。

⑦系统思维模式。

除此之外，情景思考也要关注以下三个原则：着眼于长远思考、由外向内思考及多种多样思考。

3.学习在情景构建中的作用

国外许多学者认为，学习是情景构建的一部分，在一个情景构建系统中，学习的用处是"再洞察"情景构建的目标，再洞察的能力是要求个人或组织像洞察过去和现在一样重视认知组成的新事物。学习在情景构建中有很多好处。由于参加情景分析的利益相关者及专家往往对项目本身了解不够，学习有助于他们深刻领悟项目的目标和要求。可以在三个标准上评估学习：个体、群体及组织。

情景构建意味着学习能够对原先的假设重新定位，原先的假设依赖一定的心智模式，因此，学习也能够改变情景讨论参与者的心智模式。

三、情景构建方法研究

（一）情景构建方法

1.国内外情景构建方法

情景构建方法出现之后，不仅出现了许多新的预测理论，也发展出多种多样的方法体系。20世纪80年代之后，产生了多种情景构建、情景规划与情景预测的方法。由于学科门类繁多，在每个学科情景构建的过程中，不可能千篇一律地采用某个固定的方法。从早期被运用到军事分析领域，到后来遍及世界各地，逐渐出现一些知名度较高的情景构建方法，如"BASICS"方法及"IFS"方法、"INTERAX"方法、"未来游戏"方法、"塑造有形角色"方法、"基本规划"方法、"未来图"方法、"MICMAC"方法、"SMIC"方法，而且上述总结的情景构建方法，大多属于直觉逻辑方法。

国内学者主要借鉴国外情景构建方法与步骤，也有一定程度的创新。如黄毅宇等（2011）探讨了基于情景分析的应急预案编制方法。徐晓林等（2008）对高校群体性事件等舆情情景进行网上应急处理相关的研究。刘铁民（2012）认为，运用"情景"引领，可以整合应急管理中的应急规划、应急预案和应急演练。此外，王飞跃等（2010）、王旭坪（2012）、张辉（2012）、王文俊等（2015）也做了一些与应急物流情景感知、情景构建相关的研究，但形成的成果数量还是偏少。

国内外在突发公共事件下情景构建方面相关的研究还处于初级阶段，研究成果数量较少，情景构建理论在突发公共事件下应急物流安全决策上的应用研究成果数量则更少。

2.情景构建学派代表方法

美国情景构建学派主要有概率修正趋势学派与直觉逻辑学派。自Wack（1999）提出直觉逻辑情景方法后，斯坦福研究院、全球商业网及壳牌公司将该方法发扬光大，使其得到进一步发展。

法国被认为是欧洲第一个运用情景构建分析科学与政治未来的国家，同时期的美国，情景构建方面的先驱者的工作主要集中在战略规划与宏观政策制定方面。20世纪50年代，法国哲学家Gaston Berger建立了"d'Etudes预测中心"，他发展了一种运用于长期情景构建的分析方法，将该方法命名为"La Prospective"，法语中是"远景"的意思。20世纪60年代中期，该机构的研究人员开始把"远景"方法运用到一系列的公共领域。

20世纪六七十年代，Pierre Masse与Bertrand de Jouvenel等进一步拓展了这种方法。前者在制定国家规划时运用了这种情景构建方法，进一步将情景构建方法应用到科技与社会生活领域。

3.情景构建的关键要素

（1）主要构成要素。

情景构建的方法步骤有很大的差异，但典型的情景构建的主要构成要素如下。

基准年。基准年是情景构建的开始年份，对于定量情景构建来说，基准年主要指有足够数据来描述情景开始的年份。

目标年与时间段。目标年是情景构建所描述最远的年份，选择一个合适的目标年，主要依据情景的目标。例如，分析中国的环境污染问题，10~20年可能是比较合适的目标年；描述气候变化的长期影响，可能需要100年时间，可以把100年设定为目标年。

地理范围。这是情景构建与分析的空间分布。

变化过程描述。描述基准年与目标年之间的情况，解释目标年情景如何从基准年发展起来。

情景故事。情景故事是对一个情景重要因素的叙述，包括驱动力与事件之间的联系。有几种不同的情景假设，就可构建几个情景故事。情景故事构建时，一是根据一些重要的高度不确定性驱动力构建情景框架；二是丰富情景内容，给情景框架增添内涵，使之形成完整丰满的情景故事。

情景可选方案。情景可选方案的来源，主要有评估未来可选政策方案的技术报告、专家报告、公众听证会，以及其他的一些定性分析方法，如德尔菲法、利益相关者分析法等。

（2）情景构建的结构。

情景构建的环节主要包括分析驱动力、明确决策焦点、情景逻辑构建、识别关键因素等，可将其结构归纳为规划目标、进程设计与情景内容三个方面。

（二）情景构建的类型学

1.情景构建类型学

在情景构建半个世纪的发展进程中，不同的决策者、研究者根据各自的用途与需求，发展出多种多样的情景构建方法。Maleska（1995）认为，情景可分为任务情景、问题情景以及行动情景等，其中，任务情景又可分为前推式情景和回溯式情景。

Godet和Roubelat（1996）认为，情景可分为探究性情景、预期性情景和规范性情景。探究性情景从过去和当前出发，推测可能的未来；规范性情景主要回答如何实现特定目标的问题。Fahey和Randall（2009）认为，情景可分为全球性情景、行业性情景、竞争性情景、技术性情景等。其他还有许多关于情景的分类方法，这些分类的多样性，既反映了情景构建领域有待进一步规范，也说明了该领域研究发展迅速。

2.代表性的情景构建分类

（1）Notten情景构建分类方法。

Notten按照情景目标、情景设计和情景内容来进行分类，如表2-16所示。

表2-16　　　　　　　　　　情景类型

分类标准	情景特点
按照情景目标	1.类型 2.路径 3.主题 4.时间 5.空间
按照情景设计	1.资料类型 2.资料收集方法 3.体制条件
按照情景内容	1.变化性 2.力度强弱 3.偏离性 4.集成度

（2）Lena Bōrjeson情景构建分类法。

Lena Bōrjeson等（2006）提出关于未来的三个原则问题，对情景构建方法进行了分类。三个原则问题分别是：将要发生什么？能发生什么？如何实现一个具体的目标？每个问题下包含两种不同的情景构建类型。"将要发生什么"回答该问题需运用预测性情景，"能发生什么"

需运用探究性情景来回答这个问题。Lena Bōrjeson等（2006）的情景构建分类法包含多个不同的部分或元素，在技术路线上，主要通过发生、结合、一致性三个路径实现，具体如表2-17所示。

表2-17　　　　　　　　　情景发展阶段的技术贡献

情景构建类型	技术路线		
	发生	结合	一致性
预测性			
预测	1.调查 2.工作组 3.早期德尔菲法	1.时间序列分析 2.解释性模型 3.优化模型	
假设	1.调查 2.工作组 3.德尔菲法	1.解释性模型 2.优化模型	
探究性			
外部性	1.调查 2.工作组 3.德尔菲法修正	1.解释性模型 2.优化模型	1.形态领域分析 2.交叉影响
战略性	1.调查 2.工作组 3.德尔菲法	1.解释性模型 2.优化模型	形态领域分析
规范性			
保守的	1.调查 2.工作组	优化模型	形态领域分析
变化的	1.调查 2.工作组 3.Backcasting德尔菲法		形态领域分析

（3）Rob Dekkers提出一种新的情景构建分类方法。

环境性情景，描述一个组织的环境将如何发展，这些情景帮助人们明白组织的外部驱动力；战略性情景，描述未来将可能发生的事件，这些情景有利于行动与战略选择；方法分配性情景，这种情景比战略性情景多一步，即选择最适合的方法，使情景更具备可操作性；投射性情景，情景发展依赖趋势推动，基于连续性，把此时此地投射到未来。

第三章 突发公共卫生事件下
不确定性决策方法基础

如果以不确定性深度作为划分依据，可将不确定性划分为一般不确定性与深度不确定性。模糊不确定性、灰色不确定性及随机不确定性等属于一般不确定性范畴。属于深度不确定性范畴的唯有鲁棒不确定性。本章用一般不确定性的模糊不确定性与深度不确定性的鲁棒不确定性两个决策方法，探讨突发公共卫生事件下应急物流安全决策方法。

第一节　鲁棒决策方法

一、鲁棒性相关概念

鲁棒性是应急物流系统应对不确定性的重要属性，但从现有的研究文献来看，在解决不确定性方面，鲁棒性是除了前文所阐述的情景构建、模糊决策外的另一种不确定性概念，如可靠性、脆弱性、柔性、敏捷性、弹性等。

近年来，应急管理与决策中的鲁棒性问题研究成为一个热点，但在应急物流活动中探讨鲁棒性问题的文献较少。王晶等（2009）运用鲁棒优化算法解决应急物流配送计划问题；陈小可（2010）构建了应急物流网络鲁棒模型，并进行了仿真实验；赵晓波（2011）探讨了应急物流车辆路径的鲁棒优化问题。此外，还有刘波（2013）、孙华丽等（2013）、何珊珊等（2013）对应急物流优化与决策的鲁棒性问题进行了研究。总之，国内对于应急物流鲁棒性问题研究的文献偏少。

（一）鲁棒性

接婧（2005）对系统的稳定性、脆弱性等特征与鲁棒性加以比较，并对国内外关于鲁棒性的研究进行了梳理，认为国内外学术界对于鲁棒性的概念存在很大的分歧，还没有形成统一认识，根据不同的研究对象与研究目标，鲁棒性的定义也不一而足。因此，在不确定性决策领域，模糊数学、灰色系统及鲁棒性决策等不确定性决策方法应运而生。Tang（2006）指出，如果某种决策系统局部存在效率与柔性两种性能，则称该决策系统具备了鲁棒性能。本书对应急物流系统中涉及的公共事件及安全事件进行了专门的研究，构建了定量与定性相结合的应急物流安全协同决策，对于应急物流情景构建、鲁棒性的实现提供了理论上的支持。需要指出的是，根据决策者所考虑的问题不同，鲁棒性的内容也具有不同的含义（Mulvey等，1995）。

在应急物流运作管理中，通常仅关注鲁棒性，但是在不确定性决策环境中如何保持系统效能的稳定性、鲁棒解的柔性，这在应急物流及其他经济系统的运作中，始终是决策者关注的热点问题。应急物流安全决策中的鲁棒性，也是与保持物流运作稳定、安全与柔性状态分不开的，而且这种鲁棒性与解的柔性相关联，这等同于物流与供应链文献中对柔性与敏捷性的强调（Klibi等，2010）。除此之外，在应对不确定性方面，应急物流安全决策还涉及可靠性、脆弱性、弹性等属性，对这些概念、属性进行区分，有助于更好地理解鲁棒性问题的本质和机理。

（二）可靠性与脆弱性

应急物流的可靠性通常涉及运输网络，并且运用系统工程方法进行研究。其中，系统所提供的服务质量的稳定性是一种网络内部连接的概率描述。Ball 等（1992）研究了应急物流中的运输网络的可靠性问题。Dalziell 和 Nicholson（2001）讨论了遭遇可靠性、能力可靠性和流消耗可靠性等问题，并以此作为度量可靠性的方法。与可靠性相关的概念是脆弱性，Taylor 和 D'Este（2003）将脆弱性和可靠性视作彼此相关概念。Berdica（2002）将脆弱性与可服务性联系起来，即在指定事件使用网络连接、路线的可能性，认为脆弱性是无法提供充足服务能力的属性。Taylor 等（2003）将脆弱性与网络中指定节点的可访问性联系起来，其中，可访问性描述为访问某一特殊节点的旅行成本。

（三）柔性、敏捷性与弹性

Goranson（1999）对决策系统的柔性性能与敏捷性性能进行了比较分析。Lummus 等（2003）基于柔性视角探讨了跨组织运作问题，其中涉及根据顾客动态配置资产和运作的能力。

与柔性密切相关的另一个概念是弹性，根据 McManus 等（2007）的观点，弹性在本质上是指系统在破坏性的变化中的生存能力，尽管这种破坏性的变化会产生严重的后果。应急物流弹性暗含敏捷性，是应急物流的一种快速响应能力（Christoper

和 Peck，2004）。Rice 和 Caniato（2003）认为柔性与冗余是创建企业弹性的两个主要路径。冗余是一种将被使用或已被使用的能力，正是这种能力使由公共事件引起的能力损失得到替代，而柔性则是指对先前已经承诺的能力进行重新部署。与之相类似，Sheffi（2005）探讨了应急系统中运用柔性方法解决风险策略的问题。Tomlin（2006）在管理应急物流突发风险时分析了应急策略与缓解策略的价值，认为柔性是一种只有当突发事件发生时才采用的应急行为。Asbjornslett（2009）将柔性与敏捷性视为一个概念，认为这一属性是系统成功适应环境的固有能力。Husdal（2008）分析了决策系统中鲁棒性、柔性与弹性三种属性的本质问题。

二、应急物流与供应链的鲁棒性

近年来，重大突发事件频繁发生，在上述研究的基础上，国内外许多学者将鲁棒性问题的研究拓展到应急物流与供应链，因此，突发公共卫生事件下应急物流安全决策中不可能将鲁棒性问题排除在外。Beyer 和 Sendhoff（2007）认为，根据所给出的不确定性建模方法，结合不同类型的不确定性方法，可以衍生出不同的鲁棒性研究议题。显然，本书所指的鲁棒性研究方法是一种解决不确定性问题的广泛范式。在某种意义上说，这与 Klibi 等（2010）关于不确定性的三种分类（随机性、危险因素和双层不确定性）存在一致性。本书所讨论的应急物流安全中不确定性决策方法的协同，既包括情景构建，又包括模糊决策和鲁棒决策等与情景构建、分析的协同。

（一）鲁棒优化

Soyster（1973）针对线性规划模型求解，得出某一凸集内的所有数据都是可行的鲁棒解，但由于其求解只关注最坏情景情况，为了解决这一问题，Ben-Tal 和 Nemirovski（1998，1999，2000）在椭球不确定集合和问题是线性优化、二阶锥优化和半定优化等假设条件下，做出了相应改进。该方法的一个缺陷是，当不确定性参数服从一些实际概率分布时，对于产生的鲁棒解是否可行并没有提供概率保证。除此之外，这些方法并不适应于离散优化问题。针对这些问题，Bertsimas 等（2004）提出了一种运用鲁棒优化解决"鲁棒性代价"的方法。Beck 等（2008）对现实鲁棒优化问题进行分析，提出采用对偶模型进行求解的策略。

在物流与供应链领域，Scarf（1958）最早运用鲁棒决策方法解决不完备信息下的库存控制问题。随后，Gallego 等（2001）在此问题上扩展到了静态与动态库存管理，但并没有突破"维数灾难"问题。近年来，Lee 和 Hsu（2011）在此基础上，进一步研究了广告效应的报童问题，给出了最优订货量、广告支出及其期望利润的上下界。Scarf 提出订货规则，许多学者针对不确定环境下的报童问题进行了研究，代表性的研究有 Yu（1997），其运用鲁棒方法研究了输入数据不确定性的经济订货批量模型。Vairaktarakis（2000）、Ben-Tal 等（2005）设计了供应链柔性契约问题的鲁棒优化算法，考虑了不确定需求和费用参数，用更柔性的方式描述约束和订货中可能的变化。首先，研究了有限周期水平问题；然后，将其扩展到滚动周期情形。Bertsimas 等（2004）给出了随机需求条

件下的最优物流供应链库存鲁棒性策略。在此基础上，Bertsimas
和 Thiele（2006）基于鲁棒优化方法描述离散时间中具有随机需求
的供应链控制问题。

Ben-tal 和 Bertsimas 等（2004，2005）的研究表明，具有"解
鲁棒性"的最优策略虽然是最优的，但并不能保证总是可行的，
因此他们研究了约束可行的概率保证问题。与"解鲁棒"相对应
的概念是"模型鲁棒"，描述的是对于任一情景，一个数学规划
的解总是可行的。这就需要在"解鲁棒"和"模型鲁棒"之间进
行折中。在这个方面，Wu（2006）针对公司和外包之间的不确定
性与风险问题，构建了三种类型的鲁棒优化模型，同两级随机资
源规划模型相比，建立的模型能够应对全球竞争的柔性，同时供
应链系统具有更低的风险。

国内方面，晏妮娜等（2006）给出了考虑期权合同协调的传统市
场与在线市场鲁棒协同策略。徐家旺等（2009）给出了多阶段、多
产品的物流与供应链鲁棒优化模型。邱若臻等（2007）采用契约理
论，给出了基于需求均值和方差信息已知的鲁棒协同策略。朱云龙等
（2009）运用鲁棒优化与情景分析协同方法，给出了闭环供应链多目
标运作模型。

近年来，研究应急物流安全不确定性决策的文献有所增加，但是
相比较而言还是偏少，研究突发公共事件下情景构建与鲁棒等不确定
性决策动态协同的论文更少。因此，本书就突发公共卫生事件下应急
物流安全决策中几种不确定性方法的协调进行研究，以期对我国应急
物流理论的深化与实践做出一定的贡献。

（二）鲁棒控制

（1）鲁棒LQG控制。

在鲁棒LQG控制方面，Kalman（1964）首次提出了LQG最优控制理论。此后，Patel等（1977）给出了存在有界扰动的系统矩阵下LQG鲁棒稳定的充分条件。Safonov等（1977）、Doyle（1978）对"参数不确定性的LQG不具备鲁棒性"进行了论证。Petersen等（1986）基于Riccati方法设计了渐近稳定调节器。Soroka等（1984）、Grimble等（1986）对鲁棒LQG控制进行了改进。

在工程应用方面，Chung等（1994）、Trofino等（1991）、Petersen（2006）设计了最大最小优化的鲁棒LQG控制算法。对于离散系统的结果，可参考Trofino等（1992）的文献，但是在该文献中并没有给出优化问题的求解方法。此外，Neto等（1992）、Huang等（1995）也做了相似研究。

许多学者认为，最优化与鲁棒性很难完美满足，例如，Bernstein等（1986）、Zhou等（1994）、Khargonekar等（1991）、Doyle等（1994）、Tadmor（1992）探讨了鲁棒H_∞控制问题。王耀青（1995）给出了具有最小增益的最优鲁棒控制器的设计方法。

此外，Fridman（2002）设计了保守性比较小的鲁棒H_2/H_∞混合最优控制器。Yang（2006）针对一类不确定离散非线性随机系统，给出了均方差二次渐近稳定的定义，并基于此定义，设计了鲁棒混合H_2/H_∞控制器。Zarei（2007）针对一类多变量的直升机起落飞行系统，分别采用LQG/LTR以及H_∞方法设计了两种鲁棒控制器，都能确保系统具有良好的稳定裕度。

（2）鲁棒保性能控制。

自从 Chang 等（1972）首次提出 GCC 概念，Vinkler 等（1979）构造了保性能控制器，Petersen 等（1992）提出了基于不确定状态矩阵的线性二次保性能控制的初步设想。Kienitz（1995）探讨了离散系统的一些结论。Yoshida 等（1992）给出了不确定性系统最差性能上界估计方法。此外，Kosmidou 等（1990）、Petersen 等（1994）、Fischman 等（1996）讨论了最优保性能控制和滤波方法。

三、鲁棒最优控制方法

鲁棒控制是一种测度决策及控制系统性能稳定性的定量方法。典型的不确定性控制系统结构如图3-1所示。

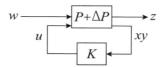

图3-1 典型的不确定性控制系统结构

结构化不确定性有如下几种类型：$(1+\Delta W)P$，$P+\Delta W$，$\dfrac{P}{P/(1+\Delta WP)}$，$\dfrac{P}{P/(1+\Delta W)}$，其中，$W$ 为不确定性系统参数的加权矩阵。为进一步描述不确定性模型，给出以下公式：

$$\dot{x}(t)=\left[A+\Delta A(t)\right]x(t) \qquad (3-1)$$

式（3-1）中，A 是标称模型参数，$x(t)$ 是系统状态，$\Delta A(t)$ 是系统参数不确定性项。以下几种不确定性模型被广泛采用。

（一）线性不确定性模型

$$\Delta A(t) = a_1(t)A_1 + a_2(t)A_2 + \cdots + a_m(t)A_m \qquad （3-2）$$

式中，$a_i(t)$ 为有界实标量函数，$A_i(i=1,2,\cdots,m)$ 为确定的实矩阵，Lebesgue 可测满足：

$$|a_i(t)| \leqslant \delta_i, \delta_i \geqslant 0, i=1,2,\cdots,m \qquad （3-3）$$

其中，$\delta_i(i=1,2,\cdots,m)$，满足：

$$\left|\frac{\mathrm{d}a_i(t)}{\mathrm{d}t}\right| \leqslant \theta_i, \theta_i \geqslant 0, i=1,2,\cdots,m \qquad （3-4）$$

其中，$\theta_i(i=1,2,\cdots,m)$ 是确定的标量。

（二）秩 1 分解不确定性模型

$$\Delta A(t) = a_1(t)\boldsymbol{h}_1^{\mathrm{T}}\boldsymbol{g}_1 + a_2(t)\boldsymbol{h}_2^{\mathrm{T}}\boldsymbol{g}_2 + \cdots + a_m(t)\boldsymbol{h}_m^{\mathrm{T}}\boldsymbol{g}_m \qquad （3-5）$$

式中，$a_i(t)$ 为有界实标量函数，$\boldsymbol{h}_i, \boldsymbol{g}_i(i=1,2,\cdots,m)$ 为实向量，Lebesgue 可测且满足：

$$|a_i(t)| \leqslant \delta_i, \delta_i \geqslant 0, i=1,2,\cdots,m \qquad （3-6）$$

其中，$\delta_i(i=1,2,\cdots,m)$ 为确定的标量。

（三）范数有界不确定性模型

$\|\Delta A(t)\| \leqslant \alpha$，其中，$\alpha$ 为已知标量，$\Delta A(t) = \boldsymbol{D}\boldsymbol{F}(t)\boldsymbol{E}$，式中，$\boldsymbol{D}$、$\boldsymbol{E}$ 是实常数矩阵。$\boldsymbol{F}(t)$ 是实矩阵，Lebesgue 可测且满足：

$$\boldsymbol{F}^{\mathrm{T}}(t)\boldsymbol{F}(t) \leqslant 1 \qquad （3-7）$$

凸多面体不确定性模型：

$$\Delta A(t) = \sum_{i=1}^{m} \alpha_i(t)\boldsymbol{E}_i \qquad （3-8）$$

式（3-8）中，E_i 为已知的实矩阵，$\alpha_i(t)$ 是实标量函数，且满

足：$\sum_{i=1}^{m} \alpha_i(t) = 1$，$\alpha_i(t) \geqslant 0$。$\Delta A(t) = a_1(t)A_1 + a_2(t)A_2 + \cdots + a_m(t)A_i$，

$|\alpha_i(t) \leqslant \delta_i|$，$\delta_i \geqslant 0, i = 1,2,\cdots,m$，可转化为：$D = [\alpha_1 A_1 \quad \alpha_2 A_2 \quad \alpha_3 A_3 \quad \alpha_4 A_4]$，

$F(t) = diag\left\{ \dfrac{\alpha_1(t)}{\sigma_1}I \quad \dfrac{\alpha_2(t)}{\sigma_2}I \quad \cdots \quad \dfrac{\alpha_i(t)}{\sigma_i}I \right\}$，$E = \begin{bmatrix} I & I & \cdots & I \end{bmatrix}^{\circ}$

如果 $F_1(t)F_1(t) \leqslant I$，$F_2(t)F_2(t) \leqslant I$，则 $F(t) = \alpha_1 F_1(t) + \alpha_2 F_2(t)$，$\alpha_1 \geqslant 0$，

$\alpha_2 \geqslant 0$，$\alpha_1 + \alpha_2 = 1$，则有：$F^{T}(t)F(t)\left(\alpha_1 F_1(t) + \alpha_2 F_2(t)\right)^{T}\left[\alpha_1 F_1(t) + \alpha_2 F_2(t)\right] = I$，

因此，由 $F^{T}(t)F(t) \leqslant I$ 描述的不确定性参数集合是一个凸集合。

四、鲁棒 H_∞ 控制方法

（一）H_∞ 控制器

H_∞ 控制器如图 3-2 所示。

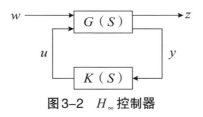

图 3-2　H_∞ 控制器

图 3-2 中，u、w、z、y 分别为控制输入信号、干扰输入信号、被估计信号、观测信号。$G(S)$、$K(S)$ 分别为广义被控信号与反馈控制器。$T_{zw}(s)$ 是闭环传递函数。若存在可行的控制器 $K(S)$，使 $\| T_{zw}(s)\|_\infty$ 最小，则称为最优 H_∞ 控制器。给定常数 $\gamma > 0$，若存在可行的控制器 $K(S)$，使 $\| T_{zw}(s)\|_\infty < \gamma$，则称为次优 H_∞ 控制器。

（二）鲁棒H_∞控制器

鲁棒H_∞控制器如图3-3所示。

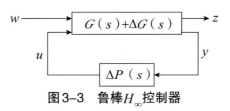

图3-3　鲁棒H_∞控制器

图3-3中，在H_∞控制器基础上，$\Delta G(s)$是广义被控对象发生的摄动，$\Delta P(s)$是由实际被控对象产生的摄动。

第二节　模糊决策方法

应急配送模糊决策方法的创新是以经典的模糊算法理论为基础，通过经典理论的梳理可以为医用救灾物资配送中的模糊优化、决策模型的构建提供知识基础。

一、模糊集合理论概述

1.基本定义

设U是论域，U的幂集记为2^U。设$A \in 2^U$，映射$\chi_A : U \to \{0,1\}$可定义为：

$$\chi_A(u) = \begin{cases} 1, u \in A \\ 0, u \notin A \end{cases}$$

则$\chi_A(u)$称之为集合A的特征函数。

定义 3.2.1　设 $\mu_{\tilde{A}}:X \to [0,1]$，$x \to \mu_{\tilde{A}}(x)$ 为任意映射，$\mu_{\tilde{A}}$ 即 $\tilde{A}$ 的隶属函数，$\mu_{\tilde{A}}(x)$ 就是 x 对 $\tilde{A}$ 的隶属度，$\tilde{A}$ 表示的模糊集可记为：$\tilde{A} = \left\{ \left(x, \mu_{\tilde{A}}(x)\right) \mid x \in X \right\}$。

根据 Zadeh 的理论，论域 X 上的模糊集 $\tilde{A}$ 可写为：

$\tilde{A} = \dfrac{\mu_1}{x_1} + \dfrac{\mu_2}{x_2} + \cdots + \dfrac{\mu_n}{x_n}$，或 $\tilde{A} = \dfrac{\bigcup\limits_{i=1}^{n}\mu_i}{x_i}$，或 $\tilde{A} = \dfrac{\sum\limits_{i=1}^{n}\mu_i}{x_i}$。当论域 X 是无限集时，则模糊集 $\tilde{A}$ 可表示为：

$$\tilde{A} = \int_{x \in X} \frac{\mu_{\tilde{A}}(x)}{x}$$

定义 3.2.2　于论域 X 上的模糊集 $\tilde{A}$，$x \in X$。

（1）满足 $\mu_{\tilde{A}}(x)$ 严格为正的所有 x 构成的集合称为 $\tilde{A}$ 的支撑集 $\mathrm{supp}(\tilde{A})$，即 $\mathrm{supp}(\tilde{A}) = \left\{ x \in X \mid \mu_{\tilde{A}}(x) \succ 0 \right\}$。

（2）$\mu_{\tilde{A}}(x)$ 上确界称为模糊集 $\tilde{A}$ 在 X 上的高 $hgt(\tilde{A})$，即 $hgt(\tilde{A}) = \sup\limits_{x \in X} \mu_{\tilde{A}}(x)$。

2.运算法则

定义 3.2.3　设 X 为论域，$\tilde{A}, \tilde{B}, \tilde{C}$ 为定义在 X 上的模糊集。

（1）若对任意 $\tilde{A} \subseteq \tilde{B}$，有 $\mu_{\tilde{A}}(x) \leqslant \mu_{\tilde{B}}(x)$，则称 $\tilde{A}$ 被 $\tilde{B}$ 包含，记为 $\tilde{A} \subseteq \tilde{B}$。

（2）若对任意 $\tilde{A} \subseteq \tilde{B}$，有 $\mu_{\tilde{A}}(x) = \mu_{\tilde{B}}(x)$，则称 $\tilde{A}$ 与 $\tilde{B}$ 相等，记为 $\tilde{A} = \tilde{B}$。

（3）若对任意 $x \in X$，有 $\mu_{\tilde{C}}(x) = \min\left\{ \mu_{\tilde{A}}(x), \mu_{\tilde{B}}(x) \right\}$，则称 $\tilde{C}$ 为 $\tilde{A}$ 与 $\tilde{B}$ 的交集，记为 $\tilde{A} \cap \tilde{B}$。

（4）若对任意 $x \in X$，有 $\mu_{\tilde{C}}(x) = \max\left\{ \mu_{\tilde{A}}(x), \mu_{\tilde{B}}(x) \right\}$，则称 $\tilde{C}$ 为 $\tilde{A}$ 与 $\tilde{B}$

的并集，记为 $\tilde{A} \cup \tilde{B}$。

（5）若对任意 $x \in X$，有 $\mu_{\tilde{B}}(x) = 1 - \mu_{\tilde{A}}(x)$，则称 $\tilde{B}$ 为 $\tilde{A}$ 的余集，记为 $\tilde{B} = \tilde{A}^c$。

对于任意 a，$b \in [0,1]$，由于 $0 \leqslant \max\{a,b\} \leqslant 1$，$0 \leqslant \min\{a,b\} \leqslant 1$ 及 $0 \leqslant 1 - a \leqslant 1$，故对任意模糊集 $\tilde{A}$ 与 $\tilde{B}$，$\tilde{A} \cup \tilde{B}$，$\tilde{A} \cap \tilde{B}$，$\tilde{A}^c$ 恒存在。在模糊集理论中，a,b 之间的极小值和极大值可记为：$\min\{a,b\} = a \wedge b$，$\max\{a,b\} = a \vee b$。则模糊集 $\tilde{A}$ 与 $\tilde{B}$ 之间的交集与并集也可表示为：

$$\tilde{A} \cap \tilde{B} \Leftrightarrow \mu_{\tilde{A} \cap \tilde{B}}(x) = \mu_{\tilde{A}}(x) \wedge \mu_{\tilde{B}}(x);$$
$$\tilde{A} \cup \tilde{B} \Leftrightarrow \mu_{\tilde{A} \cup \tilde{B}}(x) = \mu_{\tilde{A}}(x) \vee \mu_{\tilde{B}}(x)。$$

Zadeh 将普通集合之间的运算扩展到模糊集。

定理3.2.1　模糊集具有的性质如下。

（1）幂等律：$\tilde{A} \cup \tilde{A} = \tilde{A}; \tilde{A} \cap \tilde{A} = \tilde{A}$。

（2）交换律：$\tilde{A} \cup \tilde{B} = \tilde{B} \cup \tilde{A}; \tilde{A} \cap \tilde{B} = \tilde{B} \cap \tilde{A}$。

（3）结合律：$(\tilde{A} \cap \tilde{B}) \cap \tilde{C} = \tilde{A} \cap (\tilde{B} \cap \tilde{C});$ $(\tilde{A} \cup \tilde{B}) \cup \tilde{C} = \tilde{A} \cup (\tilde{B} \cup \tilde{C})$。

（4）吸收律：$(\tilde{A} \cup \tilde{B}) \cap \tilde{A} = \tilde{A}; (\tilde{A} \cap \tilde{B}) \cup \tilde{A} = \tilde{A}$。

（5）分配律：$\tilde{A} \cap (\tilde{B} \cup \tilde{C}) = (\tilde{A} \cap \tilde{B}) \cup (\tilde{A} \cap \tilde{C});$ $\tilde{A} \cup (\tilde{B} \cap \tilde{C}) = (\tilde{A} \cup \tilde{B}) \cap (\tilde{A} \cup \tilde{C})$。

（6）复原律：$(\tilde{A}^c)^c = \tilde{A}$。

（7）对偶律：$(\tilde{A} \cup \tilde{B})^c = \tilde{A}^c \cap \tilde{B}^c; (\tilde{A} \cap \tilde{B})^c = \tilde{A}^c \cup \tilde{B}^c$。

以上说明 $\tilde{A} \cup \tilde{A}^c$ 不完全覆盖 X，当 $0 \prec \mu_{\tilde{A}}(x) \prec 1$ 时，恒有 $\max\{\mu_{\tilde{A}}(x), 1 - \mu_{\tilde{A}}(x)\} \prec 1$，$\min\{\mu_{\tilde{A}}(x), 1 - \mu_{\tilde{A}}(x)\} \succ 0$。因此，$\mu_{\tilde{A} \cup \tilde{A}^c(x)} \neq 1$，$\mu_{\tilde{A} \cap \tilde{A}^c(x)} \neq 0$。

此外，比较常见的模糊集代数运算如下。

（1）代数和 $\tilde{A}+\tilde{B}$：$\mu_{\tilde{A}+\tilde{B}}(x)=\mu_{\tilde{A}}(x)+\mu_{\tilde{B}}(x)-\mu_{\tilde{A}}(x)\mu_{\tilde{B}}(x)$。

（2）代数积 $\tilde{A}\tilde{B}$：$\mu_{\tilde{A}\tilde{B}}(x)=\mu_{\tilde{A}}(x)\mu_{\tilde{B}}(x)$。

（3）有界和 $\tilde{A}\oplus\tilde{B}$：$\mu_{\tilde{A}\oplus\tilde{B}}(x)=\min\{1,\mu_{\tilde{A}}(x)+\mu_{\tilde{B}}(x)\}$。

（4）有界积 $\tilde{A}\oplus\tilde{B}$：$\mu_{\tilde{A}\otimes\tilde{B}}(x)=\max\{0,\mu_{\tilde{A}}(x)+\mu_{\tilde{B}}(x)-1\}$。

（5）有界差 $\tilde{A}-\tilde{B}$：$\mu_{\tilde{A}-\tilde{B}}(x)=\max\{0,\mu_{\tilde{A}}(x)-\mu_{\tilde{B}}(x)\}$。

（6）幂乘 $\tilde{A}^n$：$\mu_{\tilde{A}^n}=\left\{\left(x,\left(\mu_{\tilde{A}}(x)\right)^n\right)\mid x\in X\right\}$。

二、模糊决策原理

模糊协同决策模型主要涉及模糊目标规划。

1.模糊目标规划法

设模糊等式的隶属函数 $\mu_i(x)$ 为对称三角函数，如式（3-9）所示。

$$\mu_i(x)=\begin{cases}\dfrac{(Ax)_i-(b_i-d_i)}{d_i},b_i-d_i\leqslant(Ax)_i\prec b_i\\[3mm]\dfrac{(b_i+d_i)-(Ax)_i}{d_i},b_i\leqslant(Ax)_i\prec b_i+d_i\\[3mm]0,(Ax)_i\prec b_i-d_i\end{cases}\qquad(3-9)$$

其中，d_i 为允许偏离最可能值 b_i 的最大值，b_i-d_i 为最悲观值，b_i+d_i 为最乐观值，此外，该三角隶属函数也常表述为 (b_i,b_i-d_i,b_i+d_i)。式（3-9）给定的情况下，为求解该规划问题，可以求解与式（3-10）、式（3-11）、式（3-12）等价的 2^m 个线性规划子问题。

$$\max\left\{\min_i\dfrac{(Ax)_i-(b_i-d_i)}{d_i}\right\}\qquad(3-10)$$
$$\text{s.t. } b_i-d_i\leqslant(Ax)_i\leqslant b_i,x\geqslant0$$

$$\max\left\{\min_i \frac{(b_i + d_i) - (Ax)_i}{d_i}\right\} \tag{3-11}$$
$$\text{s.t. } b_i \leqslant (Ax)_i \leqslant b_i + d_i, x \geqslant 0$$

将式（3-10）与式（3-11）结合在一起，有：

$$\max \alpha$$
$$\text{s.t.}\begin{cases} \dfrac{(Ax)_i - (b_i - d_i)}{d_i} \geqslant \alpha \\ b_i - d_i \leqslant (Ax)_i \leqslant b_i \\ \dfrac{(b_i + d_i) - (Ax)_i}{d_i} \geqslant \alpha \\ 0 \leqslant \alpha \leqslant 1, x \geqslant 0 \end{cases} \tag{3-12}$$

由于式（3-12）的前两个约束可写为：$\alpha \leqslant 1 + \dfrac{(Ax)_i - b_i}{d_i}$ 以及

$\dfrac{b_i - d_i}{d_i} \leqslant \dfrac{(Ax)_i}{d_i} \leqslant \dfrac{b_i}{d_i}$，令 $\dfrac{(Ax)_i}{d_i} = \dfrac{b_i}{d_i} - \delta_i^-, 0 \leqslant \delta_i^- \leqslant 1$，则有：$\alpha + \delta_i^- \leqslant 1$ 和

$\dfrac{(Ax)_i}{d_i} + \delta_i^- = \dfrac{b_i}{d_i}$。则式（3-12）等价于Narasimhan的 2^m 个线性规划子问题的模型：

$$\max \alpha$$
$$\text{s.t.}\begin{cases} \dfrac{(Ax)_i}{d_i} + \delta_i^- - \delta_i^+ = \dfrac{b_i}{d_i}, i = 1, 2, \cdots, m \\ \alpha + \delta_i^- - \delta_i^+ \leqslant 1, i = 1, 2, \cdots, m \\ \delta_i^-, \delta_i^+ \geqslant 0, \delta_i^- \delta_i^+ = 0, i = 1, 2, \cdots, m \\ 0 \leqslant \alpha \leqslant 1, x \geqslant 0 \end{cases} \tag{3-13}$$

2.模糊全局优化法

模糊目标规划中一般通过求解正理想点（PIS）之间的极小化距离，得到妥协解集。

$$\max \left\{ f_1(x), f_2(x), \cdots, f_k(x) \right\}$$

$$\text{s.t.} \begin{cases} g_i(x) \leqslant \tilde{b}_i, i = 1, 2, \cdots, m \\ x \geqslant 0 \end{cases} \quad （3-14）$$

其中，$\tilde{b}_i$ 是模糊资源量，容许最大偏差值为 p_i，隶属函数 $\mu_{\tilde{b}_i}$ 为 $[b_i,$ $b_i + p_i]$ 的线性不增函数，此处的约束条件也可以是 $g_i(x) \tilde{\leqslant} \tilde{b}_i$。式（3-14）中是模糊约束条件，由此，模糊正理想点不是一个点而是一个区域，Leung 提出如式（3-15）所示的距离函数。

$$d_p = \left[\sum_{k=1}^{K} \left[1 - \mu_k(f_k(x)) \right]^p \right]^{\frac{1}{p}}, p \geqslant 1 \quad （3-15）$$

其中，$\mu_k(f_k(x))$ 是 $f_k(x)$ 与模糊 PIS 之间的距离的隶属函数。类似于式（3-7）中的模糊约束条件的可行度已给出，则可以利用全局标准的方法求得妥协解，Leung 提出如下算法。

第一步：找出理想点 $f^{1*} = \left(f^{1*}, f^{2*}, \cdots, f^{k*} \right)$，$f^{k*} (1 \leqslant k \leqslant K)$ 是式（3-16）的最优解。

$$\max f_k(x)$$

$$\text{s.t.} \begin{cases} g_i(x) \leqslant b_i, i = 1, 2, \cdots, m \\ x \geqslant 0 \end{cases} \quad （3-16）$$

第二步：求解以下问题，找出 f^{1*} 的妥协解。

$$\min d_p^1 = \left[\sum_{k=1}^{K} \left(\frac{f_k^{1*} - f_k(x)}{f_k^{1*}} \right)^p \right]^{\frac{1}{p}}$$

s.t. $x \in X = \left\{ x \in \mathbf{R}^n \mid g_i(x) \leqslant b_i, i = 1, 2, \cdots, m, x \geqslant 0 \right\}$，其中，$p = 1, 2, \cdots, \infty$。为简单起见，只考虑 $p = 1$ 和 $p = \infty$ 的情形。若 $p = 1$，考虑 $\min d_1^1$，$x \in X$，设所求得的解为 x^{11}。若 $p = \infty$，考虑 $\min d_\infty^1$，即

$$\min d_\infty^1$$

$$\text{s.t.} \begin{cases} \dfrac{f_k^{1*} - f_k(x)}{f_k^{1*}} \leqslant d_\infty^1, k = 1, 2, \cdots, K \\ x \in X \end{cases}$$

设所求得的解为$x^{1\infty}$，妥协解x^{11}和$x^{1\infty}$可以作为妥协解的边界。

第三步：类似于第一步，求解如下问题得到正理想点$f^{0*} = \left(f_1^{0*}, f_2^{0*}, \cdots, f_k^{0*} \right)^{\mathrm{T}}$；

$$\max f_k(x)$$
$$\text{s.t.} \begin{cases} g_i(x) \leqslant b_i + p_i, i = 1, 2, \cdots, m \\ x \geqslant 0 \end{cases}$$

第四步：类似于第二步，求解如下问题找到相应的f^{0*}的妥协解，即

$$\min d_p^0 = \left[\sum_{k=1}^{K} \left(\frac{f_k^{0*} - f_k(x)}{f_k^{0*}} \right)^p \right]^{\frac{1}{p}}$$

$$x \in X' = \left\{ x \in \mathbf{R}^n \mid g_i(x) \leqslant b_i + p_i, i = 1, 2, \cdots, m, x \geqslant 0 \right\}$$

其中$\mathbf{R}$是实数集，当约束条件的模糊资源量从b_i增加到$b_i + p_i$时，$f_k(x)$的最优目标函数值从f_k^{1*}增加到f_k^{0*}，由此，模糊理想点可记为：

$$\left\{ \left(f_1(x), f_2(x), \cdots, f_k(x) \right)^{\mathrm{T}} \mid f_k^{1*} \leqslant f_k(x) \leqslant f_k^{0*}, k = 1, 2, \cdots, K \right\}$$

于是，对于每一个目标函数有模糊目标$f_k(x) \geqslant \left[f_k^{1*}, f_k^{0*} \right]$ $(k = 1, 2, \cdots, K)$。

第五步：通过求解以下K个单目标的模糊线性规划模型，求出最合适的正理想点PIS。对于任意$k = 1, 2, \cdots, K$，确定x使：$f_k(x) \geqslant f_k^{1*} : f_k^{0*}$，$g_i(x) \leqslant b_i + p_i, i = 1, 2, \cdots, m$。此处，$f_k(x) \geqslant f_k^{1*} : f_k^{0*}$的含义是$f_k(x) \geqslant f_k^{1*} : \tilde{f}_k^{*}$，模糊目标值$\tilde{f}_k^{*}$在区间$\left[f_k^{1*}, f_k^{0*} \right]$取值。$g_i(x) \leqslant b_i + p_i, i = 1, 2, \cdots, m$的含义是$g_i(x) \leqslant \tilde{b}_i$，$\tilde{b}_i$在区间$\left[\tilde{b}_i, \tilde{b}_i + p_i \right]$取值。为简化起见，设模糊目标和模糊隶属函数都是线性的，对于任意$k \in \{1, 2, \cdots, K\}, i \in \{1, 2, \cdots, m\}$，分别有：

$$\mu_k\left(f_k\left(x\right)\right) = \begin{cases} 1, f_k^{0^*} \prec f_k\left(x\right) \\ 1 - \dfrac{f_k^{0^*} - f_k\left(x\right)}{f_k^{0^*} - f_k^{1^*}}, f_k^{1^*} \leqslant f_k\left(x\right) \leqslant f_k^{0^*} 和 \\ 0, f_k\left(x\right) \leqslant f_k^{1^*} \end{cases}$$

$$\mu_i\left(g_i\left(x\right)\right) = \begin{cases} 1, g_i\left(x\right) \prec b_i \\ 1 - \dfrac{g_i\left(x\right) - b_i}{p_i}, b_i \leqslant g_i\left(x\right) \leqslant b_i + p_i \\ 0, g_i\left(x\right) \succ b_i + p_i \end{cases}$$

利用 Bellman 与 Zadeh 提出的极大极小算子，对每个单目标函数 $f_k\left(x\right)$，$k \in \{1,2,\cdots,K\}$，有：$\max\limits_{x \in X} \min\limits_{i}\left\{\mu_k\left[f_k\left(x\right), \mu_i\left(g_i\left(x\right)\right)\right]\right\}$，或者式（3–17）成立。

$$\max \alpha$$

$$\text{s.t.} \begin{cases} 1 - \dfrac{f_k^{0^*} - f_k\left(x\right)}{f_k^{0^*} - f_k^{1^*}} \geqslant \alpha \\ 1 - \dfrac{g_i\left(x\right) - b_i}{p_i} \geqslant \alpha, i = 1,2,\cdots,m \\ 0 \leqslant \alpha \leqslant 1, x \geqslant 0 \end{cases} \quad (3\text{–}17)$$

设式（3–17）的解为 $f_k^* = f_k\left(x^*\right)$ 和 $\alpha_k^*(k = 1,2,\cdots,K)$，故对式（3–15）最合适的理想点 PIS 为 $f^* = \left(f_1^*, f_2^*, \cdots, f_k^*\right)^{\mathrm{T}}$，且 $\alpha^* = \max\limits_{1 \leqslant k \leqslant K} \alpha_k^*$。

第六步：根据所得到的最合适的理想点为 f^* 与 α^*，找出式（3–15）的妥协解，求解下面的问题。

$$\min d_p = \left[\sum_{k=1}^{K}\left(\frac{f_k^* - f_k\left(x\right)}{f_k^*}\right)^p\right]^{\frac{1}{p}}$$

$$\text{s.t. } x \in X = \left\{x \in \mathbf{R}^n \mid g_i\left(x\right) \leqslant b_i + (1 - \alpha^*)p_i, i = 1,2,\cdots,m, x \geqslant 0\right\}$$

其中，p 可取任意实数，但为了便于计算，仅考虑 $p = 1$ 与 $p = \infty$ 的情形。

3.模糊交互规划法

在突发公共卫生事件下的模糊协同决策中，模糊交互规划法也比较常用。考虑以下模糊多目标问题：

$$\max\left\{f_1(x),f_2(x),\cdots,f_k(x)\right\}$$

$$\text{s.t.}\begin{cases}g_i(x)\leqslant\tilde{b}_i,i=1,2,\cdots,m\\x\geqslant0\end{cases}\qquad(3\text{--}18)$$

其中 $\tilde{b}_i$ 是模糊资源量，最大允许偏差值为 p_i，并假设其隶属函数 $\mu_i(x)$ 为 $[b_i,b_i+p_i]$ 的线性不增函数。

（1）模糊极大极小法。

在确定的多目标决策理论中，有效解是在可行解中进一步找出的。但对于式（3–18）来说，不但需要考虑可行解所对应的各目标函数值，而且还要考虑可行解的可行性问题。Werners 首先定义了模糊约束下有效解的问题。

定义 3.2.4　若不存在 x'，满足 $f_k(x')\geqslant f_k(x)$，$\mu_i(x')\geqslant\mu_i(x)$，$k=1,2,\cdots,K$，$i=1,2,\cdots,m$，且至少存在某个 $k_0\in\{1,2,\cdots,K\}$，$i_0\in\{i=1,2,\cdots,m\}$，有 $f_{k_0}(x')\geqslant f_{k_0}(x)$，或 $\mu_{i_0}(x')\geqslant\mu_{i_0}(x)$，则称 x 为式（3–18）的模糊有效解。Werners 将式（3–18）转化为带有模糊约束的对称问题，则可建立针对模糊约束与模糊目标的隶属函数。如果采用 Bellman 和 Zadeh 提出的极大极小算子，再运用 Zimmermann 提出的模糊规划的交互式方法就能求解。交互式方法的具体步骤如下。

第一步：设模糊决策的隶属函数是线性的，决策者只要用两个值即可确定隶属函数表达式，此外，由于交互式过程的进行，在局部范围内这种近似效果非常好。

第二步：求出目标函数$f_k(x)$的上界f_k^0和下界f_k^1（$1 \leqslant k \leqslant K$），分别求解：

$$f_k^0 = f_k(x_k^0) = \max_{x \in X} f_k(x) \ , \quad f_k^1 = f_k(x_k^1) = \max_{x \in X'} f_k(x)$$

其中，$X = \left\{ x \in \mathbf{R}^n \mid g_i(x) \leqslant b_i + p_i, i = 1, 2, \cdots, m, x \geqslant 0 \right\}$，$X' = \left\{ x \in \mathbf{R}^n \mid g_i(x) \leqslant b_i, i = 1, 2, \cdots, m, x \geqslant 0 \right\}$。有效极解如表3-1所示。

表3-1　　　　　　　　　　　有效极解

	f_1	f_2	$\cdots$	f_K		f_1	f_2	$\cdots$	f_K
x_1^0	$f_1(x_1^0)$	$f_2(x_1^0)$	$\cdots$	$f_K(x_1^0)$	x_1^1	$f_1(x_1^1)$	$f_2(x_1^1)$	$\cdots$	$f_K(x_1^1)$
$\cdots$	$\cdots$	$\cdots$	$\cdots$	$\cdots$	$\cdots$	$\cdots$	$\cdots$	$\cdots$	$\cdots$
x_K^0	$f_1(x_K^0)$	$f_2(x_K^0)$	$\cdots$	$f_K(x_K^0)$	x_K^1	$f_1(x_K^1)$	$f_2(x_K^1)$	$\cdots$	$f_K(x_K^1)$

第三步：根据表3-1构造隶属函数，最大值为$f_k^0 = f_k(x_k^0)$，最小值为$f_k^m = \min\left\{ f_k(x_1^0), \cdots, f_k(x_K^0), f_k(x_1^1), \cdots, f_k(x_K^1) \right\}$（$k = 1, 2, \cdots, K$）。如果对于某个值有$f_k^0 = f_k^m$，则在式（3-18）中附加条件$f_k(x)$的线性隶属函数如下。

$$\mu_k(f_k(x)) = \begin{cases} 0, f_k(x) \prec f_k^m \\ \dfrac{f_k(x) - f_k^m}{f_k^0 - f_k^m}, f_k^m \leqslant f_k(x) \leqslant f_k^0 \\ 1, f_k^0 \prec f_k(x) \end{cases}$$

设模糊约束函数为：

$$\mu_i(g_i(x)) = \begin{cases} 0, b_i + p_i \prec g_i(x) \\ 1 - \dfrac{g_i(x) - b_i}{p_i}, b_i \leqslant g_i(x) \leqslant b_i + p_i \\ 1, g_i(x) \prec b \end{cases}$$

第四步：求解如下对称模型以获得妥协解。

$$\max \alpha$$

$$\text{s.t.} \begin{cases} \left(f_k^0 - f_k^m \right)\alpha - f_k(x) \leqslant -f_k^m, k = 1, 2, \cdots, K \\ p_i \alpha + g_i(x) \leqslant b_i + p_i, i = 1, 2, \cdots, m \\ 0 \leqslant \alpha \leqslant 1, x \geqslant 0 \end{cases} \quad （3-19）$$

假设最优解是 $\left(x^0, \alpha^0 \right)$，有效妥协解 x^0 及相关参数如表3-2所示。

表3-2 有效妥协解

	目标函数最大值				约束条件		
	f_1^0	f_2^0	$\cdots$	f_K^0	$b_1 + p_1$	$\cdots$	$b_m + p_m$
x^0	$f_1(x_0)$	$f_2(x_0)$	$\cdots$	$f_K(x_0)$	$g_1(x)$	$\cdots$	$g_m(x)$
	f_1^m	f_2^m	$\cdots$	f_K^m	b_1	$\cdots$	b_m
α^0	α_1	α_2	$\cdots$	α_K	α_{K+1}	$\cdots$	α_{K+m}

第五步：若决策者选择如表3-1所示的模糊有效极解或表3-2中的有效妥协解作为最终解，那么停止迭代，否则转到第六步。

第六步：决策者根据经验判断，通过修正模糊目标的隶属函数 $\mu_k\left(f_k(x) \right)$ 中的 f_k^0 和 f_k^m，以及模糊约束的隶属函数 $\mu_i\left(g_i(x) \right)$ 中的 b_i 或 p_i，求解式（3-19），并解出新的有效妥协解。

第七步：若通过局部修改后得到的解仍令决策者不满意，则转到第一步。

在第六步，决策者对模糊目标和模糊约束的决策函数进行修改时，可以考虑以下步骤。

①对第 k 个目标增加 f_k^m，则所有 $f_k(x) \prec f_k^m$（新）的可行解 x 从新的可行解集中去掉。另外，对新的隶属函数来说，$f_k(x)$ 所对应的新的隶属度要小，修改结果如图3-4所示，新的妥协解是在第 k 个目标

有较高权重的情况下得到。

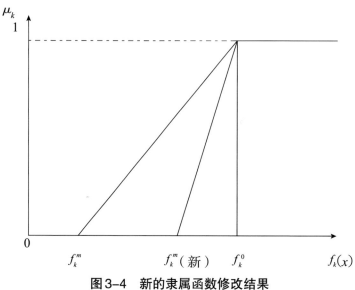

图3-4　新的隶属函数修改结果

同时，为避免由于增加f_k^m过大而出现的可行解为空解的情况，每次的增加值应尽可能小。另外，如果出现上界值f_k^0，可能导致出现非有效解。因此，当决策者要求改变f_k^0时应十分小心，同样适用于减少f_k^m。

②对约束条件来说，减少p_i值是允许的，在下一步寻找妥协解的过程中可以得到新的有效妥协解；若增加p_i的值，会使可行解集扩大而需要考虑更多的解。修改结果如图3-5所示。

（2）带权模糊目的法。

Leung提出的交互式方法用以解决分层分级的模糊目标问题，本质上属于带优先权的模糊目的规划法。x通过以下模糊多目标决策加以确定，其中满足约束$f_k(x) \geqslant f_k : f_k + d_k, k = 1, 2, \cdots, K$。

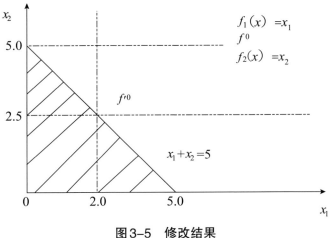

图3-5 修改结果

$g_i(x) \geq b_i : b_i + p_i, i = 1, 2, \cdots, m, x \geq 0$。模糊目标与模糊约束的隶属函数分别为：

$$\mu_k(f_k(x)) = \begin{cases} 0, f_k(x) \prec f_k \\ \dfrac{f_k(x) - f_k}{d_k}, f_k \leq f_k(x) \leq f_k + d_k, \ k = 1, 2, \cdots, K \\ 1, f_k + d_k \prec f_k(x) \end{cases}$$

$$\mu_i(g_i(x)) = \begin{cases} 0, g_i(x) \prec b_i \\ \dfrac{g_i(x) - b_i}{p_i}, b_i \leq g_i(x) \leq b_i + p_i, \ i = 1, 2, \cdots, m \\ 1, g_i(x) \succ b_i + p_i \end{cases}$$

若 $f_1^0 = 5.0 \rightarrow f_1'^0 = 2.0$ 及 $f_2^0 = 5.0 \rightarrow f_2'^0 = 2.5$，则 $f_1(x) \succ\succ f_2(x) \succ\succ \cdots \succ\succ f_K(x)$。

交互式算法的步骤如下。

第一步：求解如下单目标问题的最优解 $(\alpha_1^*, x^{1*}, f_1^*)$，即确定 x，使 $f_1(x) \geq f_1 : f_1 + d_1$，$g_i(x) \geq b_i : b_i + p_i, i = 1, 2, \cdots, m, x \geq 0$。或利用极大极小算子，有：

$$\max \alpha_1$$

$$\text{s.t.} \begin{cases} f_1(x) - f_1 \geqslant \alpha_1 d_1 \\ g_i(x) - b_i \geqslant \alpha_1 p_i, i = 1, 2, \cdots, m \\ 0 \leqslant \alpha_1 \leqslant 1, x \geqslant 0 \end{cases}$$

第二步：决策者给出平衡系数 β_k^q，β_k^q 的含义是极大化 f_q 时 α_k^* 能够被折中的程度，或者可以被认为是当 f_q 被极大化时对 α_k^* $(k = 1, 2, \cdots, q-1)$ 允许的偏差水平，于是有：

$$\max \alpha_q$$

$$\text{s.t.} \begin{cases} f_q(x) - f_q \geqslant \alpha_q d_q \\ g_i(x) - b_i \geqslant \alpha_q p_i, i = 1, 2, \cdots, m \\ f_k(x) - f_k \geqslant d_k \alpha_k^* \beta_k^q, k = 1, 2, \cdots, q-1 \\ 0 \leqslant \alpha_k \leqslant 1, x \geqslant 0 \end{cases}$$

其中，$0 \leqslant \beta_k \leqslant \beta_k^q \leqslant \beta_k^{q+1} \leqslant \cdots \leqslant \beta_k^{k+1} \leqslant 1 (k = 1, 2, \cdots, q-1)$，$\beta_k$ 为 f_k^* 对 f_q^* 的最大容许平衡系数。以上排序表明在序列求解过程中，寻找妥协解是一致的，即在此后求出的解不会与前面的解相互矛盾。平衡系数越严格，所求的妥协解对优先层次越高的目标越有利。有时，决策者可能会更容易确定 f_k^* 与 f_q^* 之间的平衡系数，而不是确定 α_k^*，于是有：

$$\max \alpha_q$$

$$\text{s.t.} \begin{cases} f_q(x) - f_q \geqslant \alpha_q d_q \\ g_i(x) - b_i \geqslant \alpha_q p_i, i = 1, 2, \cdots, m \\ f_k(x) \geqslant \tau_k^* f_k^*, k = 1, 2, \cdots, q-1 \\ 0 \leqslant \alpha_k \leqslant 1, x \geqslant 0 \end{cases}$$

其中，$0 \leqslant \tau_k \leqslant \tau_k^q \leqslant \tau_k^{q-1} \leqslant \cdots \leqslant \tau_k^{k+1} (k = 1, 2, \cdots, q-1)$，$\tau_k$ 为 f_k^* 与 f_q^* 之间的最大平衡系数。

例3.1：考虑如下问题确定 x，使：

$$f_1(x) = x \geqslant 20 : 60 (d_1 = 40)$$
$$f_2(x) = x \leqslant 10 : 90 (d_2 = 80)$$
$$g(x) = x \leqslant 50 : 70 (p_1 = 20)$$

其中，$x \geqslant 0$，目标函数之间优先次序为 $f_1(x) \gg f_2(x)$，模糊隶属函数如图3-6所示。

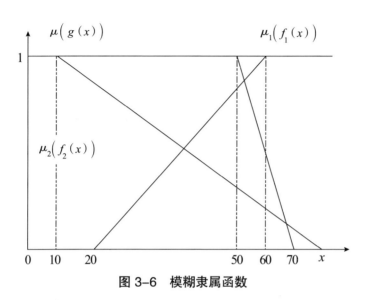

图 3-6　模糊隶属函数

第一步：求解以下问题。

$$\max \alpha_1$$
$$\text{s.t.} \begin{cases} \dfrac{x-20}{40} \geqslant \alpha_1, \dfrac{70-x}{20} \geqslant \alpha_1, \text{解得 } \alpha_1^* = 0.852 \\ 0 \leqslant \alpha \leqslant 1, x \geqslant 0 \end{cases}$$

第二步：基于 $\alpha_1^* = 0.852$ 求解以下问题。

$$\max \alpha_2$$
$$\text{s.t.} \begin{cases} \dfrac{90-x}{80} \geqslant \alpha_2, \dfrac{70-x}{20} \geqslant \alpha_2 \\ \dfrac{x-20}{40} \geqslant 0.852\beta_1^2 \\ 0 \leqslant \alpha_2 \leqslant 1, x \geqslant 0 \end{cases}$$

选择不同的 β_1^2 可得到相应的解，如表3-3所示。

表3-3　　　　　　　　　　　例3.1的求解结果

平衡系数		妥协解	
β_1^2	x^*	α_1^*	α_2^*
0.0	20.000	0.000	0.875
0.1	23.332	0.083	0.833
0.2	26.664	0.166	0.792
0.3	29.993	0.250	0.752
0.4	33.348	0.342	0.766
0.5	36.881	0.439	0.668
0.6	38.772	0.512	0.631
0.7	43.224	0.575	0.575
0.8	46.653	0.663	0.541
0.9	48.887	0.760	0.520
1.0	54.556	0.852	0.434

此外，Fabian，Ciobann 与 Baptistella 等提出有关求解模糊多目标问题的交互式算法。

三、带模糊系数的多目标决策方法

模糊多目标决策模型中具有模糊系数，可表示为：

$$\min\left\{f_1\left(x,\tilde{a}_1\right),f_2\left(x,\tilde{a}_2\right),\cdots,f_m\left(x,\tilde{a}_m\right)\right\}$$
$$\text{s.t.}\begin{cases}g_i\left(x,\tilde{b}_i\right)\leqslant 0,i=1,2,\cdots,p\\h_r\left(x,\tilde{c}_r\right)=0,r=1,2,\cdots,q\end{cases}\quad(3-20)$$

其中，$\tilde{a}_m$、$\tilde{b}_i$及$\tilde{c}_r$是模糊系数向量。下面主要考虑带模糊系数的多目标决策问题现有的主要求解算法，并进行稳定性分析。

1.不确定性目标处理

带模糊系数的多目标决策问题如式（3-21）所示。

$$\max\left\{f_1(\tilde{c}_1,x),f_2(\tilde{c}_2,x),\cdots,f_K(\tilde{c}_K,x)\right\}$$
$$\text{s.t.} x\in X=\left\{x\in\mathbf{R}^n\middle|g_i(\tilde{A}_i,x)\leqslant 0,x\geqslant 0,i=1,2,\cdots,m\right\}\qquad（3-21）$$

其中，$\tilde{c}_K$ 与 $\tilde{A}_i$ 是模糊系数，且具有相应的可能性分布。为处理式（3-21）中不确定性约束条件及不确定性目标函数，Orlovski 首先运用 Zadeh 提出的扩张原则定义解的可能度和解的有效度。Orlovski 提出的两种处理方式如下。

方法一：这种方法基于使目标函数值达到最大，考虑问题（3-21）的辅助式（3-22）。

$$\max\left\{f_1,f_2,\cdots,f_K,\alpha\right\}$$
$$\text{s.t.}\begin{cases}poss\left(f_1(\tilde{c}_1,x)\geqslant f_1,\cdots,f_K(\tilde{c}_K,x)\geqslant f_K\right)\geqslant\alpha\\x\in X\end{cases}\qquad（3-22）$$

其中，第一个约束条件反映出目标函数的不确定性，考虑的是在一定程度上满足不等式 $f_K(\tilde{c}_K,x)\geqslant f_K$，根据 Zadeh 的扩张原则，有：

$$poss\left(f_1(\tilde{c}_1,x)\geqslant f_1,\cdots,f_K(\tilde{c}_K,x)\geqslant f_K\right)=\sup_{c_k:f_k(c_k,x)\geqslant f_k}\pi_k(c_k)$$

于是问题（3-22）等价于：

$$\max\left\{f_1,f_2,\cdots,f_K,\alpha\right\}$$
$$\text{s.t.}\begin{cases}\sup\pi_k(c_k)\geqslant\alpha\\c_k:f_k(c_k,x)\geqslant f_k\\x\in X\end{cases}\qquad（3-23）$$

如果对于任意 x，$f_K(c_K,x)$ 和 $\pi_k(c_k)$ 关于 c_k 是连续的，则式（3-23）等价于式（3-24）。

$$\max\left\{f_1, f_2, \cdots, f_K, \alpha\right\}$$

$$\text{s.t.}\begin{cases}\sup_k \pi_k\left(c_k\right) \geqslant \alpha, k = 1, 2, \cdots, K \\ f_k\left(c_k, x\right) \geqslant f_k, k = 1, 2, \cdots, K \\ x \in X\end{cases} \quad (3\text{-}24)$$

其中的参数向量，如果可行域确定，上述的两个问题就是一个确定的线性规划问题，如果其中不确定性参数的可能性分布函数已知，则可以对其进行求解。

方法二：这种方法是将实数轴上的目标值的自然序扩展到实数轴上模糊子集，得到对各方案目标模糊值的偏好比较，于是可以定义在所有方案集合中的模糊严格偏好，并确定相应的有效解的模糊子集。

定义 3.2.5 $\Phi_k(x, \gamma) = \sup_{c_k : f_k(c_k, x)} \pi_k\left(c_k\right), k = 1, 2, \cdots, K$ 表示对于任意方案 $\Phi_i(x, \gamma)$，诱导出模糊非严格偏好关系。$\Omega_k\left(x^1, x^2\right) = \sup_{x \geqslant y} \min$

$\left\{\Omega_k\left(x^1, z\right), \Omega_k\left(x^2, y\right)\right\}, k = 1, 2, \cdots, K$，定义 X 上的严格支配关系为：

$\Omega_k^s\left(x^1, x^2\right) = \begin{cases}\Omega_k\left(x^1, x^2\right) - \Omega_k\left(x^2, x^1\right) = \alpha, 若 \alpha \succ 0 \\ 0, 其他\end{cases}$，其中 $\Omega_k^s\left(x^1, x^2\right)$ 是相对于 $\Omega_k\left(x^1, x^2\right)$ 的模糊严格偏好关系，则方案 x^1 严格优于方案 x^2 的偏好度为：$\Omega_k\left(x^1, x^2\right) = \min_k \Omega_k^s\left(x^1, x^2\right)$。

在确定情况下，意味对每一个目标函数有 x^1 严格优于 x^2，则整体上 x^1 严格优于 x^2。根据 Ω^s，定义如下有效方案的模糊子集 Ω^{ND} 为：

$$\Omega^{ND}(x) = 1 - \sup_{y \in x} \Omega^s(y, x) = 1 - \sup_{y \in x} \min_k \Omega_k^s(y, x)$$

或

$$\Omega^{ND}(x) = 1 - \sup_{y \in x} \min_k [\Omega_k(y, x) - \Omega_k(x, y)]$$

其中，$\Omega^{ND}(x)$ 为方案 x 的有效度，若 $\Omega^{ND}(x) \geqslant \alpha$，则方案 x 被另一方案严格支配的程度小于 $1 - \alpha$。

以下考虑如何确定满足 $\Omega^{ND}(x) \geqslant \alpha$ 的所有方案的问题，其中 α 为事

先给定解的有效满意度，将式（3-24）转换为式（3-25）。

$$\max\{r_1, r_2, \cdots, r_k\}$$
$$\text{s.t.}\begin{cases} \Phi_k(x, r_k) \geqslant \alpha, k = 1, 2, \cdots, K \\ x \in X, r_k \in \mathrm{R}, k = 1, 2, \cdots, K \end{cases} \tag{3-25}$$

若对 $\forall k$，及 $\forall x \in X$，存在 $r_k \in \mathbf{R}$ 使 $\Phi_k(x, r_k) \geqslant \alpha$，则有 $\Omega^{ND}(x) \geqslant \alpha$。由此可见，对给定的 α，以上两种方案是等价的，都得出相同的方案与决策。

2. 不确定性约束处理

假设相应约束条件 $g_i\left(\tilde{A}_i, x\right) \leqslant 0$ 的可能性分布函数为 $\pi_i(A_i, x)$，记为 $\pi_i(x) = \sup_{A_i \in \tilde{A}_i} \pi_i(A_i, x)$，其中 $\tilde{A}_i = \{A_i \mid g_i(A_i, x) \leqslant 0\}$，$\pi_i(x)$ 表示各方案 x 的可行度。在考虑式（3-25）时，需要同时考虑解的有效度 $\Omega^{ND}(x)$ 及方案的可行度，分别假设解的有效度为 α，解的可行度为 β，则模型（3-26）解的方案的有效度不小于 α 且可行度不小于 β。当 α 与 β 变化时，可以得出不同的有效度和可行度的解。

$$\max\left\{f_1(c_1, x), f_2(c_2, x), \cdots, f_K(c_K, x)\right\}$$
$$\text{s.t.}\begin{cases} \sup_{c_k: f_k(c_k, x) = r_k} \pi_k(c_k) \geqslant \alpha, k = 1, 2, \cdots, K \\ \sup_{A_i \in \tilde{A}_i} \pi_{k_i}(A_i, x) \geqslant \beta, i = 1, 2, \cdots, m \\ g_i(A_i, x) \leqslant 0, i = 1, 2, \cdots, m \\ x \in X, A_i \in \tilde{A}_i', c_k \in \ell_k, k = 1, 2, \cdots, K \end{cases} \tag{3-26}$$

四、模糊优化算法

救灾物资配送模糊决策中涉及的带模糊系数的多目标决策算法很多，限于篇幅，下面仅介绍3种代表性的方法。

1. 对称处理法

根据Tanaka和Asai提出的方法的特点，对称处理式（3-27）所示的带模糊系数的多目标线性规划问题：

$$\max\{\tilde{c}_1 x, \tilde{c}_2 x, \cdots, \tilde{c}_K x\}$$
$$\text{s.t. } x \in X = \left\{x \in \mathbf{R}^n \mid \tilde{A}x \leqslant \tilde{b}, x \geqslant 0\right\} \tag{3-27}$$

其中，$\tilde{c}_K$，$\tilde{A}$，$\tilde{b}$是模糊系数，并用模糊数来表示。Tanaka和Asai考虑可以写成对称形式的目标规划问题（对目标与约束均不加以区分），如式（3-28）所示。

$$a_{01}x_1 + a_{02}x_2 + \cdots + a_{0n}x_n \geqslant b_0 (目标)$$
$$a_{11}x_1 + a_{12}x_2 + \cdots + a_{1n}x_n \leqslant b_1 (约束)$$
$$\cdots$$
$$a_{i1}x_1 + a_{i2}x_2 + \cdots + a_{in}x_n \geqslant b_i (目标) \tag{3-28}$$
$$\cdots$$
$$a_{m1}x_1 + a_{m2}x_2 + \cdots + a_{mn}x_n \leqslant b_m (约束)$$

当式（3-28）中的所有参数均为模糊数时，可以将其写为：

$$\tilde{y}_0 = \tilde{B}_0 x_0 + \tilde{A}_{01}x_1 + \cdots + \tilde{A}_{0n}x_n \gtreqless 0$$
$$\tilde{y}_1 = \tilde{B}_1 x_0 + \tilde{A}_{11}x_1 + \cdots + \tilde{A}_{1n}x_n \gtreqless 0$$
$$\cdots$$
$$\tilde{y}_i = \tilde{B}_i x_0 + \tilde{A}_{i1}x_1 + \cdots + \tilde{A}_{in}x_n \gtreqless 0 \tag{3-29}$$
$$\cdots$$
$$\tilde{y}_m = \tilde{B}_m x_0 + \tilde{A}_{m1}x_1 + \cdots + \tilde{A}_{mn}x_n \gtreqless 0$$

其中，$x_0 = 1$。对于中心为α_i，散度为β_i的任意模糊数$\tilde{p}_i$，设其隶属函数为：

$$\mu_{\tilde{p}_i}(p_i) = \begin{cases} 1 - \dfrac{|p_i - \alpha_i|}{\beta_i}, & \alpha_i - \beta_i \leqslant p_i \leqslant \alpha_i + \beta_i \\ 0, & 其他 \end{cases}$$

式中$\beta_i \succ 0$。模糊数$\tilde{p}_i$可以视为近似于α_i的实数集合。记$\tilde{p} = (\tilde{p}_1, \tilde{p}_2, \cdots, \tilde{p}_n)^T = (\alpha, \beta)$，其中$\alpha = (\alpha_1, \alpha_2, \cdots, \alpha_n)^T$，$\beta = (\beta_1, \beta_2, \cdots, \beta_n)^T$。对于模糊线性方程：$\tilde{y} = \tilde{p}_0 x_0 + \tilde{p}_1 x_1 + \cdots + \tilde{p}_n x_n = \tilde{p}^T x$，Tanaka和Asai给出隶属函数如式（3-30）所示。

$$\mu_{\tilde{y}}(y) = \begin{cases} 1 - \dfrac{|y - \alpha^T x|}{\beta^T |x|}, & x \neq 0 \\ 1, & x = 0, y = 0 \\ 0, & x = 0, y \neq 0 \end{cases} \quad (3\text{-}30)$$

式（3-30）中$|x| = (|x_1|, |x_2|, \cdots, |x_n|)^T$。如果$\beta^T |x| \leqslant |y - \alpha^T x|$，则$\mu_{\tilde{y}}(y) = 0$，此处，引入"$\tilde{y}$几乎为正数"的定义。

定义3.2.6　记"$\tilde{y}$几乎为正数"为模糊不等式$\tilde{y} \gtrapprox 0$，且定义$\tilde{y} \gtrapprox 0 \Leftrightarrow \mu_{\tilde{y}}(0) \leqslant 1 - h$，且$\alpha^T x \geqslant 0$，式中$h$代表$\tilde{y} \gtrapprox 0$的程度，$0 \leqslant h \leqslant 1$。$h$的值越大，"$\tilde{y}_i$几乎为正数"的意味越强烈。为解释定义3.2.6，令：$S = \int_0^\infty \mu_{\tilde{y}}(y)\mathrm{d}y / \int_{-\infty}^\infty \mu_{\tilde{y}}(y)\mathrm{d}y$，于是有：$S = 1 - \dfrac{(1-h)^2}{2} = 0.5 + h - 0.5h^2$。其中，$h$表示$\tilde{y}$为正的面积占全部面积的比值，若$h = 0.6$，则$S = 0.92$，这意味着"$\tilde{y}$几乎为正数"的程度为0.92。

利用模糊不等式的定义3.2.4，式（3-30）可以被改写为：

$$\mu_{\tilde{y}_0}(0) = 1 - \frac{\alpha_0^T x}{\beta_0^T x} \leqslant 1 - h, \alpha_0^T x \geqslant 0$$
$$\cdots \quad (3\text{-}31)$$
$$\mu_{\tilde{y}_m}(0) = 1 - \frac{\alpha_m^T x}{\beta_m^T x} \leqslant 1 - h, \alpha_m^T x \geqslant 0$$

由于原问题中要求有$x \geqslant 0$成立，故式（3-30）可以简单地表示为：

$$(\alpha_0 - h\beta_0)^T x \geqslant 0, \cdots, (\alpha_m - h\beta_m)^T x \geqslant 0 \quad (3\text{-}32)$$

以致原问题可转化为：

$$\max h$$
$$\text{s.t.} \begin{cases} \left(\alpha_0 - h\beta_i\right)^{\mathrm{T}} x \geq 0, i = 0,1,\cdots,m \\ 0 \leq h \leq 1, x \geq 0 \end{cases} \quad (3\text{-}33)$$

至此，式（3-33）的最优解即可作为式（3-32）的解。而由于式（3-33）是一个非线性规划问题，求解起来不方便，为此，Tanaka和Asai给出如下交互式算法以获得式（3-33）的近似解。

第一步：设定h很小的初值，使存在满足式（3-32）的可接受解集。

第二步：设增量$\Delta h \succ 0$，对于h依次增加$\Delta h, 2\Delta h, \cdots$，直到确定不再满足式（3-32）的最小$h + (k+1)\Delta h$的值。

第三步：由于存在$h + k\Delta h$值的可接受解集，视该集合为约束集，并从式（3-32）中选择最重要的不等式，不妨设其为第j_0个不等式，则将该不等式的左边作为目标函数：

$$J = \alpha_{j_0 1} x_1 + \alpha_{j_0 2} x_2 + \cdots + \alpha_{j_0 n} x_n$$

于是在满足如下约束条件下极大化目标函数J，$\left[\alpha_j - \left(h + k\Delta h\right)\beta_j\right]^{\mathrm{T}}$ $x \geq 0, j = 0,1,\cdots,m, j \neq j_0$，并求得解为$x^*$，将解$x^*$作为满足式（3-32）的近似解。

2.相对右移法

以下将介绍由Lai和Hwang提出的方法，根据该方法的特点，此处称为相对右移法。带模糊系数的多目标线性规划问题，可写为式（3-34）的形式。

$$\max \left\{\tilde{c}_1 x, \tilde{c}_2 x, \cdots, \tilde{c}_K x\right\}$$
$$\text{s.t.} \ x \in X = \left\{x \in \mathbf{R}^n \mid \tilde{A} x \leq \tilde{b}, x \geq 0\right\} \quad (3\text{-}34)$$

其中，$\tilde{c}_k = \left(\tilde{c}_{k1}, \tilde{c}_{k2}, \cdots, \tilde{c}_{kn}\right)(k = 1,2,\cdots,K)$，$\tilde{c}_{kj} = \left(c_{kj}^m, c_{kj}^p, c_{kj}^o\right)(j = 1,2,\cdots,n)$

为 $L-R$ 模糊数，c_{kj}^{m} 为最可能值，c_{kj}^{p} 为最悲观值，c_{kj}^{o} 为最乐观值。且假设 $\tilde{c}_{kj}$ 有三角形可能性分布函数 $\pi_{\tilde{c}kj}(\cdot)$，对其余模糊数也做类似假设，记 $\tilde{b}=\left(\tilde{b}_{1},\tilde{b}_{2},\cdots,\tilde{b}_{m}\right)^{\mathrm{T}}$，$\tilde{b}_{i}=\left(b_{i}^{m},b_{i}^{p},b_{i}^{o}\right)$，$\tilde{A}=\left(\tilde{a}_{ij}\right)_{m\times n}$，$\tilde{a}_{ij}=\left(a_{ij}^{m},a_{ij}^{p},a_{ij}^{o}\right)(i=1,2,\cdots,m)$。

若 $\pi_{\tilde{c}_{kj}}\pi_{\tilde{c}kj}\left(c_{kj}^{m}\right)=1$，$\pi_{\tilde{c}_{kj}}\left(c_{kj}^{p}\right)=\pi_{\tilde{c}_{kj}}\left(c_{kj}^{o}\right)=0$，则 $\tilde{c}_{kj}$ 为正模糊数，此时考虑式（3-34）的辅助问题：$\max_{x\in X}\left\{\left(c_{1}^{m}x,c_{1}^{p}x,c_{1}^{o}x\right),\cdots,\left(c_{K}^{m}x,c_{K}^{p}x,c_{K}^{o}x\right)\right\}$ 其中，$c_{k}^{m}=\left(c_{k1}^{m},c_{k2}^{m},\cdots,c_{kn}^{m}\right)$，$c_{k}^{p}=\left(c_{k1}^{p},c_{k2}^{p},\cdots,c_{kn}^{p}\right)$，$c_{k}^{o}=\left(c_{k1}^{o},c_{k2}^{o},\cdots,c_{kn}^{o}\right)$，$\left(c_{k}^{m}x,c_{k}^{p}x,c_{k}^{o}x\right)$ 为三个目标函数组成的向量。而且，该模糊目标函数完全被 $\left(c_{k}^{m}x,1\right),\left(c_{k}^{p}x,0\right),\left(c_{k}^{o}x,0\right)$ 三点所确定。因此，为使模糊目标最大化，可考虑使以上三个点尽量向右边移动。由于三个点的纵坐标为 1 或 0，故仅需考虑使三个点的横坐标极大化即可，于是考虑求解。

$\max_{x\in X}\left\{c_{k}^{m}x,c_{k}^{p}x,c_{k}^{o}x,k=1,2,\cdots,K\right\}$，为保证可能性分布函数的正则性与凸性，考虑辅助函数问题：

$$\begin{aligned} &\min f_{k1}(x)=\left(c_{k}^{m}-c_{k}^{p}\right)x,k=1,2,\cdots,K \\ &\max f_{k2}(x)=c_{k}x,k=1,2,\cdots,K \\ &\max f_{k3}(x)=\left(c_{k}^{o}-c_{k}^{m}\right)x,k=1,2,\cdots,K \\ &\mathrm{s.t.}x\in X \end{aligned} \qquad (3-35)$$

式（3-35）中目标函数 $\left(c_{k}^{m}-c_{k}^{p}\right)x$ 与 $\left(c_{k}^{o}-c_{k}^{m}\right)x$ 是 $c_{k}^{m}x$ 的相对度量，三个新的目标函数能保证使三角形可能性分布函数向右移动。同时，处理式（3-34）中的模糊约束，Lai 与 Hwang 采用模糊排序的方法，将 $\tilde{A}x\leqslant\tilde{b}$ 转化为以下辅助不等式约束条件。

$$\left(A_{\beta}\right)^{m}x\leqslant\left(b_{\beta}\right)^{m},\left(A_{\beta}\right)^{p}x\leqslant\left(b_{\beta}\right)^{p},\left(A_{\beta}\right)^{o}x\leqslant\left(b_{\beta}\right)^{o}$$

基于上述讨论，将模糊排序与模糊目标结合起来，考虑式

（3-36）。

$$\min f_{k1}(x) = \left(c_k^m - c_k^p\right)x, k = 1, 2, \cdots, K$$

$$\max f_{k2}(x) = c_k x, k = 1, 2, \cdots, K$$

$$\max f_{k3}(x) = \left(c_k^o - c_k^m\right)x, k = 1, 2, \cdots, K$$

$$\text{s.t.}
\begin{cases}
\left(A_\beta\right)^m x \leqslant \left(b_\beta\right)^m \\
\left(A_\beta\right)^p x \leqslant \left(b_\beta\right)^p \\
\left(A_\beta\right)^o x \leqslant \left(b_\beta\right)^o \\
x \geqslant 0
\end{cases}
\qquad （3-36）$$

其中，$\left(A_\beta\right)^m = \left(\left[\left(a_{ij}\right)_\beta\right]^m\right)_{m \times n}$，$\left(b_\beta\right)^m = \left(\left[\left(b_1\right)_\beta\right]^m, \left[\left(b_2\right)_\beta\right]^m, \cdots, \left[\left(b_m\right)_\beta\right]^m\right)^{\mathrm{T}}$，$\left(A_\beta\right)^p = \left(\left[\left(a_{ij}\right)_\beta\right]^p\right)_{m \times n}$，$\left(b_\beta\right)^p = \left(\left[\left(b_1\right)_\beta\right]^p, \left[\left(b_2\right)_\beta\right]^p, \cdots, \left[\left(b_m\right)_\beta\right]^p\right)^{\mathrm{T}}$，$\left(A_\beta\right)^o = \left(\left[\left(a_{ij}\right)_\beta\right]^o\right)_{m \times n}$，$\left(b_\beta\right)^o = \left(\left[\left(b_1\right)_\beta\right]^o, \left[\left(b_2\right)_\beta\right]^o, \cdots, \left[\left(b_m\right)_\beta\right]^o\right)^{\mathrm{T}}$

β 为可接受的最低的可能性水平值，一旦 β 的值确定，式（3-36）即为确定的多目标规划问题，可以对其求解。实际上针对不同的可能性水平值 β，通过求解相应的式（3-36）就可以提供给决策者模糊解。

3. 优先可能法

Negi 采用 Dubios 和 Prade 提出的"优先可能性"和"严格优先可能性"的概念，考虑如下带模糊系数的多目标规划问题：

$$\max \left\{\tilde{c}_1 x, \tilde{c}_2 x, \cdots, \tilde{c}_K x\right\}$$
$$\text{s.t.} x \in X = \left\{x \in \mathbf{R}^n \mid \tilde{A}x \leqslant \tilde{b}, x \geqslant 0\right\} \qquad （3-37）$$

其中，$\tilde{c}_k = \left(\tilde{c}_{k1}, \tilde{c}_{k2}, \cdots, \tilde{c}_{kn}\right)(k = 1, 2, \cdots, K)$，$\tilde{b} = \left(\tilde{b}_1, \tilde{b}_2, \cdots, \tilde{b}_m\right)^{\mathrm{T}}$，$\tilde{A} = \left(\tilde{a}_{ij}\right)_{m \times n}$，且假设 $\tilde{c}_{kj}, \tilde{b}_i$ 与 $\tilde{a}_{ij}$ 为梯形模糊数，分别记为 $\tilde{c}_{kj} = \left(c_{kj1}, c_{kj2}, c_{kj3}, c_{kj4}\right)$，$\tilde{b}_i = \left(b_{i1}, b_{i2}, b_{i3}, b_{i4}\right)$，$\tilde{a}_{ij} = \left(a_{ij1}, a_{ij2}, a_{ij3}, a_{ij4}\right), k = 1, 2, \cdots, K, i = 1, 2, \cdots, m, j = 1, 2, \cdots, n$。

$\tilde{u} = (u_1, u_2, u_3, u_4), \tilde{v} = (v_1, v_2, v_3, v_4)$，梯形模糊数的可能性分布如图 3-7 所示。

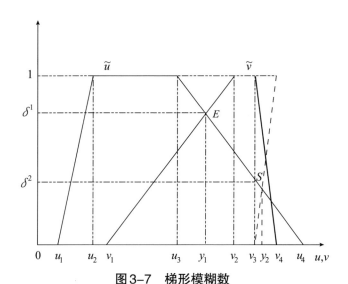

图 3-7　梯形模糊数

令 $E = (y_1, \delta^1)$，且存在：

$$y_1 = \frac{u_4 v_2 - u_3 v_1}{(u_4 - u_3) + (v_2 - v_1)} \ , \ \delta^1 = \frac{y_1 - v_1}{v_2 - v_1} = \frac{u_4 - v_1}{(u_4 - u_3) + (v_2 - v_1)} \circ$$

于是，在 E 点的优先可能性为：

$$\pi\left(u^R \geqslant v^L\right) = \begin{cases} 1, u_3 \geqslant v_2 \\ \delta^1, u_3 \leqslant v_2 , v_1 \leqslant u_4 \\ 0, v_1 \geqslant u_4 \end{cases} \qquad （3-38）$$

类似地，由图 3-7 可知，$S = (y^2, \delta^2)$，且存在：

$$y_2 = \frac{u_4 v_2 - u_3 v_3}{(u_4 - u_3) + (v_4 - v_3)}, \ \delta^1 = \frac{y_2 - v_3}{v_4 - v_3} = \frac{u_4 - v_3}{(u_4 - u_3) + (v_4 - v_3)}$$

于是在 S 点的严格优先可能性为：

$$\pi\left(u^R \geqslant v^R\right) = \begin{cases} 1, u_3 \geqslant v_4 \\ \delta^2, u_3 \leqslant v_4 , v_3 \leqslant u_4 \\ 0, v_3 \geqslant u_4 \end{cases}$$

在式（3–38）中，分别假设第 i 个约束条件中左边及右边为 $\tilde{r}_i = \tilde{A}_i x$ 及 $\tilde{b}_i$，并将其分别看作 $\tilde{v}$ 和 $\tilde{u}$，按照优先可能性代入式（3–38），有：

$$\pi(x \in F_i) = \begin{cases} 1, b_{i3} \geqslant r_{i2} \\ \delta_i, b_{i3} \leqslant r_{i2}, r_{r1} \leqslant b_{i4} \\ 0, r_{i1} \geqslant b_{i4} \end{cases} \quad （3–39）$$

此处，$\delta_i = \dfrac{b_{i4} - r_{i1}}{(b_{i4} - b_{i3}) + (r_{i2} - r_{i1})}$，$r_{i1} = \sum_{j=1}^{n} a_{ij1} x_j$。若采用"取小算子"，则 x 满足所有约束条件的可能性为：

$$\pi(x \in F) = \min\{\pi(x \in F_1), \pi(x \in F_2), \cdots, \pi(x \in F_m)\} = \min\{\delta_1, \delta_2, \cdots, \delta_m\}$$ 其

决策空间为 $b_{i3} \leqslant r_{i2} = \sum_{j=1}^{n} a_{ij2} x_j$ 及 $b_{i4} \geqslant r_{i1} = \sum_{j=1}^{n} a_{ij1} x_j \ (i = 1, 2, \cdots, m)$。对于式（3–39）来说，其带模糊系数的模糊目标函数为：

$$\tilde{f}_k(x) = c_k x = \left(\sum_{j=1}^{n} c_{kj1} x_j, \sum_{j=1}^{n} c_{kj2} x_j, \sum_{j=1}^{n} c_{kj3} x_j, \sum_{j=1}^{n} c_{kj4} x_j \right), \quad k = 1, 2, \cdots, K$$

在给定 x 的条件下，$\tilde{f}_k(x) = f_k$ 的条件可能性为：

$$\pi(f_k(x) = f_k | x) = \begin{cases} \theta_{k1}, \sum_{j=1}^{n} c_{kj1} x_j \leqslant f_k \leqslant \sum_{j=1}^{n} c_{kj2} x_j \\ 1, \sum_{j=1}^{n} c_{kj2} x_j \leqslant f_k \leqslant \sum_{j=1}^{n} c_{kj3} x_j \\ \theta_{k2}, \sum_{j=1}^{n} c_{kj3} x_j \leqslant f_k \leqslant \sum_{j=1}^{n} c_{kj4} x_j \\ 0 \end{cases} \quad （3–40）$$

其中，$\theta_{k1} = \dfrac{f_k - \sum_{j=1}^{n} c_{kj1} x_j}{\sum_{j=1}^{n} c_{kj2} x_j - \sum_{j=1}^{n} c_{kj1} x_j}$，$\theta_{k2} = \dfrac{f_k - \sum_{j=1}^{n} c_{kj4} x_j}{\sum_{j=1}^{n} c_{kj4} x_j - \sum_{j=1}^{n} c_{kj3} x_j} (k = 1, 2, \cdots, K)$。

通过利用取小算子，Buckley 定义了联合可能性为：

$$\pi(f_1(x) = f_1 | x, f_2(x) = f_2 | x, \cdots, f_K(x) = f_K | x) = \min\{\pi f_1(x) = f_1 | x, \pi$$

$$f_2(x) = f_2 | x, \cdots, \pi f_K(x) = f_K | x\}$$

由于对第 k 个目标函数的 n 个梯形模糊数 $\tilde{c}_{kj}$，$c_{k13},c_{k23},\cdots,c_{kn3}$ 及 $c_{k14},c_{k24},\cdots,c_{kn4}$ 是 $4n$ 个参数中较大的 $2n$ 个，因此，在 $\pi\left(\tilde{f}_k(x)=f_k\,|\,x\right)$ 中，有 $\pi\left(f_1(x)=f_1\,|\,x,f_2(x)=f_2\,|\,x,\cdots,f_K(x)=f_K\,|\,x\right)=\min\{\theta_{12},\theta_{22},\cdots,\theta_{K2}\}$，其目标函数空间为：$\displaystyle\sum_{j=1}^{n}c_{kj3}x_j\leqslant f_k\leqslant\sum_{j=1}^{n}c_{kj4}x_j\,(k=1,2,\cdots,K)$。

本节给出的模糊多目标决策方法有模糊目标规划法、模糊全局优化法、相对右移法及优先可能性法等，为以后章节的应急物流安全情景构建和模糊决策的协调提供理论支持。

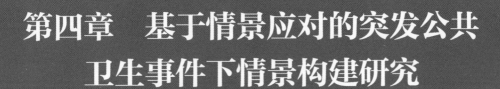

第四章　基于情景应对的突发公共
卫生事件下情景构建研究

　　突然发生、造成或者可能造成社会公众健康严重损害的重大传染病疫情、群体性不明原因疾病、重大食物性和职业性中毒以及其他严重影响公众健康的突发公共卫生事件，不仅会对社会公众的身心健康造成严重损害，也会对经济发展和社会稳定构成巨大威胁。由于突发公共卫生事件发生的地点、时间难以预测，且伴有各种潜在的次生危害，其具有明显的复杂性特征。因此，难以运用物流实验的方法对突发公共卫生事件进行研究。国内外关于突发公共卫生事件下的情景构建研究还处于初级阶段，本章从情景推演、情景分析等方面展开对突发公共卫生事件下应急决策的情景构建研究。

第一节　突发公共卫生事件下的情景演化研究

一、突发公共卫生事件下的随机网络

（一）情景推演内涵

　　在突发公共卫生事件下应急物流及其安全决策中，情景是突发公共卫生事件"情景—应对"型应急决策方法的依据。突发公共卫生事件发生时，应急物流的仓储、配送等应急安全决策是在高度不确定性环境下进行的，信息高度匮乏，传统"预测—应对"型应急物流决策方法很难匹配应急预案和即时情景。因此，包含情景决策的情景演化方法应运而生，该方法包含多维参数和多维决策主体，能够对突发公共卫生事件发生、演变与发展趋向进行综合判断。姜卉等（2009）认为，在无法精确预测突发公共卫生事件的情形下，必须采取情景—应对方法加以应对。根据突发公共卫生事件演变的规律，可以构建突发公共卫生事件的情景演化网络图，如图4-1所示。

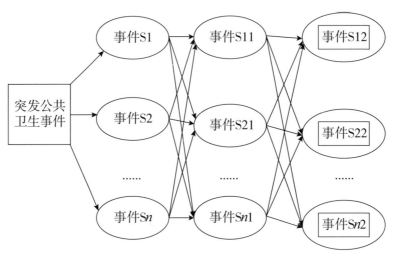

图4-1　突发公共卫生事件的情景演化网络

综上所述，突发公共卫生事件发生、发展与演化的态势即情景构建所面对的预测主体。突发公共卫生事件下的情景包含了多个情景要素，情景要素在救灾前期、中期及后期表现出来的状态都可以用若干个参数来表示，可用多个重要参数的集合反映突发公共卫生事件下的情景，参数的动态变化过程就是情景演化的过程。

（二）突发公共卫生事件下的情景推演随机网络

基于时间的动态维度，突发公共卫生事件所处情景的演化也是一个动态过程。突发公共卫生事件发生后，将突发公共卫生事件演化系统所处的受灾状态作为节点，用箭线表示各个状态节点间的转移关系，用以描述状态转移的概率关系，则突发公共卫生事件演化系统具备了随机网络性质。本节给出了基于疫情状态情景推演的随机网络，每个演化情景用节点表示，用箭线来表达疫情状态情景演化的趋势。此外，一种疫情向其他次生灾害转移的可能性，即疫情转移的概率则用后向转移概率表示。突发公共卫生事件下情景推演随机网络如图4-2所示。图中，z 为突发公共卫生事件当前状态后向传递演化向量，p_z 表示突发公共卫生事件当前状态后向转移概率，t_z 表示突发公共卫生事件当前状态延续的时间，c_z 表示突发公共卫生事件当前状态向其他状态发展及转化的范围。

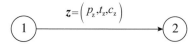

图4-2　突发公共卫生事件下情景演化随机网络

在突发公共卫生事件下情景演化的随机网络中包含不同类型的节点，为便于研究，可将这些节点分为 A 型、B 型及 C 型三种类型。情景推演随机网络要素含义如表4-1所示。

表4-1　　突发公共卫生事件情景演化随机网络要素含义

类型	节点含义	箭线含义	案例
A	各演化阶段重要事件点	重要事件的演化过程	突发公共卫生事件所导致封城、封村、道路封闭、交通堵塞等重要事件点作为节点，箭线表示演化关系
B	各情景要素的不同受灾状态	疫情状态之间的转移	在情景演化过程中，可用节点表示人员待援状态，箭线表示状态间的转换，可构建出突发公共卫生事件下的广义随机网络

类型	节点含义	箭线含义	案例
C	现实中的物理结构点	物理结构点之间的转移	在情景推演随机网络中，应急物资的运输枢纽用节点表示，道路连接则用箭线表示

二、构建与求解情景演化随机网络模型

突发公共卫生事件在演化过程中总是伴随着次生或衍生灾害，且随着时间推移，突发公共卫生事件会与其他次生、衍生灾害产生共振与耦合，使灾害、疫情进一步恶化。因此，当务之急是国家必须启动应急预案进行救援、抢险，以尽可能减少灾害、疫情的蔓延。

（一）情景演化的随机网络模型

由于城市人口密集且流动性较强，突发公共卫生事件（如重大传染性疾病）一旦扩散会引发一系列次生及衍生事件，本书在仿真中将某一城市或地区作为仿真研究的系统边界。从历史数据记录来看，主要的次生及衍生事件有居民染病、居民死亡、谣言扩散、居民心理恐慌、社会安全事件等。SARS疫情以其突发性、灾难性以及严重性极大考验了我国当时处置突发公共卫生事件的能力。据世界卫生组织2003年8月15日公布的统计数字，我国于2002年年底发现首例SARS病人，在近一年的时间里，SARS病人达到5329人，其中因病死亡349人。有关部门在2003年2月底向全国公布疫情，4月1日起报告每日疫情，4月中旬发出旅游警告并发布应急预

案。从2002年11月首例患者的发现到预警，经历了4个月的时间，这无疑为疫情的快速传播提供了时间条件，也引发了民众的心理恐慌。

本节以此事件为例，说明突发公共卫生事件下基于情景演化的随机网络建立过程。突发公共卫生事件的情景演化过程如下。

情景之一：外地输入潜伏期病人以及发病病人。

情景之二：居民染病、疫情扩散，大量居民死亡。

情景之三：人口自由流动，采取隔离措施。

情景之四：卫生投入及应急物资保障机制。

令L_0是随机网络的初始节点，表示SARS疫情初期的时间节点。

随着时间推移，外地输入潜伏期病人以及发病病人增多，令L_1是SARS疫情演化随机网络上的加重状态节点，表示疫情所引发的次生灾害损失状态的时间节点。

疫情引发国家启动应急预案，令L_2是SARS疫情演化随机网络的临界状态节点，表示已经导致居民染病、疫情扩散、居民死亡增多及造成财产损失，此时是应急预案启动的时间节点。在采取限制人口自由流动、隔离等措施后，SARS疫情得到进一步控制；但此时需考虑的一个问题就是次生灾害的防范，如疫情所导致的谣言散布、居民恐慌、社会骚乱等。因此，为便于建模，可令L_3是SARS疫情的基本受控节点，暂不考虑时间次序因素。

随着卫生措施启用及应急物资保障机制启动、救援力度持续增强，以及时间的推移，SARS疫情防控取得最终胜利，令L_4为终结节点。在SARS疫情演化的随机网络中，首先要考虑各个状态节点L_i（$i=1,2,3,4$），这些节点随着时间推移将可能发生如下演化。

（1）情景状态 L_i（ $i = 0,1,2,\cdots,8$），若具备保持概率 p_{ii}（ $i = 0,1,2,\cdots,8$），则表示该情景状态可能会持续一段时间。

（2）情景状态 L_i（ $i = 0,1,2,\cdots,8$），以一定的保持概率 p_{ij}（ $i, j = 0,1,2,3,4$）向情景状态 L_j（ $j = 0,1,2,\cdots,8$）转移。其中，当 $i < j$（ $i, j = 0,1,2,3,4$）时，表示SARS疫情向减弱趋势演进；当 $j < i$（ $i, j = 0,1,2,3,4$）时，则表示各种措施启用、应急物资保障机制及应急措施下，SARS疫情未好转，反而向更加严重的方向转化。

（3）情景状态 L_i（ $i = 0,1,2,\cdots,8$）以转移概率 p_{ik}（ $i = 0,1,2,\cdots,8$， $k = 5$）向其他次生灾害转移，则应对各种情景状态进行综合考虑，给出SARS疫情演化随机网络，如图4-3所示。

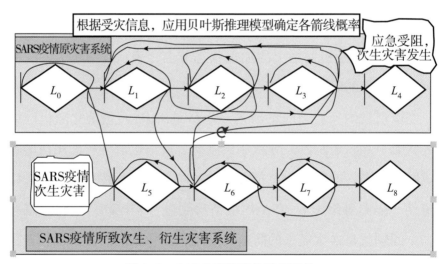

图4-3　SARS疫情演化随机网络

（二）模型求解

参考杨保华等（2010），突发公共卫生事件下基于情景演化的随机网络模型求解方法主要有以下几种。

（1）解析法。通过对疫情系统动态演进与分析，针对SARS疫情及次生灾害事件发生概率及传递关系，可建立随机闭合网络。其中，假设L_s、L_t间的节点存在概率传递关系。

依据相关文献，首先给定随机闭合网络初始特征值为0，再推算出闭合回路网络特征值为$H = 1 - W_E^{(s)} W_A^{(s)} = 0$，推导出$W_A^{(s)} = \dfrac{1}{W_E^{(s)}}$。因为$W_E^{(s)} = p_E M_E(s)$，此外，当$s = 0$时，$W_E^{(0)} = p_E M_E(0)$，具有了矩母函数特征。再求解等价传递函数$W_E^{(s)}$，得到$M_E(s) = \dfrac{W_E^{(s)}}{p_E} = \dfrac{W_E^{(s)}}{W_E^{(0)}}$。

当$p_E = W_E^{(s)}|_{s=0}$时，得到分布方差：$\dfrac{\partial^2}{\partial s^2}\left[\dfrac{W_E^{(s)}}{W_E^{(0)}}\right]_{s=0}$，平均活动周期

为：$E(t) = \dfrac{\partial}{\partial s}\left[\dfrac{W_E^{(s)}}{W_E^{(0)}}\right]_{s=0}$。

（2）应用贝叶斯推理算法，结合SARS疫情演化过程中的相关事件期望时间、发生概率，再进行调整与修正，给出动态概率、时间分布等参数。

（3）在SARS疫情演化随机网络中，采用节点与箭线表示SARS疫情所引发的次生、衍生灾害可能反复发生的次数等。令z是相关节点与箭线，可用e^c来表示次生灾害及救援受阻的次数。运用矩母函数算法求解上述随机网络各个要素被重复执行的次数。

三、案例研究

以SARS疫情为例，考虑北京地区疫情防控的历史资料，构建SARS疫情演化的随机网络，相关参数如表4-2所示。

其中，L_0是本次突发公共卫生事件演化的初始节点；L_1是本次突发公共卫生事件演化所导致损失的加重节点；L_3是本次突发公共卫生事件演化的基本受控节点；L_4是本次突发公共卫生事件演化的终结节点；L_5是本次突发公共卫生事件演化的次生灾害节点；L_8是

表4-2 相关事件发生概率参数

相关事件	先验概率p_{ij}	参数（天数）	后验概率p_{ij}	矩母函数$M_{ij}(s)$
(L_0,L_0)	0.4	7.5	0.5	$Exp(7.5s)$
(L_0,L_1)	0.8	8.5	0.7	$Exp(8.5s)$
(L_1,L_1)	0.4	8.0	0.5	$Exp(8.0s)$
(L_1,L_5)	0.3	8.5	0.4	$Exp(8.5s)$
(L_1,L_3)	0.6	9.0	0.7	$Exp(9.0s)$
(L_3,L_3)	0.4	8.0	0.4	$Exp(8.0s)$
(L_3,L_1)	0.3	9.0	0.6	$Exp(9.0s)$
(L_3,L_4)	0.6	10.0	0.3	$Exp(10.0s)$
(L_5,L_5)	0.35	11.0	0.12	$Exp(11.0s)$
(L_5,L_8)	0.85	12.0	0	$Exp(12.0s)$

本次突发公共卫生事件引起的次生灾害的终结节点。求解分析过程分为两个部分。由于部分数据采集较困难，其中，部分数据采用民政部国家减灾中心公布的统计数据，部分源于自然灾害网公布的数据，部分数据采用专家咨询、实地调研等方法取得。

1.确定先验概率条件下终结节点状态L_4、L_8概率分布方差与期望时间

$$\xi = 1 - 0.4e^{7.5s} - 0.8e^s + 0.24e^{8.5s} - 0.12e^{2s} + 0.064e^{2.5s} + 0.15e^{3s} - 0.048e^{3.5s} - 0.096e^{4s} + 0.0144e^{4.5s} + 0.016e^{5s} - 0.0094e^{5.5s}$$

则L_0-L_4的等价传递函数为：$W_{04}^{(s)} = \dfrac{0.484e^{7.5s} - 0.0952e^{12.5s}}{\xi}$。

到达L_4的概率为：$p_{04} = W_{04}^{(0)} = 0.76532$。

$$M_{04}(s) = \frac{W_{04}^{(s)}}{W_{04}^{(0)}} = 1.3673 W_{04}^{(s)}, \quad E(t) = \frac{\partial M_{04}(s)}{\partial s}\bigg|_{s=0} = 10.8(\text{天});$$

$$E(t^2) = \frac{\partial^2 M_{04}(s)}{\partial s^2}\bigg|_{s=0} = 121.8(\text{天}), \quad V(t) = E(t^2) - (E(t))^2 = 5.2(\text{天})_\circ$$

由此说明本次突发公共卫生事件情景演化至 L_4 阶段所延续的平均时间约为 10.8 天，所延续的平均时间的方差约为 5.2 天。由此，给出疫情 L_0 阶段演进到 L_8 阶段的等价传递函数：$W_{08}^{(s)} = \dfrac{0.962e^{10.5s} - 0.0448e^{11.5s}}{\xi}$，则到达 L_8 的概率为：$p_{08} = W_{08}^{(0)} = 0.18934_\circ$

$$M_{08}(s) = \frac{W_{08}^{(s)}}{W_{08}^{(0)}} = 6.1362 W_{08}^{(s)}, \qquad E(t) = \frac{\partial M_{08}(s)}{\partial s}\bigg|_{s=0} = 12.5(\text{天});$$

$$E(t^2) = \frac{\partial^2 M_{08}(s)}{\partial s^2}\bigg|_{s=0} = 163.1(\text{天}), \quad V(t) = E(t^2) - (E(t))^2 = 6.9(\text{天})_\circ$$

说明本次突发公共卫生事件演化至 L_8 阶段的平均时间为 12.5 天，方差为 6.9 天。

2.随着时间推移，出现新的疫情信息条件下，系统到达 L_4 的均值与方差

在实际救援中，在灾害演化到 L_1 阶段，应急预案启动，悲观预期也随之发生，居民染病死亡人数持续上涨，谣言散布、社会出现恐慌。普遍预计连续发生二次疫情的概率为 85%，根据突发公共卫生事件间的贝叶斯网络，可令 B 为持续疫情，F 为社会恐慌，D 为谣言散布，J 为救援受阻，W 为社会骚乱，通过贝叶斯推理，可获得在新的疫情信息条件下上述灾害事件发生的概率：$p(F=y)=0.68$；$p(D=y)=0.75$；$p(J=y)=0.77$；$p(W=y)=0.47$。当没有新的次生、衍生灾害发生时，即可将疫情事件链的一个分支从网络中删去。根据疫情演化情景，可对L_3的概率参数进行动态更新与修正，进而求解疫情演进至L_6阶段的期望时间值与时间方差值等参数，得到贝叶斯网络中各个节点间条件概率推算表，如表4-3所示。

表4-3　　　　　　　　　贝叶斯网络中各个节点间条件概率推算

条件	$F=y$（发生概率）	条件	$D=y$（发生概率）	条件	$J=y$（发生概率）	条件	$W=y$（发生概率）
$B=y$		$B=y$		$B=y$		$B=n$	
	0.045		0.85	$D=y$	0.9	$D=y$	0.8
$W=y$		$J=n$		$W=y$		$W=y$	
$B=y$		$B=y$		$B=y$		$B=y$	
	0.9		0.95	$D=y$	0.95	$D=n$	0.3
$D=y$		$W=n$		$W=n$		$W=n$	
$B=y$		$B=y$		$B=n$		$W=y$	
	0.7		0.75	$D=y$	0.85	$J=y$	0.45
$D=n$		$J=n$					
$F=y$		$F=y$		$J=y$		$B=n$	
	0.85		0.65	$B=y$			
$D=y$		$B=n$					
$J=n$		$B=n$		$J=n$	0.35	$J=n$	0.05
	0.15		0.25				
$W=n$		$W=n$		$W=n$		$W=n$	

令：$\xi = 1 - 0.45e^{6.5s} - 0.85e^s + 0.36e^{9.5s} - 0.24e^{2s} + 0.086e^{2.5s} + 0.48e^{3s}$
$\quad\quad - 0.064e^{3.5s} - 0.114e^{4s} + 0.0288e^{4.5s} + 0.086e^{8s} - 0.0112e^{6.5s}$

则$L_0 \sim L_4$的等价传递函数为：$W_{04}^{(s)} = \dfrac{0.568e^{9.5s} - 0.11463e^{11.0s}}{\xi}$。

到达L_4的概率为：$p_{04} = W_{04}^{(0)} = 0.86538$。

$$M_{04}(s) = \frac{W_{04}^{(s)}}{W_{04}^{(0)}} = 1.25811 W_{04}^{(s)}, \quad E(t) = \frac{\partial M_{04}(s)}{\partial s}\bigg|_{s=0} = 12.5(天);$$

$$E(t^2) = \frac{\partial^2 M_{04}(s)}{\partial s^2}\bigg|_{s=0} = 175.1(天), \quad V(t) = E(t^2) - (E(t))^2 = 18.9(天)。$$

说明在新的信息环境下，北京在这次突发公共卫生事件中演化至 L_4 阶段的平均时间为12.5天，方差为18.9天，次生、衍生灾害导致疫情的影响范围扩大。

可以发现，通过政府的控制措施，北京疫情在5月基本得到了控制，感染速率不断下降，5月后患者人数已基本呈现增长衰退。由于人们对于疫情的不断了解，疾病接触系数、自由传播期是非线性变化，其变化过程非常复杂，很难进行观测统计，本节将其作为系统变量，采用了Vensim中的自带函数来模拟这种变化。在实际统计中，潜伏期患病人数、自由传播病例是没有被控制的患者，不在官方统计中，因此在本模拟仿真中用官方统计病例数去拟合北京患者发病过程，官方统计病例包括死亡人数、康复人数、隔离人数。通过仿真，结果与实际情况基本吻合，表明所构建模型具有一定的适用性。

突发公共卫生事件一旦发生，如果没有得到及时有效应对，就会在人群中迅速扩散。根据上述案例，如果疫情在暴发后100天才进行防控，那么随着疫情的恶化将会引发居民心理恐慌，进而引发公共安全事件，同时患者数量在随后5个月就可以达到20000人左右。而如果在疫情暴发5天后就采取防控措施，扩散的速度在第13天达到峰值，40天后疫情将趋于稳定状态。因而，突发公共卫生事件应急管理的一个重要特征就是及时有效性。突发公共卫生事件随着程度不断恶化，会引发一些次生事件（如心理恐慌、社会安全事件），想要有效地对突发公共卫生事件进行遏制，就必须由卫生、公安、财政、媒体等各部门协同联动应对。突发公共卫生事件应急管理需要科学手段的支持，无论是监测还是防控乃至善后都需要采用科学的方法。运用科学的手段建立应急预案，并以此作为应急管理的指导策略，可以有效地对突发公共卫生事件进行防控。

第二节　突发公共卫生事件下的情景层次模型研究

基于上一节构建的基于随机网络的情景演化模型，本节运用情景构建的方法，即情景层次分析方法，讨论突发公共卫生事件演化过程中的情景分层次刻画问题，该方法与情景推演同属于情景构建方法大类。

一、基于情景粒计算理论的情景层次模型

对突发公共卫生事件的研究涉及许多事物的抽象刻画，其中，决策者赖以构建情景的基础是情景信息，为了给不同层次的决策者以决策支持，可以将突发公共卫生事件进行分层刻画，建立情景层次模型，它是现实世界的事物与突发公共卫生事件下虚拟情景要素之间的媒介，要素之间的关系如图4-4所示。

图4-4　要素之间的关系

（一）情景要素表示

突发公共卫生事件中涉及的事物集合为论域 U，论域 U 可表示如下：

$$U = \{u_1, u_2, \cdots, u_n\}, n > 0, \forall i, j \in \{1, 2, \cdots, n\}, u_i \neq u_j \quad （4-1）$$

其中，u_i为突发公共卫生事件的情景要素，是所涉及的事物的抽象化表示，是构成情景的最基本单元。对突发公共卫生事件情景要素的刻画，可以从情景间的属性关系开始，情景要素的形式化表示如式（4-2）和式（4-3）所示。

$$u_i = \left(A_i, R_i\right), u_i \in U \quad （4-2）$$
$$R_i \subseteq A_i \times A_i \quad （4-3）$$

其中，R_i是笛卡尔积$A_i \times A_i$子集范畴的映射关系集合，反映情景要素内部属性的映射关系，用以描绘突发公共卫生事件下各情景要素属性发生变化，以及这些变化对系统产生的影响。A_i是突发公共卫生事件下各个情景要素属性的集合。为进一步刻画突发公共卫生事件下各情景要素属性关系，情景关系r与情景属性a表示如式（4-4）和式（4-5）。

$$r = \left(p_r, A_r^l, A_r^o, f_r\right), r \in R_i \quad （4-4）$$
$$a = \left(p_a, d_a, f_a\right), a \in A_i \quad （4-5）$$

其中，R_i集合中的元素为r，表示突发公共卫生事件情景属性间的映射关系；p_r是情景关系r所处类型的描述；r的输入属性集合为A_r^l；r的输出属性集合为A_r^o；f_r是广义映射函数，$A_r^o = f_r\left(A_r^l\right), A_r^l \subseteq A_r, A_r^o \subseteq A_r$。

（二）突发公共卫生事件情景粒的形式化表示

在突发公共卫生事件的粒计算中，情景粒不仅被看成包含其他情景粒的抽象整体，自身还是其他情景粒的组成部分。因此，突发公共卫生事件下的情景粒，不仅具有外部属性，而且具有内部属性。

定义 4.2.1 假定情景粒是构成突发公共卫生事件中情景层次模型的基本组成要素，可定义情景粒：

$$g = \left(A_g, R_g, P_g, X_g \right) \tag{4-6}$$

在式（4-6）中，A_g 是属性集合，反映各类突发公共卫生事件情景粒的属性；R_g 描述突发公共卫生事件下情景粒属性状态变化与相互作用，是属性映射关系集合；p_g 是情景粒属性关系所处类型的描述；X_g 为构成突发公共卫生事件下情景粒元素的集合。

定义 4.2.2 在情景粒 g 中，对于 $a \in A_g$，$v(a)$ 是 a 的取值，$\left(a, v(a) \right)$ 是 g 的一个描述，记为 ρ，若加入属性取值为 0，则 $\rho = (a.\text{null})$。

定义 4.2.3 将突发公共卫生事件下情景粒 g 的多个描述记为 P，令 $P = \{ p_1, p_2, \cdots, p_m \}$，其中，$m$ 是突发公共卫生事件下情景粒 g 属性的数量，$\rho_i = \left(a_i, v(a_i) \right)$，$a_i \in A_g$。

此外，若 u_i、g 分别为第 i 个情景要素、情景粒，则有 $|X_g| = 1$，$R_{gi} = R_i$，$A_{gi} = A_i$，$X_{gi} = \{ u_i \} = \{ g_i \}$。$|X_g| = 1$ 表示突发公共卫生事件中的情景粒是由一个元素构成。

（三）突发公共卫生事件情景粒层形式化表示

本节首先给出突发公共卫生事件下情景粒层表示形式，进而确定其粒化度，建立突发公共卫生事件下情景粒层间偏序关系并进行分析，最终给出突发公共卫生事件下情景粒层之间的映射关系的形式化表述。

1. 形式化

定义 4.2.4 突发公共卫生事件下的情景决策由情景粒层 gl 支持。

令第k个粒层g_k^l的表达式为：

$$g_k^l = (G_k, R_k) \qquad (4-7)$$

式（4-7）中，$k=1$表示最底层的情景粒层；$k \geq 1$表示在多粒层结果中的位置；粒层g_k^l的情景粒集合为$G_k = \{g_i \mid i=1,2,\cdots,n\}$，$n$是情景粒数量；粒层间多元关系集记为$R_k = \{r_i \mid i=1,2,\cdots,m\}$。

对于高层次的突发公共卫生事件中的情景粒，可归纳为其他层次的情景粒，可设置情景粒g_i的构成元素集合为$X_{g_i} = \{g_p, g_{p+1}, \cdots, +g_{p+m-1}\} \subseteq G_k$，$k \geq 0$，则$g_i \in G_{k+1}$。$A_{gl} = A'_{gl} + A''_{gl}$，$A'_{g_i} \subseteq \bigcup_{i=0}^{m-1} A_{g_{p+i}}$分别是继承、遗传的属性集合，$A''_{gl}$是针对第$k+1$个$g_{k+1}^l$情景粒层的具有专属性、个性化特征的属性集。

2.粒化度及偏序关系

粒化度是对粒大小进行测度的计算，这种粒的计算其实是粒平均大小的度量，突发公共卫生事件中情景粒层粒化度的概念见定义4.2.5。

定义4.2.5　突发公共卫生事件中情景粒层的粒化度是平均的情景粒子的大小及粗细的测度，表示抽象的受灾程度，其表达式为式（4-8）。

$$D\left(g_k^l\right) = 1 - \frac{|G_k|}{|U|} \qquad (4-8)$$

需说明的是，情景粒化度的区间范围为$[0,1)$。粒化度是情景粒层粒化程度的定量化测度，其偏序关系可由定义4.2.6给定。

定义4.2.6　突发公共卫生事件中情景粒层间的偏序关系。假定$D(gl_i) < D(gl_j), \forall gl_i, gl_j (i \neq j)$成立，则情景粒层之间存在着某种偏序关系$(gl_i, gl_j)$，表示$gl_i \prec gl_j$的偏序大小关系。

定义 4.2.7　突发公共卫生事件中的情景粒层间的相邻偏序关系。对于偏序关系 $gl_i \prec gl_j$，若不存在受疫情景粒层 g_k^l，使 $gl_i \prec g_k^l$、$g_k^l \prec gl_j$，则称 $gl_i \prec gl_j$ 是相邻偏序关系，记为 $gl_i \lessdot gl_j$。

3.突发公共卫生事件中情景粒层间的映射

情景粒层 gl_i、gl_{i+1} 之间的映射关系，本质上是一种相邻偏序关系，可定义为 $R_{i,i+1}^{SC}$，具体表达形式为：

$$R_{i,i+1}^{SC} = \left\{ R_s^{i,j+1} \mid s = 1,2,\cdots,\left| G_{i+1} \right| \right\} \tag{4-9}$$

其中，集合 $R_s^{i,j+1}$ 反映受疫情景粒 $g_s \in G_{i+1}$ 与其生成的粒子间的映射关系，给定表达式为：

$$R_s^{i,j+1} = \left\{ r_{s'}^{i,j+1} \mid s' = 1,2,\cdots,m \right\} \tag{4-10}$$

其中，$r_{s'}^{i,j+1}$ 是最终映射形式，gl_i、gl_{i+1} 之间的映射关系数量由 m 的大小决定。

对于任意给定的

$$\forall r_{s'}^{i,j+1} \in R_s^{i,j+1}，\text{有} r_{s'}^{i,j+1} = (p_r, A_r^I, A_r^o, f_r) \tag{4-11}$$

其中，$A_r^o \subseteq A_{gs}$，$X_{gs} = \{g_l, g_{l+1}, \cdots, g_{l+q-1}\} \subseteq G_I$，$q$ 是构成 g_s 的元素个数，p_r 与 f_r 的含义见上文。

（四）情景层次模型构建

基于对突发公共卫生事件中的情景要素、情景层次、情景粒层、粒化度及其偏序关系和映射，给出如式（4-12）所示的情景层次模型：

$$SC = (GL, R^{SC}) \tag{4-12}$$

其中，$GL = \{gl_i \mid i = 1,2,\cdots,k\}$ 是情景粒层集合，k 是粒层数量，对于任意 $gl_i \in C$，存在 $gl_i \lessdot gl_{i+1}$；此外，R^{SC} 是相邻粒层间的映射集，

$R^{SC} = \left\{ R_{i,i+1}^{SC} \mid i = 1, 2, \cdots, k-1 \right\}$，$R_{i,i+1}^{SC}$ 是 gl_i、gl_{i+1} 之间映射关系表达集合，表示相邻情景粒层由低级向高级转移与演进的过程。在情景层次模型构建的前提下，进而探讨关于突发公共卫生事件情景粒层泛化与细化相关算法，给定下列算子。

$$\Psi : (a, p) \to \rho, \rho = (a, v(a))$$
$$\Phi : a \to g, a \in A_g$$
$$\Re : a \to r, a \in r.A_r^o$$
$$\Sigma : G \to \left\{ p \mid p = \bigcup_{i=1}^{|G|} p_{gi} \right\}$$

其中，算子 G 表示突发公共卫生事件中情景粒集合；算子 p 表示相关集合的构成描述；算子 Ψ 是对 ρ 的搜索，若找不出 ρ，则返回至 null；算子 Φ 表示返回至 null 属性中包括 a 的粒子；算子 $\Re$ 表示返回至 null 属性 a 的关系 r；算子 Σ 表示返回至 null，此时粒子集合 G 中各种情景粒的并集。

1.突发公共卫生事件中情景粒层泛化算法

在实际的应急救援过程中，各级应急决策者最为关注的应该是情景模式框架下的现场第一手信息，而不同层次的决策者所掌握的信息差异，导致较低层次的用户仅能掌握微观的细节情景，较高层次的用户则能掌握较为综合、泛化的信息。情景粒层泛化的本质是根据突发公共卫生事件中情景粒层间断的映射关系，渐近获得最低层次的情景信息直至获得较高层次的情景信息的过程，因此，最底层情景粒层初始化处理是泛化算法的基础。

（1）突发公共卫生事件中的最底层情景粒层初始化。

基本粒子构成了突发公共卫生事件中的最底层情景粒层。突发公共卫生事件发生后，获得的初始数据的抽象集合形式如式（4-13）和式（4-14）所示。

$$D = \{d_1, d_2, \cdots, d_n\} \tag{4-13}$$

$$d_i = \left(\varphi, v(\varphi)\right), i = 1, 2, \cdots, n \tag{4-14}$$

其中，φ是数据字段d_i的名称，值为$v(\varphi)$。给出gl_1和D情景粒描述集合算法，其伪代码给定如下所示。

算法的输入：突发公共卫生事件中情景粒层gl_1与D的基础数据集。

算法的输出：突发公共卫生事件中情景粒层gl_1，"·"代表初始化的完成。

算法步骤如下：

①对突发公共卫生事件中的情景粒层gl_1中所有情景粒g_i及其属性a_j进行描述。

②对于初始数据集合D，搜索与a_j相同字段的名称。

③令$a_j = d_k.\varphi$，赋值$v(a_j)$：$\rho.v(a_j) = d_k.v(\varphi)$。

④将d_k从D中删除，提升算法效率。

⑤初始化完成。

（2）突发公共卫生事件中的情景粒层泛化。

在上述算法的基础上，给出突发公共卫生事件下的情景粒层泛化算法伪代码。

算法输入：构建情景层次模型SC，输入$SC = \left(GL, R^{SC}\right)$与$D$的基础数据集；

算法输出：$\hat{SC} = \left(\hat{GL}, \hat{R}^{SC}\right)$为多层次情景，其中"^"是所嵌入的映射关系。

算法步骤如下：

①给出初始的突发公共卫生事件下的情景层次结构；

②对于任意的突发公共卫生事件下的情景粒子属性a_i，都有$\rho_i = (a_i, \text{null})$；

③调用上述底层情景粒层初始化算子，完成gl_1的突发公共卫生事件下的情景粒间的推理；

④产生突发公共卫生事件下的情景粒层gl_1，生成粒层gl_1的每一个情景粒；

⑤对已经产生的情景粒g_s的映射集进行处理；

⑥判断映射$r_s^{i-1,i}$的输入属性值是否为0，如果不是0，则可获取a_p相对应的描述ρ，$\rho = \Psi(a_p, \Sigma X_{gs})$，若属性值为0，则再次进行步骤①的循环步骤。

上述算法过程表明，情景粒层间的映射、属性值依次循环往复计算，直到最终算出最高层次情景粒属性值，从而为突发公共卫生事件的情景构建与决策者提供多层次的情景信息。

2. 突发公共卫生事件中情景粒层细化算法

在突发公共卫生事件的应急救援过程中，涉及许多复杂的信息，通过对复杂信息的梳理形成的情景粒的泛化算法，可以得到多粒度的灾害情景信息。但是，在这种信息复杂，而且部分信息缺少的救援情景下，上述泛化信息的描述不能有效满足情景分析者需要，因此，有必要细化情景信息，整个灾害情景粒层细化的流程可以通过伪代码进行表述。情景信息细化算法伪代码表述的具体步骤如下。

①输入：细化疫情描述ρ_j。

②输出：与ρ_j相关的描述集p。

③对p初始化。

④调用$\Re$算子测算r_j。

⑤获得a_k的ρ值，$\rho_k = \Psi\left(a_k, \Sigma X_{gi}\right)$。

⑥将ρ添加到p中，令$p = p + \rho_k$。

⑦返回到步骤①，循环往复得出多个p。

⑧完成情景信息的细化。

在突发公共卫生事件的应急救援实际操作中，决策者有时只需获得某个描述较为细化的情景信息。

3.情景粒在同一层次粒层的推理算法

算法伪代码如下。

①算法输入：情景粒gl粒层输入。

②算法输出：突发公共卫生事件下的情景粒层$\overset{\Delta}{gl_i}$，其中的"Δ"为该层次情景粒间的推理。

③对于突发公共卫生事件下的情景粒层gl_i中的每个情景粒间的关系，判断映射r_j的输入属性值空否。

④获得属性a_k相对应的描述：$\rho_k = \Psi\left(a_k, \Sigma G_i\right)$，若$flag=0$，设标志位。

⑤当$\left(\rho_k, v\left(a_k\right)\right) == \text{null}$，则$flag = 1$。

⑥对于$r_j \not\subset \varnothing$，则通过上述算法得到映射$r_j$的输出属性值。

⑦将上述计算结果代入情景粒层gl_i，即获取与a_m相对应的描述$\rho_m = \Psi\left(a_m, p_{\Phi\left(a_m\right)}\right)$，再对$\rho_m$进行属性赋值，则可得到：$\rho_m.v\left(a_m\right) = values\left[m\right]$。

算法中的部分变量如前文所述。

二、案例分析

本案例针对突发公共卫生事件背景，同时与其原型系统相结合，详细论证突发公共卫生事件下的情景粒层泛化、细化以及提供多粒度情景信息的过程。

现以SARS疫情严重的某个南方乡镇的某个村庄作为情景构建的原型，抽象出相关要素，构成论域U。

1.重大疫情的多层次情景构建

基于该疫区疫情的原型系统，结合情景粒层构建的需要，可建立虚拟与实际救援耦合的省、市、乡镇三个层次的情景粒层g_k^l（$k=1,2,3$）。突发公共卫生事件中的情景粒层包含的情景粒如表4-4所示。

表4-4　　突发公共卫生事件中的情景粒层包含的情景粒

G_k	g_l^k	A_{gl}^k	P_{gl}^k	X_{gl}^k
G_1	g_1^1	{疫区面积，自由传播病例，隔离人数，康复人数，死亡人数}	{疫区面积,null；自由传播病例，null；隔离人数，null；康复人数，null；死亡人数，null}	{疫区D}
	g_2^1	{疫情感染面积，感染速率，发病速率}	{疫情感染面积，null；感染速率，null；发病速率,null}	{疫情N}
	g_3^1	{潜伏期患病人数，疾病接触系数，疾病感染概率，疾病潜伏期}	{潜伏期患病人数，null；疾病接触系数,null；疾病感染概率，null；疾病潜伏期，null}	{染病率R}
	g_4^1	{平均感染人数，位置，人数}	{平均感染人数，null；位置,null；人数,null}	{村庄A}
	g_5^1	{平均感染人数，位置，人数}	{平均感染人数，null；位置，null；人数,null}	{村庄B}

G_k	g_l^k	A_{gl}^k	P_{gl}^k	X_{gl}^k
G_1	g_6^1	{安置人数，帐篷数量，饮用水量}	{安置人数，null；帐篷数量,null；饮用水量,null}	{安置点S}
G_2	g_1^2	{自由散毒人数，发病速率，输入病例速率，隔离速率，隔离人数}	{自由散毒人数,null；发病速率,null；输入病例速率,null；隔离速率，null；隔离人数,null}	$\{g_1^1,g_1^2\}$
	g_2^2	{康复人数，康复速率，死亡速率}	{康复人数，null；康复速率,null；死亡速率,null}	$\{g_3^1\}$
	g_3^2	{可用水量，可用帐篷量，水需求量，帐篷需求量}	{可用水量，null；可用帐篷量,null；水需求量，null；帐篷需求量,null}	$\{g_4^1,g_5^1,g_6^1\}$
G_3	g_1^3	{物资的充足性，河道堵塞系数，疫情影响范围}	{物资的充足性，null；河道堵塞系数,null；疫情影响范围,null}	$\{g_1^2,g_2^2,g_3^2\}$

G_1分别由染病率R、疫情N、疫区D、村庄A与村庄B等情景粒以及安置点S等情景要素构成，而下层情景粒分别构成了G_2与G_3，且表中所有情景粒描述集合的属性值是空。此外，为了便于区别，表中情景粒与情景粒之间的关系符号均加上标k。

情景粒相互作用关系集如表4-5所示。

在本次构建情景粒层的过程中，最主要的步骤是完成表4-4与表4-5所示的疫情情景粒与情景粒间关系的构建。

2.重大疫情的情景粒层间映射的构建

参考刘希林等（1992）、聂高众等（2001）、张金山等

表4-5　突发公共卫生事件中的各个粒层的情景粒相互作用关系集

P_k	P_r	r_i^k	A_r^o	A_r^I	f_r
R_1	函数	r_1^1	{发病速率r_c}	{点粒含量}	$r_c = \log\left[\dfrac{x+0.28}{\lvert x-0.065 \rvert+0.12}\right]$ $+e^{-17.5x-3.2}+3.6$
	函数	r_2^1	{安置人数 (S)}	{A 村人数 (a)，B 村人数(b)}	$S = a+b$
R_1	—	—	—	—	—
R_1	—	—	—	—	—

（2008）、马欢等（2010）的文献，对该疫区疫情情景粒层间的关系进行抽象，得到映射关系如表4-6所示，为情景粒层间的泛化与细化奠定基础。

3.重大疫情的情景粒层泛化过程

（1）初始化。

根据该疫区疫情实际情景与相关数据整理，抽取突发公共卫生事件的疫情数据集，并整理出表4-7。

将疫情灾害情景粒层gl_1以及数据集输入，调用上述底层情景粒层初始化算法，借助Matlab进行编程，以M文件形式进行存储，完成整个初始化过程。

（2）疫情灾害事件中的同粒层情景粒间推理。

情景粒层gl_1、gl_2之间存在某种管理关系，因此，在泛化之前应完成情景粒层间的推理，可在疫情原型系统中自动实现，调用列表如表4-8所示。

表4-6

情景粒层间关系集

f_r	A_r^o	A_r^I	$r_s^{i,j+1}$	$R_s^{i,j+1}$	$R_{i,j+1}^{SC}$
$Q = v \times F$	{自由散毒人数 (Q)}	{感染速率 (v), 疫情感染面积 (F)}	$r_1^{1,2}$		
$W = 0.2772 - 0.0079P + 0.2313 \times H + 0.1287 \times l + 0.0053 \times \beta$	{疫情输入病速率 (W)}	{疫区感染人数 (H), 疫区面积 (P), 隔离人数 (l), 康复人数 (β)}	$r_2^{1,2}$	$R_1^{1,2}$	$R_{1,2}^{SC}$
$\Theta = 52.1335 + 7.9546 \times H - 1.4261 \times l$	{发病速率 (Θ)}	{疫区感染人数 (H), 隔离人数 (l)}	$r_3^{1,2}$		
$L = 0.8766 + 0.00061 \times P + 0.1238 \times H + 0.0692 \times l - 0.02214 \times \beta$	{隔离速率 (L)}	{疫区面积 (P), 疫区感染人数 (H), 隔离人数 (l), 康复人数 (β)}	$r_4^{1,2}$	$R_1^{1,2}$	
$J = \tan\beta$	{疫情比降 (J)}	{康复人数 (β)}	$r_5^{1,2}$		
$\beta = w \times G \times V$	{康复人数 (β)}	{病毒种类 (w), 病毒感染强度 (G), 疾病潜伏期 (V)}	$R_1^{1,2}$		
$J' = \tan\delta$	{死亡速率 (J')}	{疾病感染概率 (δ)}	$R_2^{1,2}$	$R_2^{1,2}$	$R_{1,2}^{SC}$
当 $W = x$ 时, $K = x$	{康复速率 (K)}	{潜伏期患病人数 (W)}	$R_3^{1,2}$		

续表

f_r	A_r^o	A_r^l	$r_s^{i,j+1}$	$R_s^{i,i+1}$	$R_{i,j+1}^{SC}$
$T=0.28×O$	{帐篷需求量（T）}	{安置人数（O）}	$r_1^{1,2}$		
$I=2×11×O$	{水需求量（I）}	{安置人数（O）}	$r_2^{1,2}$		
当$t=x$时，$T'=x$	{可用帐篷量（T'）}	{帐篷数量（t）}	$r_3^{1,2}$	$r_3^{1,2}$	
当$i=x$时，$I'=x$	{可用水量（I'）}	{饮用水量（i）}	$r_4^{1,2}$		
$Z=0.6872×L×W'-0.0045×W'_2×\cot0.62θ$	{影响范围（Z）}	{隔离速率（L），输入病例速率（W'），最大影响幅度（$θ$）}	$r_1^{2,3}$		
$\varepsilon=\dfrac{51.233×Q×J}{K×β×J'}$	{康复系数（ε）}	{康复速率（K），自由散毒人数（Q），康复人数（$β$）}，疫情比降（J），死亡速率（J'）}	$r_2^{3,2}$		
如果$T'>T$，且$I'>I$，则$Y=$"是"，否则，$Y=$"否"	{应急物资是否充足（Y）}	{帐篷续量（T'），水需求量（I），可用水量（I'）}	$r_1^{2,3}$		$R_{2,3}^{SC}$

表4-7　　　　　　　　疫区突发公共卫生事件的疫情数据集

D	φ	$v(\varphi)$
d_1	潜伏期患病人数	128人
d_2	疾病潜伏期	12天
d_3	疾病感染概率	6.9%
d_4	河流水深	1.63m
d_5	村庄A人数	872人
d_6	村庄A位置	河西124m
d_7	村庄A平均感染人数	61人
d_8	村庄B人数	745人
d_9	村庄B位置	河西235m
d_{10}	村庄B平均感染人数	62人
d_{11}	帐篷数量	165顶
d_{12}	隔离人数	106人
d_{13}	疫区面积	6.35km^2
d_{14}	平均感染率	8.5%
d_{15}	主沟流域相对高差	1.34km
d_{16}	疫情感染面积	116m^2
d_{17}	感染速率	3.7人/天
d_{18}	死亡人数	7.55%

（3）疫情灾害事件中的粒层间映射关系。

通过上述步骤的完成，可获得情景粒层g_l信息的泛化，调用列表如表4-9所示。

表4-8　　　　该疫区疫情灾害情景泛化关系调用列表

关系名称	关系输入	关系输出	运算结果
安置人数	A村人数 B村人数	安置人数	789人
发病速率	死亡人数	发病速率	2.18人/天

表4-9　　　疫情灾害事件中的情景泛化关系调用列表

	关系输入	关系输出	运算结果
发病速率	隔离人数 主沟流域相对高差	发病速率	7人/天
隔离速率	疫区面积 主沟流域相对高差 隔离人数 康复人数	隔离速率	9人/天
输入病例速率	疫区面积 主沟流域相对高差 隔离人数 康复人数	输入病例速率	7人/天

通过上述算法与情景推演步骤，给出该疫区本次疫情情景粒层的泛化过程，再根据情景层次泛化算法与算子，循环执行上述算法即可实现情景粒层gl_2到gl_3泛化。各个层次的疫情情景粒层泛化完成后，各个粒层情景粒描述集如表4-10所示。

（4）疫情灾害事件中的情景粒层细化过程。

通过上述突发公共卫生事件的疫情情景的泛化过程，得到满足多层次决策者的多粒度情景信息。但是，从表4-10可以看出，省、市级层次情景属性值为空（null），这说明对应的映射关系未被调用。对省级层次进行细化，则可得到{（帐篷需求量，208.5顶），（可用帐篷

表4-10　　　　　　　　　　各个粒层情景粒描述集

G_k	g_i^k	$P_{g_i}^k$
G_1	g_1^1	{（潜伏期患病人数，128人），（疾病潜伏期，12天），（疾病感染概率，6.9%），（河流水深，1.63m)}
	g_2^1	{（人数，872人），（位置，河西124m），（平均感染人数，7人)}
	g_3^1	{（人数，745人），（位置，河西235m），（平均感染人数，8人)}
	g_4^1	{（帐篷数量，165顶），（饮用水量，null)，（安置人数，823人)}
	g_5^1	{（疫区面积，7.42km^2），（隔离人数，128人），（主沟流域相对高差，1.25km)， （康复人数，98人），（疾病感染概率，7.58%)}
	g_6^1	{（发病速率，7人/天），（感染速率，9人/天），（疫情感染面积，117m^2)}
G_2	g_1^2	{（自由散毒人数，128人），（输入病例速率，7人/天），（发病速率，8人/天），（隔离速率，9人/天），（疫情比降，15%)}
	g_2^2	{（康复人数，123人），（死亡速率，0.09人/天），（康复速率，1.8人/天)}
	g_3^2	{（帐篷需求量，223顶），（水需求量，20000kg），（可用帐篷量，186顶），（可用水量，null)}
G_3	g_1^3	{（疫情影响范围，0.5648km^2），（康复系数，7.211)，（物资是否充足，null)}

量，165顶），（水需求量，19000kg），（可用水量，null）}。

在本节，针对疫情灾害案例，建立三层次情景粒层，给出情景粒层的泛化、细化算法、算子，并验证了上述算法的可行性与科学性。实例的运算结果说明如下。

在省级层面：灾害影响范围是0.5648平方千米，由应急管理与突发公共卫生事件评估专家对本次疫情灾害的影响范围进行界定，认为

A、B两村距离河流位置分别为124m、235m，距离较近，疫情可能对两村带来灾害性破坏，应该紧急转移与安置两村的村民。此外，因为本次疫情康复系数较小，为7.211，极大危害公共卫生安全，应早做预防工作。

在市级情景构建层面：该疫区重大疫情灾害中对帐篷的需求是208.5顶，饮用水的需求量是19000kg，但是可用帐篷数量仅仅为165顶，数量不足，而且仍需供应补充。当前的信息环境，无法知道饮用水源是否安全与足够，应该尽可能要求基层乡镇主管人员落实饮用水供应。另外，根据疫情情景粒层的泛化与细化计算，可得到自由散毒人数、输入病例速率等数据资料，对疫情的发展演变进行预测，给出人员撤离、安置的合理化对策与建议。

第三节 突发公共卫生事件下的多维情景研究

突发公共卫生事件的发生往往不可预测，且不以人的意志为转移。事件发生后，各类次生灾害、衍生灾害随着时间推移也出现复杂的演化情景，带有明显的破坏性特征，使决策者在复杂混乱的情景下手忙脚乱，决策失误不断，给应急救援及安全工作带来极大的困难。因此，突发公共卫生事件发生时，传统的"预测—应对"型方法由于对数据规格要求高，在高度不确定性的救援环境下根本起不到大的作用。而情景分析、情景构建等"情景—应对"型方法，在高度不确定性的环境下却能发挥极大的作用，是一种非常规、更科学的预测预警方法。2002—2019年典型突发公共卫生事件如表4-11所示。此外，近年来，全球重大突发公共卫生事件频繁发生，严重危及整个社会公众的健康与安全。

表 4-11　　　　2002—2019年典型突发公共卫生事件

事件名称	死亡人数（人）	产生原因
南京食物中毒事件	42	社会因素
SARS	919	综合因素
墨西哥甲型H1N1流感	106	社会因素
野生型脊髓灰质炎	3145	社会因素
西非埃博拉	932	社会因素
巴西寨卡	79	社会因素
刚果（金）埃博拉	1700	社会因素
新冠肺炎	59.3万	社会因素

数据来源：世界卫生组织。

突发公共卫生事件的情景演化是指灾害事件发展过程中表现出来的性质、类型、级别、物理及化学形式，以及各种变化过程的规律。对突发公共卫生事件情景演化进行记录与分析，有助于提高突发公共安全管理的水平。突发公共卫生事件的情景演化如图4-5所示。

一、突发公共卫生事件下的多维情景因子分析

1.多维情景因子描述

本节主要从微观层面展开对突发公共卫生事件情景的研究。根据《中华人民共和国突发事件应对法》，以及多年以来对各种突发卫生事

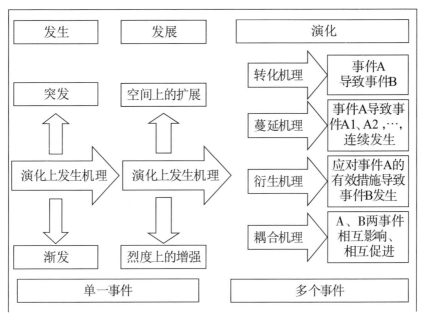

图4-5　突发公共卫生事件的情景演化

件相关文献的研究与总结，借鉴灾害事件的模型树原理，建立突发公共卫生事件影响区域历史受灾数据及动态情景的情景库，进而建立各类灾害事件的动态情景库。通过整理相关文献，本节给出突发公共卫生事件的三个基本要素：致灾因子、孕灾环境及承灾体。由于各类灾害事件，无论是自然因素还是人为因素导致，都包含上述三个因素，因此，作者认为突发公共卫生事件属于灾害类事件中危害最大的一个子类，也包含上述三个要素。基于这三个基本要素构建突发公共卫生事件的情景单元，三者之间的关系如图4-6所示。

　　构建突发公共卫生事件情景因子模型的流程如图4-7所示。

　　针对不同的突发公共卫生事件类型的案例分析，不断提取与完善情景因子数据库，使每类灾害的情景因子数据库都能得到动态维护。突发公共卫生事件下的情景因子的一般结构为$K=(N,C,V)$，其中，N

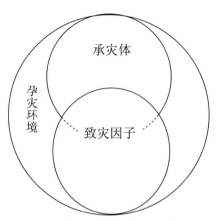
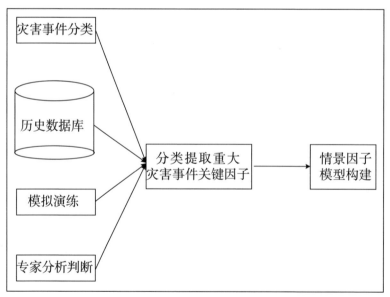

是情景因子名称，C是情景因子特征，V是情景因子属性状态。

图4-6　突发公共卫生事件的情景单元

图4-7　突发公共卫生事件情景因子模型构建流程

2.突发公共卫生事件多维情景因子的表示

令突发公共卫生事件的情景因子为Sc'，$Sc' = (H, A, E)$，再细分为自然致灾因子Na与人为致灾因子Hu，致灾因子表达式为$H = (Na, Hu)$。

令突发公共卫生事件的致灾因子 $Na = (P_1, P_2, \cdots, P_n)$。承灾体因子 A 包括 Hm（人类）与 pr（财产与资源）两大类，可表示为：$A = (Hm, pr)$。其中的人类因素 Hm 可分为人的行为与人的心理，分别表示为 hp、bh，表达式为 $Hm = (hp, bh)$。

其中，财产与资源因子 pr 可细分为 ph（房屋）、pc（道路）、pi（基础设施）、pv（水库）、pt（运输机械）、prr（救灾资源等）。因此，财产与资源因子 pr 可表示为 $pr = (ph, pc, pi, pv, pt, prr)$。

以此类推，可将孕灾环境因子 E 表示为 $E = (Ne, Se)$，其中 $Ne = (ge, ae, geo)$，$Se = (ss, hs)$，其中，Ne 表示自然环境因子，Se 表示社会环境因子，ge 表示地理环境因子，ae 表示大气环境因子，geo 表示地质环境因子，ss 表示社会物质环境因子，hs 表示人类及人类精神环境因子。

由于情景因子与结构在动态变化，情景因子之间又存在相互嵌套、包含等复杂关系，进而就产生了反映灾害情景演变的多维情景因子。

则 Sc'、H、Na、Hu 为突发公共卫生事件的多维情景因子序列，表达式分别为：$Sc' = (H, A, E)$，$H = (Na, Hu)$，$Na = (P_1, P_2, \cdots, P_n)$，$Hu = (Hu_{t_1}, Hu_{t_2}, \cdots, Hu_{t_m})$。

二、突发公共卫生事件中的多维情景熵

1. 多维情景熵定义

在突发公共卫生事件中，当决策者能够获得灾害事件的多维情景序列时，所关注的就不仅是情景序列中的某种不确定性状态。要分析各类灾害演化的多维情景，必须了解各类灾害分布在不同空间状态的

情景特征。最终界定了两个多维情景分布特征概念，一是多维情景特征参数序列；二是多维情景的特征划分。

定义4.3.1 令 Sc 为多维情景序列，$f(Sc)$ 为多维情景序列构成的参量函数，则可定义 Sc 的多维情景特征参数序列 $F_{Sc} = \left\{ f\left(Sc'_{t_i}\right), i = 1, 2, \cdots, m \right\}$。

定义4.3.2 令 S 表示 F_{Sc} 的灾害事件中多维情景空间，根据其层次特征及分布规律，将 S 细分为 n 个不相交的情景子空间 $S_1, S_2, \cdots, S_n$，服从于 $S = \overset{n}{\underset{j=1}{\oplus}} S_j$，则多维情景空间 S 的情景正交特征可细分成 n 个情景特征子空间：$\{S_1, S_2, \cdots, S_n\}$。其中，$S_j$ 是多维情景空间 S 的第 j 个情景特征子空间。

定义4.3.3 设 $\{S_1, S_2, \cdots, S_n\}$ 是 Se 的多维情景特征参数序列 F_{Sc} 正交特征划分，则 F_{Sc} 在 $\{S_1, S_2, \cdots, S_n\}$ 上的组分分布概率给定，如式4-15 所示。

$$p'_j = \frac{\sum\limits_{S_j}\sum\limits_{i=1}^{m} E\left(f\left(Sc'_{t_i}\right)\right)}{\sum\limits_{S}\sum\limits_{i=1}^{m} E\left(f\left(Sc'_{t_i}\right)\right)}, j = 1, 2, \cdots, n \tag{4-15}$$

其中，p'_j 是离散的组分分布概率，反映特征子空间 S_j 中情景状态占总的多维情景状态的比例；S_j 为第 j 个情景特征子空间；$E(\cdot)$ 表示某个多维情景参量的状态函数。

定义4.3.4 假设 F_{Sc} 在 $\{S_1, S_2, \cdots, S_n\}$ 上的组分分布概率 $P' = \{p'_j, j = 1, 2, \cdots, n\}$，则可给出 Sc 的多维情景熵，如式（4-16）所示。

$$H_e(Sc) = -\sum\limits_{j=1}^{n} p'_j \ln p'_j \tag{4-16}$$

2.突发公共卫生事件下多维情景熵的权重

综合熵权法包括综合客观熵权重与综合主观熵权重。本节考虑运用综合熵权法确定突发公共卫生事件中多维情景因子权重。

（1）综合客观熵权重。

决策者d_i对于情景因子$Sc'_{t_i}(i=1,2,\cdots,m)$的属性$v_{j'}$评价值为$a_{ij}^k$。$s$个情景决策者对情景因子$Sc'_{t_i}$的$z$个属性进行评价的决策矩阵记为$A_i=\left(a_{ij}^k\right)_{s\times m}$。一般来说，$s$个情景决策者如果评价值一致，则反映评价比较有效。此外，通过对$A_i=\left(a_{ij}^k\right)_{s\times m}$进行标准化以提高熵权分散度，可得到矩阵$R_i=\left(r_{ij'}^k\right)_{s\times m}$。其中的$r_{ij'}^k$可表示为式（4–17）。

$$r_{ij'}^k=\begin{cases}\left(\dfrac{a_{ij''}^k}{\max\left(a_{ij''}^k\right)}\right)^{\tau},v_{j'}\text{ 为效益型}\\[3mm]\left[1-\dfrac{\left|a_{ij''}^k-a\right|}{\max\left|a_{ij''}^k-a\right|}\right],v_{j'}\text{ 为偏离型},a\text{ 为常数}\\[3mm]\left(\dfrac{\min\limits_{k}\left(a_{ij''}^k\right)}{a_{ij''}^k}\right)^{\tau},v_{j'}\text{ 为成本型}\end{cases}\qquad（4\text{–}17）$$

其中，τ是调节系数，$\tau\geqslant1$。其取值越小，反映各个属性的综合客观熵权分布也越集中，反之，则越分散。如果$\dfrac{r_{ij''}^k}{\sum\limits_{k=1}^{s}r_{ij''}^k}=0$，且

$\dfrac{r_{ij''}^k}{\sum\limits_{k=1}^{s}r_{ij''}^k}\cdot\ln\dfrac{r_{ij''}^k}{\sum\limits_{k=1}^{s}r_{ij''}^k}=0$，则情景决策者对情景因子属性$v_{j'}$的评价结果的熵值为：

$$E_{j'}=-\frac{1}{\ln s}\sum_{k=1}^{s}\frac{r_{ij''}^k}{\sum\limits_{k=1}^{s}r_{ij''}^k}\cdot\ln\frac{r_{ij''}^k}{\sum\limits_{k=1}^{s}r_{ij''}^k}\qquad（4\text{–}18）$$

通过式（4-18）得到$v_{j'}$的客观熵权为：$w'_{j'} = \dfrac{E_{j'}}{\sum\limits_{j'=1}^{z} E_{j'}}$。进而算出各个

属性相对应的情景因子$Sc'_{t_1}, Sc'_{t_2}, \cdots, Sc'_{t_m}$的客观熵权重。

定义4.3.5　当$p_j \geq 0, q_j \geq 0, j = 1, 2, \cdots, m$，且$\sum\limits_{j=1}^{m} p_j \geq \sum\limits_{j=1}^{m} q_j = 1$时，则此

时$P = (p_1, p_2, \cdots, p_m)$，$Q = (q_1, q_2, \cdots, q_m)$，进而得到$H(P, Q) = \sum\limits_{j=1}^{m} p_j \log \dfrac{p_j}{q_j}$，

称之为P相对于Q的相对熵，具体性质如下。

$$\sum_{j=1}^{m} p_j \log \frac{p_j}{q_j} \geq 0;$$
$$\sum_{j=1}^{m} p_j \log \frac{p_j}{q_j} = 0, \quad 当且仅当 p_j = q_j, j = 1, 2, \cdots, m。$$

通过上述性质可知，P相对于Q的相对熵达到最小值。构建的优
化模型如式（4-19）所示。

$$\begin{cases} \min Z(W') = \sum\limits_{i=1}^{m} \sum\limits_{j'=1}^{Z} w'_{j''} \log \dfrac{w'_{j''}}{w'_{j''}} \\ \text{s.t.} w'_{j'} > 0, \sum\limits_{j'=1}^{Z} w'_{j''} = 1, j = 1, 2, \cdots, Z \end{cases} \quad （4-19）$$

则根据式（4-19）得到如式（4-20）所示的全局最优解。

$$w'_{j'} = \frac{\prod\limits_{i=1}^{m} w'_{j'}}{\sum\limits_{j''=1}^{Z} \prod\limits_{i=1}^{m} w'_{j'}} \quad （4-20）$$

根据相对熵的定义与性质，得到的结果即为情景因子的综合客观
熵权重$w'_1, w'_2, \cdots, w'_z$。

（2）综合主观熵权重。

假定d_k对$Sc'_{t_i}(i = 1, 2, \cdots, m)$情景因子属性$v_{j'}$的评价值表
示为$w_{kj'}$，s个决策者对z个情景因子属性进行主观评价的

决策矩阵给定为 $\left(w_{kj'}\right)_{s\times z}$，其中，$\sum\limits_{j'=1}^{z}w_{kj'}=1$。若 $\dfrac{w_{kj'}}{\sum\limits_{k=1}^{s}w_{kj'}}=0$ 时，

$\dfrac{w_{kj'}}{\sum\limits_{k=1}^{s}w_{kj'}}\cdot\ln\dfrac{w_{kj'}}{\sum\limits_{k=1}^{s}w_{kj'}}=0$，则突发公共卫生事件下的情景决策者对情景因子属

性 $v_{j'}$ 的主观熵权重评价的熵值如式（4-21）所示。

$$E'_{j'}=-\frac{1}{\ln s}\sum_{k=1}^{s}\frac{w_{kj'}}{\sum\limits_{k=1}^{s}w_{kj'}}\cdot\ln\frac{w_{kj'}}{\sum\limits_{k=1}^{s}w_{kj'}} \tag{4-21}$$

推导出情景因子属性 $v_{j'}$ 权重的稳定性表达式如（4-22）所示。

$$\lambda_{j'}=\frac{E'_{j'}}{\sum\limits_{j=1}^{z}E'_{j'}} \tag{4-22}$$

当 $\lambda_{j'}>\dfrac{1}{z}$，此时，情景决策者对情景因子属性 $v_{j'}$ 的主观熵权重

有一致性的评价；当 $\lambda_{j'}<\dfrac{1}{z}$，则出现评价不一致情形。此外，当

$\left(\dfrac{1}{s}\right)\sum\limits_{k=1}^{s}w_{kj'}>\dfrac{1}{z}$ 时，说明主观熵权重的平均值相对较大，反之则较小。给

出的任意属性的四种分类情景如表4-12所示。

表4-12　突发公共卫生事件下受疫情景的主观熵权重属性分析

分类情景	$v_{j'}$ 的平均主观熵权重	决策者对 $v_{j'}$ 的主观熵权重评价
1	熵权值相对较小	决策者的评价较不一致
2	熵权值相对较大	决策者的评价较不一致
3	熵权值相对较小	决策者的评价比较一致
4	熵权值相对较大	决策者的评价比较一致

对于情景3与情景4，可将 $v_{j'}$ 的主观熵权重看作综合主观熵权重，

如式（4-23）所示。

$$w_{j'} = \frac{1}{s}\sum_{k=1}^{s} w_{kj'} \qquad (4-23)$$

对情景1、情景2进行分析，决策者对各情景因子属性的主观熵权重评价比较不一致，因此，情景1与情景2的主观熵权重不能直接算出。令 $\mu_{j'} = \lambda_{j'} + \frac{1}{s}\sum_{k=1}^{s} w_{kj'}$，按 $\mu_{j'}$ 的大小将剩余权重 ψ 分配给属性 $v_{j'}$，称之为综合主观熵权重，情景1和情景2的权重算法表达式如式（4-24）所示。

$$w_{j'}'' = \frac{\mu_{j'}\psi}{\sum \mu_{j'}} \qquad (4-24)$$

其中，j' 属于情景1。

（3）突发公共卫生事件下多维情景因子综合熵权重。

假定 α 为情景决策者偏好程度的客观性系数，β 为情景决策者偏好程度的主观性系数，满足 $\alpha + \beta = 1, \beta \geqslant \alpha$ 时，得到情景因子属性的综合熵权重，如式（4-25）所示。

$$W = \alpha W' + \beta W'' \qquad (4-25)$$

其中，属性 $v_{j'}$ 序列的综合客观、综合主观与综合熵权重集合分别为：$W' = \left(w_1', w_2', \cdots, w_z'\right)$，$W'' = \left(w_1'', w_2'', \cdots, w_z''\right)$，$W = \left(w_1, w_2, \cdots, w_z\right)$。

三、案例分析

2009年3月底至4月中旬，墨西哥等国家暴发甲型H1N1流感疫情，并迅速在全球范围内蔓延。截至2009年11月6日，我国报告甲型H1N1流感确诊病例54927例，其中重症病例176例，死亡16例。流感监测表明，80%的流感是甲型H1N1流感。虽然流感防控形势严峻，但是全国生产生活秩序井然，未出现SARS疫情时的社会恐慌，这与我国近年来逐步完善和健全的风险沟通机制有着密切关系。

（一）情景因子分析

本次突发公共卫生事件的主要原因有如下三种。

（1）致灾因子是甲型H1N1流感病毒。

（2）承灾体属性是人群。

（3）孕灾环境为社会环境。

（二）本次事故情景——应对的多维情景熵分析

2009年甲型H1N1流感的情景因子属性给定，如表4-13所示。

表4-13　　　　　2009年甲型H1N1流感的情景因子属性

情景因子类型	情景因子名称	情景因子状态指标
孕灾环境（E）	社会环境	人口密度及感染人群
承灾体（A）	人	潜伏病例、接触人数
致灾因子（H）	H1N1流感病毒	病毒威力、病毒变异

令 $S = (S_1, S_2, S_3, S_4)^T$ 为多维情景空间，S_j 为情景特征子空间。由于预警期的情景空间 S_1 较短，用 t_1 表示，所代表的是突发公共卫生事件暴发的前几秒到 t_1 时刻的情景空间。具体表示如下。

S_1 为预警期（t_1）；S_2 为暴发期（$t_1 \sim t_2$）；S_3 为缓解期（$t_2 \sim t_3$）；S_4 为善后期（$t_3 \sim t_4$）。

令本次甲型H1N1流感疫情的多维情景因子为 Sc'：$Sc' = (H, A, E) = (Hu, pr, Ne) = (ex, ph, ge, hs)$。其中，突发公共卫生事件致灾因子为 ex，$ex = (h_1, h_2, h_3, h_4)^T$，$h_1$ 表示H1N1流感病毒威力，h_2 表示疫区面积，h_3 表示疫情重现期，h_4 表示疫情持续时间。社会群体中人群

的承灾体为 $ph = (a_1, a_2, a_3)^{\mathrm{T}}$，其中，$a_1, a_2, a_3$ 分别表示承灾体的名称、健康状态、感染程度。$ge.hs = (e_1, e_2, e_3)^{\mathrm{T}}$ 是孕灾环境，其中，e_1, e_2, e_3 分别表示地理位置、人口密度、感染人口。根据上述分析，构建甲型 H1N1 流感疫情的情景序列，表示为：

$$Sc' = \left(Sc'_{t_1}, Sc'_{t_2}, Sc'_{t_3}, Sc'_{t_4} \right) = \left\{ \left(H_{t_1}, A_{t_1}, E_{t_1} \right), \left(H_{t_2}, A_{t_2}, E_{t_2} \right), \left(H_{t_3}, A_{t_3}, E_{t_3} \right), \left(H_{t_4}, A_{t_4}, E_{t_4} \right) \right\}$$

$$= \left\{ \left(ex_{t_1}, ph_{t_1}, ge_{t_1}, hs_{t_1} \right), \left(ex_{t_2}, ph_{t_2}, ge_{t_2}, hs_{t_2} \right), \left(ex_{t_3}, ph_{t_3}, ge_{t_3}, hs_{t_3} \right), \right.$$

$$\left. \left(ex_{t_4}, ph_{t_4}, ge_{t_4}, hs_{t_4} \right) \right\}$$

$$= \left\{ \left[\left(h_{1t_1}, h_{2t_1}, h_{3t_1}, h_{4t_1} \right), \left(a_{1t_1}, a_{2t_1}, a_{3t_1} \right), \left(e_{1t_1}, e_{2t_1}, e_{3t_1} \right) \right], \right.$$

$$\left[\left(h_{1t_2}, h_{2t_2}, h_{3t_2}, h_{4t_2} \right), \left(a_{1t_2}, a_{2t_2}, a_{3t_2} \right), \left(e_{1t_2}, e_{2t_2}, e_{3t_2} \right) \right],$$

$$\left[\left(h_{1t_3}, h_{2t_3}, h_{3t_3}, h_{4t_3} \right), \left(a_{1t_3}, a_{2t_3}, a_{3t_3} \right), \left(e_{1t_3}, e_{2t_3}, e_{3t_3} \right) \right],$$

$$\left. \left[\left(h_{1t_4}, h_{2t_4}, h_{3t_4}, h_{4t_4} \right), \left(a_{1t_4}, a_{2t_4}, a_{3t_4} \right), \left(e_{1t_4}, e_{2t_4}, e_{3t_4} \right) \right] \right\}$$

在进行突发公共卫生事件情景熵的计算过程中，需要将情景序列进行定量化描述。致灾因子的定量值如表4-14所示。

同理可得到承灾体因子的定量值，如表4-15所示。

表4-14　　　　　　　　　　致灾因子的定量值

因子	预警期		暴发期		缓解期		善后期	
	状态	定量值	状态	定量值	状态	定量值	状态	定量值
h_1	6.8级	6.8	8.5级	8.5	3.8级	3.8	0	0
h_2	1500m²	20	80000m²	800	540000m²	5400	540000m²	5400
h_3	0.5小时	0.235	10.5小时	0.983	5.6小时	0.46	0	0
h_4	7.6小时	0.76	2小时	1.84	0	0	0	0

注：根据官方数据、相关资料整理、估计，以及专家咨询等方法获得。

表4-15　　　　　　　　　　承灾体因子的定量值

因子	预警期		暴发期		缓解期		善后期	
	类别	平均灾害指数	类别	平均灾害指数	类别	平均灾害指数	类别	平均灾害指数
a_1	A为老年感染人群 B为青壮年感染人群							
a_3	A	0.06	A	0.34	A	0.56	A	0.56
	B	0	B	0.22	B	0.45	B	0.45

根据表4-14、表4-15以及灾害统计数据，给定如表4-16所示的孕灾环境因子定量值。静态因子a_1、a_2、e_1、e_2可剔除。经剔除后整理，得到多维情景因子序列为：

$$Sc' = \left(Sc'_{t_1}, Sc'_{t_2}, Sc'_{t_3}, Sc'_{t_4} \right) = \left\{ \left(H_{t_1}, A_{t_1}, E_{t_1} \right), \left(H_{t_2}, A_{t_2}, E_{t_2} \right), \left(H_{t_3}, A_{t_3}, E_{t_3} \right), \left(H_{t_4}, A_{t_4}, E_{t_4} \right) \right\}$$

$$= \left\{ \left(ex_{t_1}, ph_{t_1}, ge_{t_1}, hs_{t_1} \right), \left(ex_{t_2}, ph_{t_2}, ge_{t_2}, hs_{t_2} \right), \left(ex_{t_3}, ph_{t_3}, ge_{t_3}, hs_{t_3} \right), \left(ex_{t_4}, ph_{t_4}, ge_{t_4}, hs_{t_4} \right) \right\}$$

$$= \left\{ \left[\left(h_{1t_1}, h_{2t_1}, h_{3t_1}, h_{4t_1} \right), a_{3t_1}, e_{3t_1} \right], \left[\left(h_{1t_2}, h_{2t_2}, h_{3t_2}, h_{4t_2} \right), a_{3t_2}, e_{3t_2} \right], \right.$$
$$\left. \left[\left(h_{1t_3}, h_{2t_3}, h_{3t_3}, h_{4t_3} \right), a_{3t_3}, e_{3t_3} \right], \left[\left(h_{1t_4}, h_{2t_4}, h_{3t_4}, h_{4t_4} \right), a_{3t_4}, e_{3t_4} \right] \right\}$$

表4-16　　　　　　　　　　孕灾环境因子的定量值

因子		预警期	暴发期	缓解期	善后期
e_2（人/km^2）		2354			
e_3	死亡人数（人）	0	116	158	165
	感染人数（人）	0	235	798	798

此外，在计算过程中一些统计数字是动态的，如死亡人数从暴发期的116人，发展到158人，再到善后期的165人。本节给出的是预计数字，随着调查的深入，也会动态进行跟踪、更新。上述数据经过

加工整理，进行归一化处理，形成多维情景矩阵的参数序列如下：

$$I = \begin{bmatrix} 0.0067 & 0.0200 & 0.0024 & 0.0076 & 0.0006 & 0 & 0 & 0 \\ 0.0089 & 0.8000 & 0.0098 & 0.0018 & 0.0034 & 0.0022 & 0.0048 & 0.0025 \\ 0.0035 & 1.0000 & 0.0046 & 0.0056 & 0.0045 & 0.0015 & 0.0034 & 0.0011 \\ 0 & 0 & 0 & 0 & 0 & 0 & 0 & 0 \end{bmatrix}$$

e_3'、e_3''分别表示甲型H1N1流感死亡人数与感染人数。采用专家打分法对上述情景因子的属性进行评价，主观权重得分如表4-18所示。

表4-17　　　　　　情景因子各个属性得分

因子	h_1	h_2	h_3	h_4	e_3'	e_3''
d_1	86	74	81	79	89	87
d_2	75	43	89	90	82	77
d_3	91	66	88	83	82	71
d_4	52	78	81	86	67	72

表4-18　　　　　　情景因子各个属性主观权重得分

因子	h_1	h_2	h_3	h_4	e_3'	e_3''	总计
d_1	0.08	0.10	0.16	0.27	0.10	0.11	1.00
d_2	0.14	0.07	0.25	0.11	0.13	0.15	1.00
d_3	0.15	0.10	0.15	0.20	0.10	0.08	1.00
d_4	0.10	0.17	0.23	0.10	0.12	0.09	1.00

根据前文突发公共卫生事件情景熵、属性及其权重的算法，本节按照以下步骤解出各个情景属性的综合熵权重。

对表4-17的情景因子属性得分矩阵进行标准化处理，得到标准化的数据，如表4-19所示。

表4-19　　　　　　情景因子属性得分的标准化数据

	h_1	h_2	h_3	h_4	e_3'	e_3''
d_1	0.696	0.6010	0.7821	0.7213	1.000	0.8872
d_2	0.7254	0.056	1.000	0.9821	0.7345	0.5643
d_3	1.000	0.2238	0.7028	0.6890	0.6780	0.3452
d_4	0.1136	0.5879	1.000	0.9039	0.3021	0.6381

根据式（4-20）得到各个情景因子属性评价结果的客观熵值为：

$E_1 = 0.891$，$E_2 = 0.825$，$E_3 = 0.994$，$E_4 = 0.976$，$E_5 = 0.871$，$E_6 = 0.928$，$E_7 = 0.902$，$E_8 = 0.979$。

根据式（4-18）得到各个情景因子属性评价结果的客观熵权重，作为本次疫情的综合客观熵权重：

$w_1' = 0.134$，$w_2' = 0.113$，$w_3' = 0.138$，$w_4' = 0.137$，$w_5' = 0.115$，$w_6' = 0.129$，$w_7' = 0.123$，$w_8' = 0.127$。

根据式（4-21）得到专家的主观熵值如下：

$E_1' = 0.981$，$E_2' = 0.956$，$E_3' = 0.985$，$E_4' = 0.936$，$E_5' = 0.939$，$E_6' = 0.989$，$E_7' = 0.993$，$E_8' = 0.988$。

再根据式（4-22）算出各个情景因子属性的主观熵权重如下：

$\lambda_1 = 0.125$，$\lambda_2 = 0.124$，$\lambda_3 = 0.127$，$\lambda_4 = 0.122$，$\lambda_5 = 0.127$，$\lambda_6 = 0.128$，$\lambda_7 = 0.129$，$\lambda_8 = 0.127$。

根据式（4-23）和式（4-24），可得到其综合主观熵权重如下：

$w_1'' = 0.125$，$w_2'' = 0.131$，$w_3'' = 0.1878$，$w_4'' = 0.163$，$w_5'' = 0.0934$，$w_6'' = 0.0936$，$w_7'' = 0.1033$，$w_8'' = 0.1274$。

经过多轮调研与专家咨询，主观性系数给定为0.55，稳定性系数给定为0.45，则根据式（4-25），可得到甲型H1N1流感疫情的各个情景因子属性的综合熵权重如下：

$w_1 = 0.124$，$w_2 = 0.123$，$w_3 = 0.168$，$w_4 = 0.151$，$w_5 = 0.106$，$w_6 = 0.109$，$w_7 = 0.114$，$w_8 = 0.129$。

根据专家的综合熵权重评分以及情景因子对本次疫情的贡献，本节将各个权值与标准化矩阵I'导入式（4-15）和式（4-16），可得到各个阶段组分分布概率值及多维情景熵值，如表4-20所示。

表4-20　　　　　　　　　各阶段多维情景熵值

阶段名称	组分分布概率值	多维情景熵值
预警期	0.15	0.256
暴发期	0.33	0.357
缓解期	0.51	0.415
善后期	0.01	0.046

本节构建了多维情景分析模型，并以2009年甲型H1N1流感疫情为案例进行分析，验证了突发公共卫生事件下多维情景熵理论及方法的科学性，可作为突发公共卫生事件情景应对的工具，对突发公共卫生事件的发生、演变、耦合过程起到监测、预警、预测等作用。

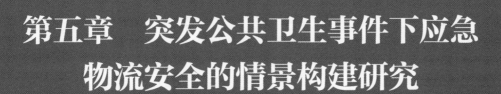

第五章　突发公共卫生事件下应急
物流安全的情景构建研究

第一节　基于事故树的医用救灾物资仓储安全情景分析

基于突发公共卫生事件情景，尤其对于储备了医用救灾物资的仓储管理，如果有一部分医用救灾物资具有易燃、易爆的性质，则具备了爆炸的安全风险，对于整个医用救灾物资的仓储管理是一个巨大挑战。因此在仓储管理中，要尤其重视医用救灾物资仓储的安全管理。本节构建医用救灾物资仓储安全的事故树分析模型，并以应急物流相关的实际案例进行分析，验证了事故树分析法的科学性。

一、事故树分析模型

（一）事故树分析法概述

所谓事故树分析法，就是指用树形图来分析情景决策过程中可能出现的事故，进而找出事故可能发生的所有情景因素，再依次查找引起灾害事故的直接原因、间接原因、基本原因，并用逻辑图清晰勾画出来。事故树分析法起源于国外，国外有大量文献，鉴于篇幅所限，在此不再综述。国内相关研究，主要有谢尚等（2010）构建了事故树模型并以实际事故案例进行分析。臧艳彬等（2011）构建了钻柱失效事故树模型，并模拟导致钻柱事故的因素，给出钻柱事故防控对策。王大庆等（2014）构建了储罐泄漏事故树模型，给出该类事故预防的策略。黄卫清等（2018）研究了燃煤与灰霾的致因机理，并运用事故树分析法进行实例分析。王晓波等（2017）应用事故树分析法对油气管道进行溯源分析，并以算例验证事故树分析法的科学性。但纵观上述文献，基于事故树的情景研究方法，应用在应急物流安全及其评价上的文献较少。基于此，本节运用事故树分析法，对突发公共卫生事件下医用救灾物资仓储安全进行情景分析。

（二）事故树分析法特点

事故树分析法在安全工程与管理安全领域应用得相当广泛，具有鲜明的特点。首先，事故树分析法形象直观，所表达的内容让人一目了然。其次，事故树分析法可与不同的定性、定量方法进行组合，具有很大的灵活性。除此之外，事故树分析法还可以用于分析整个应急安全系统各个阶段的发生情况，给出逻辑分析图，查找安全隐患，给出具体防范措施及一些相关的应急预案。

（三）基本符号与分析步骤

1.基本符号

事故树分析法是一种图形化的定性、定量相结合方法，常用逻辑符号如表5-1所示。

表5-1　　　　　　　　事故树分析法常用逻辑符号

符号名称	符号	定义
基本事件		用圆形符号，指已知事件发生的原因

续表

符号名称	符号	定义
顶上事件		用矩形符号，指最重要的结果事件
中间事件		用矩形符号，指介于基本事件、顶上事件的过程事件

2.分析步骤

事故树分析法的分析步骤如图5-1所示。

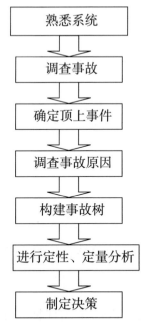

图5-1　事故树分析法的分析步骤

（1）熟悉系统：不仅要详细了解整个系统运行的状态和系统中的各种参数，而且还要绘制出系统运行的整体流程图。

（2）调查事故：调查事故发生的案例，还要找出系统运行中可能发生的各种事故。

（3）确定顶上事件：找出最严重、最频繁的事故作为事故树的顶上事件。

（4）调查事故原因：对可能造成事故的所有原因进行调查。

（5）构建事故树：通过事故树确定各种事故发生的所有直接原因。

（6）进行定性、定量分析：分析事故发生的各种原因。

（7）制定决策：根据事故发生原因制定出相应的措施，以避免类似的事故发生。

（四）应急管理方面的应用

我国对事故树分析法的研究还比较落后，无论是在技术上还是方法上都落后于其他的国家，尽管如此，我国在事故树分析法的研究和应用方面依然取得了一定的成就。事故树分析法的先进性与科学性早已得到论证，在应急物流安全管理中也将是一种可靠、安全的研究工具。

1.事故树分析法

简而言之，事故树就是一种结合定性与定量分析，对造成事故原因进行分析的方法。定量方面，通过最小割集或最小径集的运算来确定基本事件的结构重要度，进而全面评估整个应急物流系统的安全风险系数。定性方面，通过系统安全评价、比较，给出应急物流安全系统最优、最安全的应急安全防范措施。

最小割集是反映应急物流安全系统的危险性的指标，通过运算可以了解安全系统中各种安全事故发生的概率。最小径集是反映应急物流安全系统的安全性的指标，通过运算可确定哪些基本事件可以使应急物流安全事故不发生，采取各种可能的应对措施，给出相关预防方案。

结构重要度是反映基本事件在事故结构上的重要程度。通过对系统的结构重要度进行分析，我们可以知道基本事件中哪些因素对事故发生的影响程度较高，从而有针对性地采取措施，用最小的投入得到最佳的安全效益。

2.事故树在安全管理上的应用

应用事故树分析法对重大灾害中的应急物流安全事故进行定性分析，最先求解的是最小割集，然后是最小径集，用以确定各种物流安全事件的结构重要度，最后根据定性与定量相结合的方法制定事故预案，以及给出各种安全事故再次发生的应对措施。

应急物流的仓储安全管理具有十分重要的作用，是其他管理工作的基础与前提，然而在现代仓储安全管理的过程中却存在着许多安全问题，这就需要更加注重仓储安全工作。在现代仓储安全管理的过程中，工作的重点主要包括仓储消防安全、储存通风及危化品的储存等。

二、案例分析

根据事件的表现形式，可将突发公共卫生事件分为以下两类。

（1）在一定时间、一定范围、一定人群中，当病例数累计达到规定预警值时所形成的事件。例如，传染病、不明原因疾病、中毒（食物中毒、职业中毒）、预防接种反应、菌种和毒株丢失等，以及县级以上卫生行政部门认定的其他突发公共卫生事件。

（2）在一定时间、一定范围，当环境危害因素达到规定预警值时形成的事件，病例为事后发生，也可能无病例。例如，生物、化学、核辐射事件（发生事件时尚未出现病例）；病媒、生物、宿主相关事件；化学物质泄漏、放射源丢失、核污染辐射及其他严重影响公众健康的事件（尚未出现病例或病例事后发生）。

（一）印度博帕尔工业化学事故的仓储安全分析

印度博帕尔灾难是历史上最严重的工业化学事故，是一起典型的突发公共卫生事件，影响巨大。1984年12月3日凌晨，印度中央邦博帕尔市的美国联合碳化物属下的联合碳化物（印度）有限公司设于贫民区附近的一所农药厂发生氰化物泄漏，引发了严重的后果。造成了2.5万人直接死亡，55万人间接死亡，另外有20多万人永久残疾的人间惨剧。现在当地居民的患癌率及儿童夭折率，仍然因这场灾难远高于印度其他城市。由于这次事件，世界各国化学集团改变了拒绝与社区通报的态度，也加强了安全措施。这次事件也导致了许多专家及民众强烈反对将化工厂设于邻近民宅的地区。应急医用物资仓储安全事故分析图对应事件如表5-2所示，而印度博帕尔公共卫生事件中的仓储安全分析事件仅占表5-2中事件的一部分，如表5-3所示。

表5-2　　　　应急医用物资仓储安全事故分析图对应事件

代号	事件	代号	事件	代号	事件	代号	事件
T	仓储安全	M_2	储存通风	M_4	储罐安全	M_6	仓储消防设备
M_1	仓储消防安全	M_3	储存物品霉变腐烂	M_5	危险化学品的安全储存	M_7	仓储消防安全管理

代号	事件	代号	事件	代号	事件	代号	事件
M_8	通风和环境	X_3	火灾自动报警系统	X_{16}	全面通风	X_{29}	火焰防止器
M_9	通风方法	X_4	消防灭火设施	X_{17}	物品在流通过程中由于污染造成的霉变微生物的存在	X_{30}	储罐接地
M_{10}	霉变因素	X_5	消防相关部门和人员管理	X_{18}	库区内的温湿度与空气	X_{31}	测量仪表
M_{11}	物品霉变防治措施	X_6	储存消防管理	X_{19}	化学药剂防霉	X_{32}	排水管
M_{12}	安全管理	X_7	电器管理	X_{20}	气相防霉变	X_{33}	着火源控制不严
M_{13}	危化品发生火灾等危险事故原因分析	X_8	火源管理	X_{21}	气调防霉腐	X_{34}	性质相互抵触的物品混存
M_{14}	通风系统动力	X_9	消防设施和器材管理	X_{22}	低温冷藏防霉腐	X_{35}	产品变质
M_{15}	通风系统作用范围	X_{10}	影响物品质量和人体健康舒适的主要环境参数	X_{23}	干燥防霉腐	X_{36}	养护管理不善
M_{16}	内在因素	X_{11}	通风与物品质量	X_{24}	储罐间安全距离	X_{37}	包装损坏或不符合要求
M_{17}	外界因素	X_{12}	通风与人体健康	X_{25}	防油堤	X_{38}	违反操作规程
M_{18}	储罐安全设备	X_{13}	自然通风	X_{26}	防火设备	X_{39}	建筑物不符合存放要求
X_1	火灾探测器	X_{14}	机械通风	X_{27}	洒水设备	X_{40}	雷击
X_2	火灾报警控制器	X_{15}	局部通风	X_{28}	通风孔	X_{41}	着火扑救不当

表5-3　　印度博帕尔公共卫生事件中的仓储安全分析事件

代号	事件	代号	事件	代号	事件	代号	事件
T	危化品爆炸	M_5	电火花	X_2	达到可燃物自燃点	X_7	设备内有一定浓度的可燃物
M_1	火源	M_6	设备内可燃物达到可燃程度	X_3	可燃物未冷却到安全温度	X_8	反应设备中进入空气
M_2	可燃物达到可燃程度	M_7	设备外可燃物达到可燃程度	X_4	发动机尾气	X_9	通风不良
M_3	高温自燃	M_8	设备内可燃物泄漏	X_5	危险区违章点火	X_{10}	机壳、阀门或管线损坏
M_4	明火	X_1	达到爆炸极限	X_6	电气设备不防爆或防爆装置损坏	X_{11}	防泄漏装置失效

根据以上的事故分析树可建立如下结构分析式：

$$T = M_1M_2X_1 = (M_3+M_4+M_5)(M_6+M_7)X_1 = (X_2X_3+X_4+X_5+X_6)(X_7$$
$$X_8+X_9X_{10}+X_9X_{11})X_1 = X_1X_2X_3X_7X_8 + X_1X_2X_3X_9X_{10} + X_1X_2X_3X_9X_{11} + X_1X_4X_7$$
$$X_8 + X_1X_4X_9X_{10} + X_1X_4X_9X_{11} + X_1X_5X_7X_8 + X_1X_5X_9X_{10} + X_1X_5X_9X_{11} + X_1X_6X_7$$
$$X_8 + X_1X_6X_9X_{10} + X_1X_6X_9X_{11}$$

由上式可得到12个最小割集：

$$P_1 = \{X_1,X_2,X_3,X_7,X_8\}, P_2 = \{X_1,X_2,X_3,X_9,X_{10}\},$$
$$P_3 = \{X_1,X_2,X_3,X_9,X_{11}\}, P_4 = \{X_1,X_4,X_7,X_8\},$$
$$P_5 = \{X_1,X_4,X_9,X_{10}\}, P_6 = \{X_1,X_4,X_9,X_{11}\},$$

$P_7 = \{X_1, X_5, X_7, X_8\}, P_8 = \{X_1, X_5, X_9, X_{10}\},$

$P_9 = \{X_1, X_5, X_9, X_{11}\}, P_{10} = \{X_1, X_6, X_7, X_8\},$

$P_{11} = \{X_1, X_6, X_9, X_{10}\}, P_{12} = \{X_1, X_6, X_9, X_{11}\}。$

根据相关资料调查和研究，以调研获取的数据作为参考，结合基本事件发生的概率测算，再凭借相关专家的经验和建议打分，得到基本事件的风险因子，最后，通过下式计算结构重要度系数。

$$I_{\phi(i)} = \sum_{X_i \in K_j} \frac{1}{2^{n_j - 1}}$$

可以得到：$IX_1 = 21/16, IX_2 = IX_3 = 3/16, IX_4 = IX_5 = IX_6 = 6/16$，$IX_7 = IX_8 = IX_{10} = IX_{11} = 7/16, IX_9 = 8/16$。由此，得到基本事件发生的重要度排序为：$X_1 > X_9 > X_7 = X_8 = X_{10} = X_{11} > X_4 = X_5 = X_6 > X_2 = X_3$。

由以上的分析结果可知，首先，应急物资中的化学品达到爆炸极限对仓库爆炸的影响最大；其次，通风不良对仓库爆炸的影响很大；再次，设备内有一定浓度的可燃物，反应设备中进入了空气，机壳、阀门或管线损坏，防泄漏装置失效对仓库爆炸的影响较大；最后，对仓库爆炸影响最小的因素是达到可燃物自燃点和可燃物未冷却到安全温度。

应急医用物资中的危化品仓库发生爆炸并不是单一因素造成的，而是多种危险隐患合力作用的结果，主要的原因是仓库布局不合理、基础设施不完善、人员未达到要求。

（二）对策与建议

在突发公共卫生事件环境下，建议运用物联网作为应急物流仓储安全管理的辅助技术。在危险化学品仓储的管理过程中，可以从防爆措施、物质隔离和防火措施三个方面，利用现代物联网技术来预防仓库火灾爆炸事故的发生。

首先，在防爆措施中可以应用多种物联网技术装置来预防火灾爆炸事故的发生。可以应用自动断电装置，当事故发生时，设备仪器可以自动切断电源；应用冷却装置以保证事故发生时可以在一定时间内维持正常温度；应用抑爆装置来减少爆炸事故发生时破坏的程度；应用压力表、温度计等计量装置，在日常工作中计量与安全相关的参数；应用报警装置，在事故发生时可以及时报警。

其次，在物质隔离的过程中也可以应用许多相关的物联网技术将相互抵触的物质进行隔离。可以应用远离控制器，使各个工艺单元配有遥控切断阀；可以应用备用泄漏装置，包括备用通风管、备用储槽、备用排气系统；可以应用排放装置，在事故发生时大量收集废物以及泄漏物；可以应用连锁装置，从而防止产生错误的物流向以及气流向。

最后，在防火措施中也可以应用许多物联网技术，如应用泄漏检测装置，不仅可以检测气体的浓度，还可以在发生事故时及时报警；应用钢制结构，具有一定的耐冲击性、防火性以及冷却性；应用消防水供应系统，而且要保证消防水供应具有独立的动力源，这样就可以在事故发生时依然独立运行；应用自动喷洒系统，在室内生产区和仓库中都需要使用干或湿管喷洒灭火系统；应用泡沫装置，尤其在可燃液体储罐外更应该配有泡沫灭火装置，从而降低火灾发生的可能。

第二节　突发公共卫生事件下应急物流配送安全情景分析

一、应急物流中的运输配送安全问题

基于上一节事故树分析法在应急物流仓储环节应用的思路，本节探讨事故树分析法在应急物流的运输配送环节的应用。突发公共卫生事件下，消毒液、医用酒精及其他易燃易爆医用物资在运输配送环节中的不安全因素，分为人的不安全行为与物的不安全状态。突发公共卫生事件下，应急物流中人的不安全行为主要有驾驶员酒驾、药驾、疲劳驾驶、违章超车、停车等；而造成物的不安全状态的主要原因还是运输中的各种车辆，主要有车辆照明装置失效、车辆发动机状况不良、轮胎老化、胎压不合理等，也有道路条件不良、路面平整性不够等因素。上述不安全因素在事故树中可定义为应急物流安全的基本原因，一般划分为个人因素、环境因素及管理因素三个部分。应急物流运输配送不安全因素如表5-4所示。

表5-4　　　　　　　应急物流运输配送不安全因素[①]

不安全因素	管理因素	个人因素	环境因素
运输配送	1.运输管理制度不健全 2.安全投入不足 3.车辆缺乏安检与保养 4.应急预案缺乏或失效	1.驾驶员的反应能力 2.驾驶员的驾驶经验 3.驾驶员的安全意识[②]	1.交通条件 2.气象条件 3.水文条件

---

① 张锦峰.桥梁施工中危险源的辨别及评价分析[J].中国高新技术企业，2014（28）.

② 艾克帕尔·尼亚孜.西北地区成品油运输突发事件的风险管理研究[D].西安：西安石油大学，2013.

应急物流运输过程中，常见的是碰撞事故和翻车事故导致的物流安全问题。本节根据第一节所构建的事故树模型，对上述两种安全事故进行情景分析，给出相应应对策略。为了方便事故树的制作和分析，本节将运输配送中可能导致碰撞事故发生的因素划定为以下20种。

①违章会车；②违章超车；③违章停车；④超速行驶；⑤知识水平与经验不足；⑥情绪不佳；⑦酒后驾车；⑧身体状况欠佳；⑨睡眠不足；⑩驾驶时间过长；⑪技术不熟练；⑫追求刺激；⑬道路交通条件差；⑭雨雪雾天影响；⑮夜间行车照明不良；⑯胎压不足；⑰闪避不及；⑱通风不良；⑲制动失效；⑳制动器性能不良或磨损严重。

在装卸搬运活动中，人的不安全行为主要有超载作业、超负荷作业、叉车超速行驶、未采取防滑措施、加注燃料时靠近火源等；而物的不安全状态一般有设备状态不良、搬运车辆制动失效、货物捆扎不牢固等。从事故树分析的角度，装卸搬运不安全因素如表5-5所示。

表5-5　　　　　　　　　　　装卸搬运不安全因素

不安全因素	管理因素	个人因素	环境因素
装卸搬运	1.操作人员教育管理不足 2.缺乏有效的安检机制 3.相关设备无操作规程和使用说明 4.传送带无定期检查制度	1.操作人员知识和经验缺乏 2.操作人员反应灵敏度不足 3.操作人员岗位适应性不足	1.地质条件 2.气象条件

应急物流的装卸搬运过程中往往会用到连续输送的机械，大多为带式输送机，但在实际使用过程中，常常会发生绞人伤害事故。

本节针对带式输送机绞人伤害事故构建事故树模型，并进行分析。将装卸搬运过程中会导致带式输送机绞人伤害事故的基本因素分为以下两个部分，共25个基本因素。

第一部分是绞人伤害事故的启动因素：①加油时接触；②误接触；③清理时接触；④故障处理时接触；⑤缺乏信号装置；⑥机械装置损坏；⑦操作员启动失误；⑧未断电源；⑨警示牌缺失；⑩未掌握标准规程；⑪信号模糊；⑫噪声过大。

第二部分是正常状态下运转造成的绞人伤害因素：①护栏护罩缺失；②未关闭护栏护罩；③设计不完美；④拣大块杂物；⑤清理时卷入；⑥衣袖卷入；⑦滑倒与跌倒；⑧疲劳操作；⑨用手校正；⑩跨越时违章；⑪违章乘坐；⑫人工拨弄部件；⑬其他事故处理。

二、应急物流中发展碰撞的事故树模型

运用事故树分析法对应急物流中运输配送安全进行分析，查明各类物流安全事故发生的原因及概率，充分识别各类安全风险对应急物流安全系统造成的危害性。通过找出造成事故的原因，发现运输配送系统中的漏洞，从而找到预防相关事件产生的各种方法。

（一）最小径集的求解

运用最小割集、最小径集理论，通过最多个数差别法进行判断，可得到上述碰撞事故的最小割集有184个，最小径集有3个，从而给出碰撞事故树的结构函数：

$$T = x_1 + x_2 x_3 x_4 x_5 x_6 x_7 x_8 x_9 x_{10} x_{11} x_{12} x_{13} x_{14} x_{15} x_{16} + x_8 x_9 x_{10} x_{11} x_{12} x_{13} x_{14} x_{15} x_{17} x_{18} x_{19} x_{20}$$

得到3个最小径集：$P_1 = \{x_1\}$；

$$P_2 = \left\{ x_2, x_3, x_4, x_5, x_6, x_7, x_8, x_9, x_{10}, x_{11}, x_{12}, x_{13}, x_{14}, x_{15}, x_{16} \right\};$$

$$P_3 = \left\{ x_8, x_9, x_{10}, x_{11}, x_{12}, x_{13}, x_{14}, x_{15}, x_{17}, x_{18}, x_{19}, x_{20} \right\}。$$

（二）结构重要度的求解

$$I_{\phi(1)} = 1;$$

$$I_{\phi(2)} = I_{\phi(3)} = I_{\phi(4)} = I_{\phi(5)} = I_{\phi(6)} = I_{\phi(7)} = I_{\phi(16)} = I_{\phi(17)} = I_{\phi(18)} = I_{\phi(19)} = I_{\phi(20)} = \frac{1}{2^{14}} = 6.103 \times 10^{-5};$$

$$I_{\phi(8)} = I_{\phi(9)} = I_{\phi(10)} = I_{\phi(11)} = I_{\phi(12)} = I_{\phi(13)} = I_{\phi(14)} = I_{\phi(15)} = \frac{1}{2^{14}} + \frac{1}{2^{22}} = 6.127 \times 10^{-5}。$$

因此可得到每一个基本事项的结构重要度的排序：

$$I_{\phi(1)} > I_{\phi(8)} = I_{\phi(9)} = I_{\phi(10)} = I_{\phi(11)} = I_{\phi(12)} = I_{\phi(13)} = I_{\phi(14)} = I_{\phi(15)} > I_{\phi(2)} = I_{\phi(3)} =$$

$$I_{\phi(4)} = I_{\phi(5)} = I_{\phi(6)} = I_{\phi(7)} = I_{\phi(16)} = I_{\phi(17)} = I_{\phi(18)} = I_{\phi(19)} = I_{\phi(20)}。$$

经分析，要避免顶上事件，重点应放在对 P_2、P_3 的预防上。具体如表5-6所示。

表5-6　　　　　　　　　　碰撞事故预防措施

因素分类	基本事件	预防措施
驾驶员	违章会车	对驾驶员进行交通规则、驾驶安全等方面的教育
	违章超车	
	违章停车	
	超速行驶	
	知识水平与经验不足	
	情绪不佳	
	酒后驾车	
	身体状况欠佳	

续表

因素分类	基本事件	预防措施
驾驶员	睡眠不足	对驾驶员进行交通规则、驾驶安全等方面的教育
	驾驶时间过长	
	技术不熟练	
	追求刺激	
道路环境	道路交通条件差	改善道路通车情况，在雨雪雾天提高警惕性和安全防范意识
	雨雪雾天影响	
	夜间行车照明不良	
车辆	胎压不足	强化对制动系统和轮胎的检查，强化车辆定期的检查制度。在选择车辆时要注重舒适与安全性能，强调通风和照明
	制动器性能不良	
	通风不良	
	制动失效	

三、应急物流中装卸搬运事故树模型

以下针对带式输送机绞人伤害事故构建事故树模型，并进行分析。

对引发事故的因素进行罗列和分析。该事故树分为正常运转下和非正常运转下两种情况，分别为 A_1 和 A_2。

（一）对 A_1 进行定性分析

1.最小径集的求解

运用最小割（径）集理论中的最多个数差别法，分析出上述事故树左支有24个最小割集、5个最小径集。因此，选用最小径集法进行分析，给出 A_1 的结构函数如下：

$$A_1 = M_3 + M_4 + x_{13} = x_1 x_2 x_3 x_4 + x_5 x_6 x_7 \left(x_8 + x_9 + x_{10} \right) x_{11} x_{12} + x_{13}$$

将上式展开可得：

$$A_1 = x_1 x_2 x_3 x_4 + x_5 x_6 x_7 x_8 x_{11} x_{12} + x_5 x_6 x_7 x_9 x_{11} x_{12} + x_5 x_6 x_7 x_{10} x_{11} x_{12} + x_{13}$$

从而得到5个最小径集：

$$P_1 = \{x_1, x_2, x_3, x_4\} ; \quad P_2 = \{x_5, x_6, x_7, x_8, x_{11}, x_{12}\} ; \quad P_3 = \{x_5, x_6, x_7, x_9, x_{11}, x_{12}\} ;$$

$$P_4 = \{x_5, x_6, x_7, x_{10}, x_{11}, x_{12}\} ; \quad P_5 = \{x_{13}\} 。$$

2.结构重要度分析

通过风险因子的归纳与分析，进一步运用演绎推导法对事故树的基本事件与风险因子进行分析。以相关事故发生的历史资料与数据加上相关资料的调查和研究作为参考，并参考相关案例，根据专家的经验和建议打分，对各个基本事件发生的概率进行了合理推测。安全工程专家对所有基本应急安全风险因子打分赋值，即可进行定量分析。同属关系如下：

$$I_{\phi(1)} = I_{\phi(2)} = I_{\phi(3)} = I_{\phi(4)},$$

$$I_{\phi(5)} = I_{\phi(6)} = I_{\phi(7)} = I_{\phi(11)} = I_{\phi(12)} 。$$

因为 x_8、x_9、x_{10}、x_{13} 无同属关系，而 x_{13} 是单个因素中最小径集中的事件，所以 $I_{\phi(13)}$ 最大。根据公式得 $I_{\phi(i)} = 1 - \prod x_i \in P_j \left(1 - \dfrac{1}{2^{n_j-1}} \right)$，分别计算出每个基本要素的结构重要度，按结构重要度大小排序如下：

$$I_{\phi(13)} > I_{\phi(1)} = I_{\phi(2)} = I_{\phi(3)} = I_{\phi(4)} > I_{\phi(5)} = I_{\phi(6)} = I_{\phi(7)} = I_{\phi(11)} = I_{\phi(12)} > I_{\phi(8)} = I_{\phi(9)} = I_{\phi(10)}$$

（二）对A_2进行定性分析

1.最小径集的求解

运用最多个数差别法进行判断，发现该事故树右支有30个最小割集，2个最小径集。由此，选用最小径集进行分析研究。A_2的结构函数如下：

$$A_2 = M_5 + M_6 + x_{27} = x_{14}x_{15}x_{16} + x_{17}x_{18}x_{19}x_{20}x_{21}x_{22}x_{23}x_{24}x_{25}x_{26} + x_{27}$$

进而，得到最小径集：$P_3 = \{x_{27}\}$；$P_7 = \{x_{17}, x_{18}, x_{19}, x_{20}, x_{21}, x_{22}, x_{23}, x_{24}, x_{25}, x_{26}\}$。

2.结构重要度分析

由于P_7、P_8、P_9基本事件并没有交集，而且数量参差，所以依照结构重要度的相关判定原则进行判定：

$$I_{\phi(27)} > I_{\phi(14)} = I_{\phi(15)} = I_{\phi(16)} > I_{\phi(17)} = I_{\phi(19)} = I_{\phi(20)} = I_{\phi(21)} = I_{\phi(22)} > I_{\phi(23)} = I_{\phi(24)} = I_{\phi(25)} = I_{\phi(26)}$$

3.结论

（1）对A_1事件的结果进行定性分析，影响最大的是x_{13}的结构重要度，x_1、x_2、x_3、x_4次之，x_5、x_6、x_7、x_{11}、x_{12}再次之。由于x_{13}是正常事件，x_1、x_2、x_3又在生产过程中难以避免，所以主要以x_5、x_6、x_7、x_{11}、x_{12}等基本事件的安全控制为主。

（2）从A_2事件分析的结论来看，影响最大的是x_{27}的结构重要度，x_{14}、x_{15}、x_{16}紧随其后。由于x_{17}是正常事件，因此以x_{14}、x_{15}、x_{16}等基本事件的安全控制为主。计算结果表明，要控制操作员未正常启动设备和信号装置损坏这些基本因素，对无护栏护罩、违章跨越、用手拨弄部件等基本因素的控制也要注意，才能预防带式输送机绞人等安全事故的发生。

第三节　基于D–S的应急物流配送安全情景构建

　　应急物流安全中应用的情景构建方法，是一个宽泛的预测工具。在不一样的范围内，情景构建会展现不一样的使用方法，也会展示出有差别的情景构建方法，有一些是纯粹根据直觉和经验推定的非结构性模型，有一些是特别烦琐的囊括了拥有因果关系仿真模拟和概率计算的模型。

　　本节应用的模型是基于证据理论（Dempster–Shafer Theory）的，也称D–S理论，是Dempster在1967年提出，然后Shafer等对它进行引申和完善。D–S理论在决策科学、工程科学等学科范围内获得了广泛应用。基于龚本刚（2007）、杨岩（2010）等文献，本节提出了基于D–S理论的应急物流配送安全情景构建模型，将指数的重要程度考虑到证据理论模型的策划里，同时用这个模型验证物流配送安全的影响因素。

　　当某种命题各自互相独立的可能假设组成了一个有限集合Θ，称Θ为这个命题的一种辨别框架。Θ中幂集合2^{Θ}表示一切可能的集合，若Θ中存在m个元素，则2^{Θ}含有2^m个元素。

　　定理5.3.1　设Θ为命题的辨别构架，若该集函数$m : m : 2^{\Theta} \to [0,1]$，且

符合：$\begin{cases} m(\phi) = 0, \text{不可能事件概率（表示空集）} \\ \sum\limits_{A \subseteq \Theta} m(A) = 1, 2^{\Theta} \text{中全部元素的基本可信数} \end{cases}$，则称函数 m 为Θ上基本概率分配函数（BPAF）；$\forall A \subseteq \Theta$，$m(A)$称为$A$的基本可信数或Mass函数。$m(A)$折射出准确信任$A$的程度。如果$A \subseteq \Theta$，并且$m(A) \succ 0$，那么$A$就被称作焦元。

定理 5.3.2　设 Θ 为辨别构架，集函数 m：$2^{\Theta} \rightarrow [0,1]$ 为辨别构架 Θ 上的 BPAF，那么则称依据 $Bel(A) = \sum\limits_{B \subseteq A} m(B), \forall A \subseteq \Theta$ 所界定的函数 Bel：m：$2^{\Theta} \rightarrow [0,1]$ 为 Θ 上的信度函数。$Bel(A)$ 折射出全部 A 的子集的准确信任度之和。

定理 5.3.3　设 Θ 为辨别构架，Bel：m：$2^{\Theta} \rightarrow [0,1]$ 为 Θ 上的信度函数，则称依据 $pls(A) = 1 - Bel(\overline{A}) = \sum\limits_{B \cap A \neq \phi} m(B), \forall A \subseteq \Theta$ 所界定的函数 pls：$2^{\Theta} \rightarrow [0,1]$ 为 Θ 上的似真函数，$pls(A)$ 为 A 的似真度。定理中的 $pls(A)$ 表明了肯定 A 的水平。

定理 5.3.4　假设辨别空间 Θ 上的 Mass 函数为 m_1、m_2，分别有焦元 A_1，A_2，$\cdots$，A_k 和 B_1，B_2，$\cdots$，B_k。m_1、m_2 的合成为 $m_1 \oplus m_2, m_1 \oplus m_2$：$2^{\Theta} \rightarrow [0,1]$，其中焦点元素 $E \neq \phi$，且 $E = A_i + B_j$，则：

$$
\begin{cases}
0, E = \varphi \\
[m_1 \oplus m_2](E) = \dfrac{\sum\limits_{A_i \cap B_j = E} m_1(A_i)m_2(B_j)}{1 - \sum\limits_{A_i \cap B_j = \varphi} m_1(A_i)m_2(B_j)}, E = \varphi
\end{cases}
$$

同理，令 Bel_1，Bel_2，$\cdots$，Bel_n 是处于同一识别框架 Θ 上的 Bel；m_1，m_2，$\cdots$，m_n 分别是其对应的 BPAF；如果 Bel_1，Bel_2，$\cdots$，Bel_n 存在，则 n 个 Bel 组合为 $Bel_1 \oplus Bel_2 \oplus \cdots \oplus Bel_n$。

一、基于 D-S 的情景构建模型

本节运用 D-S 理论，分别从上、下层属性两方面对应急物流安全进行评估，记 $Y_j(j = 1, 2, \cdots, N)$ 为应急物流配送安全上层属性指标，$X_i(i = 1, 2, \cdots, M)$ 为应急物流配送安全下层属性指标，并给出应急物流配送安全的影响程度分级的证据推理模型和方法。

环节 1：构建基本概率分配函数（BPAF）。首先将影响物流配送安全的级别指标 $X = \{X_1, \cdots, X_M\}$ 看作 D-S 理论中的证据，将评价等级 $H = \{H_n, n = 1, \cdots, 5\}$ 看作 D-S 理论中的识别框架。设 $m_i^k(H_n)$ 是一个 BPAF，这表明了 d_k 在指数 X_i 中判定物流配送安全等级是 H_n 的水平，$m_i^k(H)$ 表明 d_k 不可以评价物流配送安全等级的 BPAF，则：

$$m_i^k(H_n) = d_k \omega_i \beta_i^k(H_n), m_i^k(H) = 1 - \sum_{n=1}^{5} m_i^k(H_n) = \bar{m}_i^k(H) + \tilde{m}_i^k(H);$$

$$\bar{m}_i^k(H) = 1 - d_k \omega_i, \tilde{m}_i^k(H) = d_k \omega_i (1 - \sum_{n=1}^{5} \beta_i^k(H_n)) \qquad （5-1）$$

$$n = 1, \cdots, 5; i = 1, \cdots, M; k = 1, \cdots, P$$

其中，d_k 表示计划者 k 对物流配送安全级别判断结果的可信度，ω_i 表示计划者给出的指标 X_i 重要程度，$\beta_i^k(H_n)$ 表示计划者 k 对 A 范围内的物流配送安全级别给出的分布评价，$m_i^k(H_n)$ 表示在思索指数的重要程度以及计划者的可信度下对 A 范围内的物流配送安全的已知判定，$m_i^k(H)$ 表示在思索指数的重要程度以及计划者的可信度下对 A 范围内的物流配送安全的未知判定。这里，$\bar{m}_i^k(H)$ 表示对 A 范围内的物流配送安全等级进行判定时，计划者对指数的重要程度以及计划者可信度形成的未知判定，$\tilde{m}_i^k(H)$ 表示对物流配送安全等级进行决断时的未知判定。

环节 2：对指标 i 下 k 个计划者给出物流配送安全级别偏好证据信息并进行合成。运用 D-S 理论模型和算法，下文将整合 k 个计划者在 BPAF 的 $m_i^k(H_n)$、$m_i^k(H)$ 值，得到不同指数下 BPAF 的 $m_i(H_n)$、$\bar{m}_i(H)$、$\tilde{m}_i(H)$、$m_i(H)$。即：

$$m_i(H_n) = K'\left[\prod_{k=1}^{P}\left(m_i^k(H_n) + \overline{m}_i^k(H) + \tilde{m}_i^k(H)\right) - \prod_{k=1}^{P}\left(\overline{m}_i^k(H) + \tilde{m}_i^k(H)\right)\right];$$

$$m_i(H) = \tilde{m}(H) + \overline{m}_i(H);$$

$$\tilde{m}_i(H) = K'\left[\prod_{k=1}^{P}\left(\overline{m}_i^k(H) + \tilde{m}_i^k(H)\right) - \prod_{k=1}^{P}\overline{m}_i^k(H)\right];$$

$$\overline{m}_i(H) = K'\prod_{k=1}^{P}\overline{m}_i^k(H);$$

$$n = 1,\cdots,5$$

$$（5-2）$$

此处，$K' = \left[\sum_{n=1}^{5}\prod_{P}^{k=1}\left(m_i^k(H_n) + \overline{m}_i^k(H) + \tilde{m}_i^k(H)\right) - 4\prod_{k=1}^{P}\left(\overline{m}_i^k(H) + \tilde{m}_i^k(H)\right)\right]^{-1}$，
$n=1,\cdots,5$。

环节3：对各 $Y_j\left(j=1,2,\cdots,N\right)$ 下的物流配送安全级别偏好证据信息进行整合。借鉴文献中的D-S理论模型和算法，整合不一样的 $Y_j\left(j=1,2,\cdots,N\right)$ 下的证据信息，获得物流配送安全等级在不一样的评估方式下的置信度。即：

$$m^j(H_n) = K''\left[\prod_{i=1}^{M}\left(m_i(H_n) + \overline{m}_i(H) + \tilde{m}_i(H)\right) - \prod_{i=1}^{M}\left(\overline{m}_i^j(H) + \tilde{m}_i^j(H)\right)\right];$$

$$\overline{m}_i^j(H) = K''\prod_{i=1}^{M}\overline{m}_i^j(H);$$

$$\tilde{m}^j(H) = K''\left[\prod_{i=1}^{M}\left(\overline{m}_i^j(H) + \tilde{m}_i^j(H)\right) - \prod_{i=1}^{M}\overline{m}_i^j(H)\right]$$

$$（5-3）$$

此处，$K'' = \left[\sum_{i=1}^{5}\prod_{i=1}^{M}\left(m_i^j(H_n) + \overline{m}_i^j(H) + \tilde{m}_i^j(H)\right) - 4\prod_{i=1}^{M}\left(\overline{m}_i^j(H) + \tilde{m}_i^j(H)\right)\right]^{-1}$

$$i = 1,\cdots,M; n = 1,\cdots,5$$

环节4：对所有 $Y_j\left(j=1,2,\cdots,N\right)$ 下区域物流配送安全级别评价信息进行整合，然后计算该物流配送安全级别的总置信度。依据 $Y_j\left(j=1,2,\cdots,N\right)$ 重要程度，利用D-S理论模型和算法，整合了影响物流配送安全等级原因指数体系下的所有证据信息，并推算物流配送安全等级的总置信度，即：

$$m_j(H_n) = \omega_i m^j(H_n); m_j(H) = 1 - \sum_{n=1}^{5} m_j(H_n);$$

$$m(H_n) = K'''\left[\prod_{j=1}^{N}\left(m_j(H_n) + \bar{m}_j(H) + \tilde{m}_j(H)\right) - \prod_{j=1}^{N}\left(\bar{m}_j(H) + \tilde{m}_j(H)\right)\right]; \quad (5\text{--}4)$$

$$\tilde{m}(H) = K'''\left[\prod_{j=1}^{N}\left(\bar{m}_j(H) + \tilde{m}_j(H)\right) - \prod_{j=1}^{N}\bar{m}_j(H)\right];$$

$$\bar{m}(H) = K'''\bar{m}_j(H);$$

$$j = 1, \cdots, N; n = 1, \cdots, 5$$

这里，$K''' = \left[\sum_{n=1}^{5}\prod_{j=1}^{N}\left(m_j(H_n) + \bar{m}_j(H) + \tilde{m}_j(H)\right) - 4\prod_{j=1}^{N}\left(\bar{m}_j(H) + \tilde{m}_j(H)\right)\right]^{-1}$，

$$\{H_n\}: \beta_n(A) = \frac{m(H_n)}{1 - \bar{m}(H)}; \{H\}: \beta_H(A) = \frac{\tilde{m}(H)}{1 - \bar{m}(H)}; n = 1, \cdots, 5 \quad (5\text{--}5)$$

式（5-5）论证了归一化的进程，适当安排了未知信任值，在此处，$\beta_n(A)$指A物流配送安全级别在总指标下为H_n的置信度，而$\beta_H(A)$则为未知程度的分配值。

环节5：总评估值的推算以及分析。依靠之前的证据推理算法可以知道，在A范围内的物流配送安全等级判定的置信度由确定的信任值和不确定的信任值这两个部分构成，因此计划者对A范围内的物流配送安全等级的评估置信区间为$[a_w, b_w]$。a_w表示计划者对A物流配送安全等级特别低时的信任值，b_w表示计划者对A物流配送安全等级特别高时的信任值，$b_w - a_w$值越大，表示计划者给出的评估结果的确定性越高。为便于评价，根据物流配送安全的5个等级区间取值，对各评价等级进行赋值：

$$P(H_1) = 0.90, P(H_2) = 0.725, P(H_3) = 0.555, P(H_4) = 0.475, P(H_5) = 0.00 \quad (5\text{--}6)$$

然后根据式（5-7）计算A物流配送安全等级的总评价值，再根据证据推理模型得出物流配送安全等级综合得分，并确定某物流配送

安全级别。即：

$$P_{\text{over}}(A) = \frac{1}{2}\left(P_{\min}(A) + P_{\max}(A)\right),$$

其中，$P_{\min}(A) = \sum_{n=1}^{N-1} \beta_n(A)P(H_n) + \left(\beta_N(A) + \beta_H(A)\right)P(H_N)$；

$$P_{\max}(A) = \left(\beta_1(A) + \beta_H(A)\right)P(H_1) + \sum_{n=2}^{N} \beta_n(A)P(H_n)。 \qquad （5-7）$$

二、模型的相关指标设计

在突发公共卫生事件中，应急医用物资配送安全 A 的分级群决策中，令下层指标集：$X = \{X_1, \cdots, X_M\}$，是一个有限集合，其中，第 i 个指标记为 $X_i(i=1, \cdots, M)$；X_i 的重要程度记为 w_i，并且符合 $w_i \geqslant 0, \sum_{i=1}^{l} w_i = 1$；计划者为 $D = \{D_1, \cdots, D_p\}(p \geqslant 2)$，在此之中，$D_k(k=1, \cdots, p)$ 表明第 k 个计划者，d_k 表明第 k 个计划者决定的后果可信度，并且符合 $0 \leqslant d_k \leqslant 1$。当 $d_k=1$ 时，表明计划者 k 给出的决定结果 100% 是可以信任的；当 $d_k=0$ 时，表明第 k 个计划者给出的决定结果是没有可信度的。如果计划者给出的物流配送安全等级在每一个指数下的语言评估等级是 $H_n(n=1, \cdots, Q)$，普遍说来就是，语言评估集 H_n 是一个事先界定由 5 种成分组成的有序集合，即 $H_n = \{H_1, H_2, H_3, H_4, H_5\} = \{$特别安全（$H_1$），安全（$H_2$），较安全（$H_3$），一般安全（$H_4$），不安全（$H_5$）$\}$。如果计划者对 A 物流配送安全等级在指标 X_i 下的评价等级为 H_2 时，表示计划者对 A 物流配送安全等级在指标 X_i 下评价为安全；同理，如果计划者对 A 物流配送安全等级在指标 X_i 下的评价等级为 H_5 时，表示计划者对 A 物流配送安全等级在指标 X_i 下评价为不安全。$\beta_i(H_n)$

表示计划者对 A 物流配送安全等级在指标 X_i 下的评价等级为 H_n 的置信度，即 $S(f(X_i))=\{(H_n),n=1,\cdots,5\}(0\leqslant\beta_i(H_n)\leqslant1)$。$\beta_i(H_n)$ 值越大，表示计划者对 A 物流配送安全等级在指标 X_i 下的评价等级为 H_n 的置信度越大。若 $\beta_3(H_2)=0.50$，表示计划者对 A 区域物流配送安全等级在指标 X_3 下的评价等级为 H_2 的置信度为 0.50；若 $\sum\limits_{n=1}^{q}\beta_i(H_n)=1$，则表示计划者对物流配送安全等级评价是完全的；若 $\sum\limits_{n=1}^{q}\beta_i(H_n)\prec1$，则表示计划者对物流配送安全等级评价是不完全的；若 $\sum\limits_{n=1}^{q}\beta_i(H_n)=0$，则表示计划者不能对 A 物流配送安全等级在指标 X_i 下作出任何评价。假设计划者作出了以下的决定：指标 X_i 对 A 范围内的物流配送安全等级为 H_1 的置信度为 0.30，指标 X_i 对 A 范围内的物流配送安全等级为 H_2 的置信度为 0.40，指标 X_i 对 A 范围内的物流配送安全等级为 H_3 的置信度为 0.20，则计划者对该配送安全分布可以表示为：$S(f(X_i))=\{(H_1,0.30),(H_2,0.40),(H_3,0.20)\}$。从该评估中可以看出，计划者的置信度总和是 0.90，不超过 1，即 $\sum\limits_{n=1}^{5}\beta_i(H_n)=0.90<1$，这表明了计划者的评估是不太准确的，没有作出判断的程度为 0.10，即 $\beta_i(H_n)=0.10$。

三、案例分析

（一）相关案例

本节以广东某卫生机构突发化学品事故为例，进行分析、判定。根据之前对物流配送安全等级的影响因素分析，给出了相关的因素。

假设对物流配送安全级别进行决策的团队由D_1，D_2两个计划者组成，根据计划者的知识背景以及工作经验，假设两个计划者的决策置信度分别为0.7、0.8，人为因素占一级指标的40%，环境因素占一级指标的20%，物流设施因素占一级指标的40%；物流作业人员和管理人员分别占人为因素的40%和60%，自然环境和社会环境分别占环境因素的30%和70%，物流基础设施和安全检测设施分别占物流设施因素的40%和60%。各个指标的重要程度及各个计划者给出的二级指标置信度$S\left(f\left(X_i\right)\right)$值如表5-7所示。

表5-7　　　评估指标的重要程度及各计划者给出的置信度

评估目标	一级指标（Y_j）	二级指标（X_i）	计划者给出的置信度	
			D_1（0.7）	D_2（0.8）
区域物流配送安全级别	人为因素（0.4）	物流作业人员（0.4）	$\{(H_2,0.5),(H_3,0.3)\}$	$\{(H_2,0.5),(H_3,0.4)\}$
		管理人员（0.6）	—	$\{(H_2,0.8)\}$
	环境因素（0.2）	自然环境（0.3）	$\{(H_2,0.6),(H_3,0.2)\}$	—
		社会环境（0.7）	$\{(H_2,0.5),(H_3,0.3)\}$	$\{(H_3,0.6)\}$
	物流设施因素（0.4）	物流基础设施（0.4）	$\{(H_2,0.6),(H_3,0.4)\}$	$\{(H_2,0.5),(H_3,0.4)\}$
		安全检测设施（0.6）	$\{(H_2,0.5),(H_3,0.4)\}$	$\{(H_2,0.8)\}$

注：表中"—"符号的含义是计划者没有作出任何决断，即$\sum_{n=1}^{5}\beta_i\left(H_n\right)=0,\beta_i\left(H_n\right)=1$。

环节1：运用式（5-1），计算两个计划者给出各物流配送安全级别的评价等级BPAF值（见表5-8）。

表5-8　　　　　　　　　　　　　基本概率分配值

一级指标	二级指标	基本概率分配值	
		$m_i^1(H_n); \bar{m}_i^1(H), \tilde{m}_i^1(H)$	$m_i^2(H_n); \bar{m}_i^2(H), \tilde{m}_i^2(H)$
人为因素	物流作业人员	$H_2:0.15, H_3:0.094$ $\bar{m}:0.65, \tilde{m}:0.063$	$H_2:0.24, H_3:0.054$ $\bar{m}:0.78, \tilde{m}:0.056$
	管理人员	$\bar{m}:0.74, \tilde{m}:0.21$	$H_2:0.215, H_3:0.051$ $\bar{m}:0.52, \tilde{m}:0.061$
环境因素	自然环境	$H_2:0.21, H_3:0.53$ $\bar{m}:0.85, \tilde{m}:0.024$	$\bar{m}:0.32, \tilde{m}:0.11$
	社会环境	$H_2:0.126, H_3:0.64$ $\bar{m}:0.68, \tilde{m}:0.015$	$H_2:0.32, H_3:0.056$ $\bar{m}:0.23, \tilde{m}:0.051$
物流设施因素	物流基础设施	$H_2:0.245, H_3:0.78$ $\bar{m}:0.65, \tilde{m}:0.063$	$H_2:0.33, H_3:0.54$ $\bar{m}:0.78, \tilde{m}:0.056$
	安全检测设施	$H_2:0.54, H_3:0.66$ $\bar{m}:0.74, \tilde{m}:0.021$	$H_2:0.21, H_3:0.62$ $\bar{m}:0.52, \tilde{m}:0.061$

从表5-8可以得出，计划者对各指标的重要程度和置信度形成的未知判断，表现出计划者对于自然环境的未知判断更大，自然环境是最无法估量的。

环节2：运用式（5-2），对不同指标i下k个计划者给出的物流配送安全级别的证据信息进行整合（见表5-9）。

从表5-9可以看出，在把所有证据信息合成后，计划者对于自然环境的未知判断的概率还是最高的。

环节3：依据式（5-3）、式（5-4）和式（5-7）对X_i指标评估等级置信度进行归并，获取Y_j指标下的评估等级置信度及评估值（见表5-10）。

表5-9　　　　　　归并后各评估等级的基本概率分配值

一级指标	二级指标	基本概率分配值							
		$m_i(H_1)$	$m_i(H_2)$	$m_i(H_3)$	$m_i(H_4)$	$m_i(H_5)$	$\tilde{m}_i(H)$	$\bar{m}_i(H)$	$m_i(H)$
人为因素	物流作业人员	0	0.065	0.205	0	0	0.356	0.331	0.344
	管理人员	0	0.041	0.335	0	0	0.056	0.618	0.337
环境因素	自然环境	0	0.045	0.012	0	0	0.396	0.399	0.398
	社会环境	0	0.098	0.151	0	0	0.182	0.451	0.317
物流设施因素	物流基础设施	0	0.213	0.114	0	0	0.308	0.413	0.361
	安全检测设施	0	0.148	0.188	0	0	0.048	0.615	0.332

表5-10　　　　　一级指标下评估等级的置信度及评估值

一级指标	H_1	H_2	H_3	H_4	H_5	$\tilde{m}_i$	$\bar{m}_i$	m_i
人为因素	0.2574	0.2523	0.3251	0.0125	0.025	0.3394	0.0954	0.4348
环境因素	0.00	0.1548	0.00	0.0265	0.00	0.2564	0.0785	0.3349
物流设施因素	0.00	0.4512	0.3265	0.3151	0.00	0.2505	0.1254	0.3759

从表5-10可以看出，在一级指标下，物流设施因素是安全的，人为因素的变故比较大，可以看作最安全的，也可以看作最不安全的。对于一级指标来说，人为因素的未知率最高。

同理可得，依据式（5-4）~式（5-7），获得在总指标下不同的物流配送安全等级在不同的评估等级下的置信度及评估值（见表5-11）。

表5-11 　　　　　　总指标下各评估等级的置信度及评估值

安全级别	$\beta_1(A)$	$\beta_2(A)$	$\beta_3(A)$	$\beta_4(A)$	$\beta_5(A)$	$\beta_H(A)$	$P_{min}(A)$	$P_{max}(A)$	$P_{over}(A)$
	0.091	0.150	0.321	0.024	0	0.622	0.315	0.833	0.574

从表5-11可以看出，在总指标下，所有因素都只是较安全的，因此，这需要引起更多的关注。

（二）结论与解决方案

根据D-S理论模型和算法分析可以看出，公共卫生机构化学品泄漏事故中自然环境是最让人无法判断的一个因素，这个因素是我们无法掌控的。在表5-10中可以看出，人为因素也是一个无法判断的因素，但是比较好把控。在本案例中，物流作业人员以及管理人员玩忽职守，没有检查好货物的归置情况，对于货物的保管也不到位。因此，本节提出以下几点有针对性的措施。

对于物流作业人员实行奖惩制。对于一些危险品的归置、配送方面，对他们进行相对应的培训。

对于管理人员，也需要对他们进行相应的培训，让他们知道危险品的危害性，这样能更好地减少事故的发生。同时，管理人员也要约束自身，不做出一些出格的事情。

在物流设施方面，要根据企业自身所配送的货物来确定具体的物流设施。

第四节　应急医用物资铁路运输安全情景重构研究

情景重构源于安全领域（信息事件安全管理及物理事件安全管理），是对事件发生的根本性原因进行分析，对连续进行的时间线上的进程进行解构并重铸的一种方法。情景重构是对所发生的破坏或影响系统安全的事件发生原因进行调查。然而，情景重构在突发事件领域，通常用来代表对已经了解但是数量很少的事件的历史信息与实时信息进行模拟或者对事件情景要素信息进行解释，有效运用各类信息对突发事件进行解构，如决策信息、情景信息、时间信息；对事件发生的所有逻辑关系进行梳理，重构情景发生的顺序，对决策者建立情景库具有一定的参考价值。

在应急管理的应用方面，王颜新（2011）以2008年我国南方的冰雪灾害为背景，从情境重构角度对突发事件应急案例进行分析。李欣（2013）应用情景重构方法解决应急物流安全事件。张志英（2014）开展了基于情景剖面的生命救援情景重构研究。而在突发事件领域，实时信息收集若不完备，都可以通过情景库加以补充，同时，在此基础上能够对可能事件进行预测，也能推测发生的概率。通过情景的特点和定义，分析层次的不同，能够将其视为一系列情景，其构成方式遵循一定的发展顺序，情景序列具有一定的关联性，每个情景都是由特定的情景序列构成。因决策的影响或自然环境的改变，不同情景之间会发生相应变迁和演化。对突发事件进行情景重构，首先要厘清内部存在的逻辑关系，分析情景序列的构成以及情景层次的构造。在突发事件发生后进行应对的环节，情景库的建立发挥了重要作用，帮助决策者动态预测各个关键情景的演化时间与概率，能够进行有效分析与预警、预测事件的演化路径和方向；能够定量、定性分析事件自身发展的交互演化，综合应急响应行动等作出决定动作、次生和衍生的相关动作。事后，有利于决策者积累处理突发事件的经验，对事件情景进一步描述，总结规律，正确对待活动过程的得与失。情景重构流程如图5-2所示，主要步骤如下。

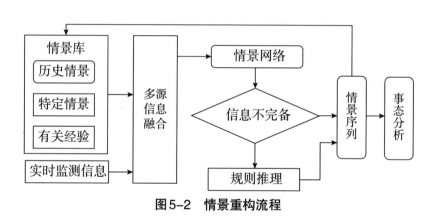

图5-2　情景重构流程

首先，以特定类型为突发事件处理活动的出发点，限定时间和预先处理的方法对其主要情景进行整合。根据情景层次的不同，各情景之间的因果关联规则也存在着差异，对所缺失的情景关联予以重构，同时，将关键情景节点加以补充和完善。

其次，根据情景库及历史案例提供的相关信息，情景类型的不同决定了其情景层次的归属。对情景建立了相应粒度，并进行了细化以满足不同层次的需求。

再次，对存在事件次序与因果关系的情景进行关联，从而构成情景序列。

最后，根据事态演进趋势，对情景序列的关联规则进行动态修正，进而得到全新的规则，并在情景库中进行存储。

一、应急医用物资铁路运输配送安全的情景模型

（一）情景分析

铁路安全事件发生、发展的影响因素众多，产生的原因多种多样，演化的方式复杂，有的是转化，有的是耦合，还有的是蔓延，在这一动态过程中，我们分别定义两个概念：情况和情景。情况是指特定的系统中，某个突发事件在某个具体的时间节点上的属性状态描述。情景则指的是情况发生、发展的集成表现。应急医用物资铁路运输安全的情景演变如图5-3所示。

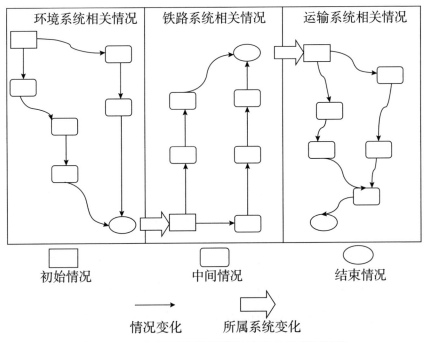

图5-3　应急医用物资铁路运输安全的情景演变

　　根据情况在相关的情景中发生的前后关系，把事件进入某个具体的情景中经历的第一个情况称为初始情况。结束情况是事件在同一个情景中经历的最后一个情况。在初始情况和结束情况之间，事件还会经历中间情况。每两个相邻的情况我们称之为情况序偶。每个情况序偶都有一个前因情况、一个结果情况，每种情况的类型各不相同，根据情况序偶的不同，大致可将其分为两种：一种为情况简单序偶，另一种为情况复杂序偶。一个序偶中的前因情况受一系列情景作用因子的影响转变为结果情况，则该序偶就是情况简单序偶，该情况序偶在突发事件中的关系是最简单的。而在大多情况下，前因情况与结果情况并非单一出现的，而是由一组情况构成的情况集，所以这类情况序偶中的前因情况和结果情况之间的关系并不是一对一，那么我们称这类情况序偶为情况复杂序偶。根据各个序偶之间关系的不同，我们把它们大致归纳为下面四种类型（见图5-4）。

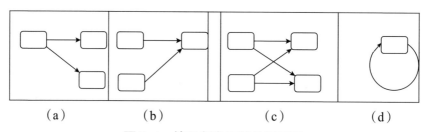

　（a）　　　　（b）　　　　（c）　　　　（d）

图5-4　情况复杂序偶分解示意

　　第一种：一对多。一个前因情况对应多个结果情况，一个前因情况受作用因子的影响，变迁为多个结果情况，如图5-4中的a图所示。比如，铁路沿线地区发生地震，可能同时导致铁路损毁和火车出轨。

　　第二种：多对一。多个前因情况对应一个结果情况，多个前因情况受作用因子影响，变迁为同一个结果情况，如图5-4中的b图所示。比如，火车过弯速度过快和货物堆放不牢固共同导致了货物掉落损坏。

第三种：多对多。多个前因情况对应多个结果情况，多个前因情况受作用因子影响，变迁为多个结果情况，如图5-4中的c图所示。比如，下雨和车厢破损一起导致货物潮湿和货物损毁。

第四种：自为因果。前因情况对应的结果情况是自己，一个前因情况受作用因子影响的结果情况还是自己，如图5-4中的d图所示。实际情景中存在这样的可能性——在一个时间点上以上四种情况序偶类型同时发生；在逻辑关系方面，某一逻辑层上情景存在因果关联；在内容角度方面，前因情景、作用因子、转换概率、结果情景等构成了公共事件的一系列情景序偶。

突发事件情景主要由致灾因子、承灾体以及孕灾环境三个要素构成，其中致灾因子是引起突发事件的诱因，在特定条件下，受这些致灾因子的影响，承灾体与孕灾环境在短期内产生的能量集中释放，造成突发事件的爆发。致灾因素是推动突发事件发生和发展的基本单元，多个致灾因素的集合构成致灾因子，根据致灾因子来源的不同，可细分为两种：一种为人为致灾因子，另一种为自然致灾因子。我们生活中常见的自然致灾因子有飓风、地震、火山、沙暴、山洪、滑坡、雨雪天气等；而人为致灾因子有暴乱、火灾、爆炸、战争等。承灾体是受致灾因子影响的对象，主要为各种实体物质。灾害事件的次生和衍生都可以从承灾体的变化看出来，作为事件情景变化过程中较为明显的要素之一。承灾体的变化可以作为情景变迁的一个参考依据。

灾害发生、发展及演变所需的孕育环境就是孕灾环境，是灾害发生处的外界环境，根据类型的不同，可分为自然环境、经济环境、人文环境、硬件环境、软件环境等。一般来讲，从承灾体和孕灾环境在事件情景中发挥的作用来看，两者可能存在重合因子。例如，在火灾中的一些易燃物品，既是孕灾环境的一部分，同时也是承灾体的一部分，两者出现了重合。从环境性质来讲，孕灾环境可以说是一种生态环境，是整个事件发生过程的生态系统，系统中包含了许多构成模块。在不同的孕灾环境下，同样的致灾因子可能造成完全不同的灾害后果。以气流在我国南方造成的飓风灾害为例，只在部分山地孕灾环境才会发生，而有的环境并未造成灾害，可见事件情景的发展可以通过孕灾环境来判断。

致灾因子、承灾体和孕灾环境都有各自的状态性质，且特征与量化标准也各不相同，在识别情景要素的时候，需根据类型的不同来划分，然后量纲统一化处理。在某个节点上，对结构要素所处的属性状态进行描述，形成具体的事件情景。

本节将对影响情景转换的因子进行描述，在前因情景下，物流安全事件系统的状态发生变迁或出现紧急应对情况，可以看出前因情景集和结果情景集两者之间变化的过程。结果情景集是前因情景集在作用因子的催化下，发生了状态的改变而出现的，因此是前后的一种联系，主要是影响事件客观发展的一系列元素，而决策者的主观应对措施也是其中一种。由此可见，突发事件中的情景之间是一种因果对应关系，并不是相互独立的，在这种关联关系的演变过程中，事件系统状态也随之发生变化。在各种活动的影响下，情景之间的变换可能加速也可能减缓，且作用因子本身自带一些约束条件，如作用时间、作用范围等。对情景有驱动作用的结构要素的相互作用、决策应对措施、情景的变换都是在这些要素的作用下发生的。这些驱动要素是通过改变要素的属性状态来引发情景变迁的，并使情景不断深化；驱动要素可能会对情景的构成要素产生影响，此时事件也会被带入新的情景中，实现情景的转换。我们通过量化驱动要素的作用来表示情景变迁概率，根据各个结构要素的状态发生的改变，综合已经被知晓和观测的变迁概率值，采用量化或模糊处理后的形式进行展示。在贝叶斯网络理论中，认为先验概率可以用来表示情景的变迁概率，并通过不断收集突发事件的有关信息来修正后验概率。

（二）情景模型

模糊情景规则推理属于模糊规则，多个规则组合构成了模糊规则集合。由于情景序偶由前因情景和结果情景构成，那么可以采用模糊情景规则来对两种情景之间的关联关系进行推理，论证前因情景是否与结果情景存在变迁关联。其中前因情景在输入论域α上，结果情景在输出论域β上。

设集合$A=\{X,Y,Z\}$表示情景。集合中的元素X表示致灾因子要素，每个致灾因子包含了一系列致灾因子，这些因子的属性状态是向量X的构成，表示为：$X=(x_1,x_2,\cdots,x_n)^{\mathrm{T}}$。例如，在台风情景中，致灾因子有台风强度、风向、风速等，每个因子都有自己的属性状态。为了充分发挥规则的效率，对情景所包含的多个致灾因子拆分。Y表示承灾体要素，承灾体属性状态是向量Y的构成，表示为：$Y=(y_1,y_2,\cdots,y_n)^{\mathrm{T}}$。$Z$表示孕灾环境要素，$Z=(z_1,z_2,\cdots,z_n)^{\mathrm{T}}$。设情景序偶$k=\{\alpha,\beta,T_\theta\}$，其中$\alpha$表示序偶中对应的前因情景集，$\alpha=\{\alpha_1,\alpha_2,\cdots,\alpha_m\},m\in(0,+\infty)$，其中$m$是初始情景数量。$\beta$表示序偶中对应的结果情景集，$\beta = \{\beta_1, \beta_2, \cdots, \beta_n\}, n \in (0, +\infty)$，这里 n 代表变迁之后的事件情景数量，是在情景驱动要素的作用下最后的情景，表示为 $Post(k)$；情景里面包含的情景集合记为 θ，$\theta = \alpha \cup \beta \neq \phi$。

$\boldsymbol{T_\theta}$ 是一种效用矩阵的表示形式。假设前因情景为 α_i，结果景为 β_j，致灾因子为 α，承灾体为 γ。在 α 的作用下，情景 α_i 变迁到情景 β_j 的模糊概率为 $T_{\theta ij}$。通过该值的量化来评估情景之间的变迁概率。下面介绍两种比较常用的取值方法：一种是基于经验数据法，另一种是基于最乐观估计法，两种方法都是先有先验概率，再通过情景的不断完善，借助后验概率来修正概率值，取值方式是一样的。

设 $K = \{k_m\}, m \in (0, +\infty)$ 是情景序偶的有限集合。设 $k_i, k_j \in K$，若 $Post(k_i) \bigcap pre(k_j) \neq \phi$，则称序偶 k_i, k_j 之间有联系，记作 $<k_i, k_j>$。此处，称 k_i 为前导序偶，k_j 为 k_i 的后续序偶。

序偶 k_i, k_j 之间存在如下关联。

①当 $Post(k_i) \equiv pre(k_j)$ 时，若 k_i 发生，则序偶 k_j 发生。

②当 $Post(k_i) \supset pre(k_j)$ 时，若 k_i 发生，则序偶 k_j 及其他序偶都可能发生。

③当 $Post(k_i) \equiv pre(k_j)$ 时，k_i 发生是 k_j 发生的前提之一。

④当 $Post(k_i) \notin pre(k_j)$ 且 $pre(k_j) \notin Post(k_i)$ 时，仅当 k_i 与其他序偶均发生的情况下 k_j 才会发生。

设 λ 为一个二元组，即 $\lambda = [K, R]$。其中 $K = \{k_j\}$ 为情景序偶集；$R = \{\langle k_i, k_j \rangle\}$，为情景联系的集合。论域 U 上前因情景集为 $\alpha = \{\alpha_1, \alpha_2, \cdots, \alpha_m\}, m \in (0, +\infty)$，输出域 y 上结果情景集为 $\beta = \{\beta_1, \beta_2, \cdots, \beta_n\}, n \in (0, +\infty)$，则可通过驱动要素效用矩阵 $\boldsymbol{T_{\theta mxn}}$ 表示其变迁关系：

$$T_{\theta m \times n} = \begin{bmatrix} T_{\theta 11} & T_{\theta 12} & \cdots & T_{\theta 1n} \\ T_{\theta 21} & T_{\theta 22} & \cdots & T_{\theta 2n} \\ \cdots & \cdots & \cdots & \cdots \\ T_{\theta m1} & T_{\theta m2} & \cdots & T_{\theta mn} \end{bmatrix}$$

$T_{\theta ij} \in [-1,1]$，$0 < T_{\theta ij} \leqslant 1$ 表示情景 i 向情景 j 变迁的正向要素；$-1 \leqslant T_{\theta ij} < 0$ 表示情景 i 向情景 j 变迁的负向要素；$T_{\theta ij} = 0$ 称为无影响要素，属于一种特例情况。

情景变迁模糊规则，通过"IF…THEN…"规则来表示，模糊规则如下。

Rule[B]：IF $\mu_1 = (X_1, Y_1, \cdots, Z_1)^T$ is α_1^B and $\mu_2 = (X_2, Y_2, \cdots, Z_2)^T$ is α_2^B and，$\cdots$，and $\mu_n = (X_n, Y_n, \cdots, Z_n)^T$ is α_n^B,THEN ω is γ^B

$$\text{Fact：} \alpha' \rightarrow \text{Consequences:} \beta' \tag{5-8}$$

其中：α_n^B 为模糊情景集，$B = 1, 2, \cdots, m$，表示模糊规则的数量。

按照式（5-8）所示的规则不断存储突发事件情景 A，不断积累得到了最终的情景规则库。依据模糊规则集合进行推理，得到某个结果情景 β_j 的计算函数为：

$$E_j = \sum_i G(T_{\theta ij}) \tag{5-9}$$

驱动要素效用对应的加权函数即式（5-9）中的 G，指相关偏好，若不计加权函数，则计算函数表示为：

$$E_j = \sum_i T_{\theta ij} \tag{5-10}$$

二、应急医用物资铁路运输配送安全决策

（一）案例分析

以上海铁路局应急医用物资铁路运输事故为案例，通过情景重

构，对情景进行全面分析，并根据事故的信息和发展规律建立模糊规则。表5-12、表5-13中给出了具体的情景要素参数说明。

表5-12　上海铁路局货运列车水害事故情景要素相关参数

要素类型	要素名称	要素状态指标
致灾因子	暴雨、洪涝	降雨量、最大流量、平均流量
承灾体	涵洞、路基	涵洞材料标准、孔径 路基材料标准、稳定性
孕灾环境	地理环境	经度、纬度、海拔高度、温度、湿度、坡度

表5-13　上海铁路局货运列车水害事故情景要素参数数据

要素状态指标	数据	要素状态指标	数据
降雨量	99.8mm	经度	94.71
最大流量	566 m^3/s	纬度	40.13
平均流量	326 m^3/s	海拔高度	1139m
涵洞材料标准	K30	湿度	43%
孔径	2 m^2	坡度	26°
路基材料标准	K60	温度	17.8℃
密度	1.42g/cm^3		

事故发生地的基本情景 S_0：区域由山体、涵洞、铁轨、路基组成。其中涵洞所处地势较低且孔径较小，使泄洪不及时。

基本事故情景 S_1：暴雨形成山洪下泄，敦煌至甜水井间 k139+200 处有1孔径2.0米的涵洞泄洪不及时，12小时后涵洞路基下部被洪水掏空，列车经过时，路基发生塌方，导致轨道变形，继而车辆脱轨，货物损毁。

事故重构情景 S_2 和 S_3：情景重构的初始情景 S_1 为暴雨后山洪爆发，洪水经过涵洞时泄洪不及时且反复冲刷导致路基掏空，后车辆经过时，路基塌陷、轨道变形，造成车辆出轨、货物损毁。根据初始情景，可能的过程情景 S_2 为故障经过扩散，此条铁路线在一定的时间内无法使用，所有该段时间内的货运列车将无法通过；S_3 表示过程情景，当状态为相关线路恢复时，允许车辆通过。

重构 S_1、S_2、S_3 三个情景节点，并描述如下：$k=\{\alpha,\beta,T_\theta\}$

其中，$\alpha=(S_1,S_2,S_3)$ 包含三个情景，$\beta=(S_1,S_2,S_3)$，即一个结果情景集合对应一个情景。这里以 S_1 为例设计暴雨洪涝的致灾因子 X 的计算方法：$X=(x_1,x_2,x_3)^{\mathrm{T}}=(99.8,566,326)^{\mathrm{T}}$，其中 x_1、x_2、x_3 分别表示降雨量、最大流量、平均流量三个属性值。

涵洞路基承灾体为 $Y=(y_1,y_2,y_3,y_4)^{\mathrm{T}}=(30,2,60,1.42)^{\mathrm{T}}$，其中：$y_1,y_2,y_3,y_4$ 分别表示涵洞材料标准、孔径、路基材料标准、密度四个属性值。地理因素孕灾环境要素 $Z=(z_1,z_2,z_3,z_4,z_5,z_6)^{\mathrm{T}}=(94.71,40.13,1139,43\%,26,17.8)^{\mathrm{T}}$，其中：$z_1$ 表示经度，z_2 表示纬度，z_3 表示海拔高度，z_4 表示湿度，z_5 表示坡度，z_6 表示温度。对比情景之间要素属性并对它们进行综合考量，同时对相关的作用因子的约束条件进行充分思索和诠释，可得出式（5-11）。

$$T_{\theta ij}\in U=p(\alpha=true)\,p(\beta=true)+p(\alpha=false)\,p(\beta=false)\quad（5-11）$$

用于计算情景作用因子效用的算法，表示如下。

根据自然描述规则，进行如下推理：如果 $S_k\in S$，并且驱动要素正产生正向或负向影响、能获取到 $T_{\theta ij}$，然后情景 S_k 转变为情景 S_m 或仍保持为 S_k。$T_{skm}(u)$、$T_{\theta ij}(u)$ 是 U 上的模糊集合。S_k、S_m 是 $S=(S_1,S_2,S_3)$ 上的模糊集合；$T_{skm}(u),T_{\theta ij}(u)$ 表示在驱动要素 T_θ 的作用下，系统由情景 S_i（或

S_k)转变为情景S_j(或S_m)的变迁概率评估值。依据式（5-11）即可计算出该值，从而得到事件中各个情景条件发生的概率，如表5-14所示。式（5-11）计算结果如表5-15所示。

表5-14　　　上海铁路局货运列车水害事故情景条件概率

	α		β	α=ture	α=false
true	1	1	true	0.1	0
false	0	0	false	0.9	1
S_1	α=true	α=false	S_1	α=true	α=false
true	0.9	0	true	0.3	0
false	0.1	1	false	0.7	1
S_2	α=ture	α=false	S_2	α=ture	α=false
true	0.95	0.2	true	0.5	0
false	0.05	0.8	false	0.5	1
S_3	α=ture	α=false	S_3	α=ture	α=false
true	0.7	0.1	true	0.9	0.3
false	0.2	0.8	false	0.1	0.8

事件情景的发展与演化随着情景状态的变化而变化，且在情景发展过程中，事件的关键情景状态就会发生不同的变化。

表5-15　上海铁路局货运列车水害事故发生概率的计算结果

false	$0.6 \times 1+1 \times 0=0.6$	false	$0.9 \times 1+1 \times 0=0.9$
true	$0.1 \times 1+0 \times 0=0.1$	true	$0.1 \times 1+0 \times 0=0.1$
S_1		S_1	

续表

false	$0.1 \times 1 + 1 \times 0 = 0.1$	false	$0.7 \times 0.9 + 1 \times 0.1 = 0.73$
true	$0.9 \times 1 + 0 \times 0 = 0.9$	true	$0.3 \times 0.9 + 0 \times 0.1 = 0.27$
S_2		S_2	
false	$0.05 \times 0.9 + 0.8 \times 0.1 = 0.125$	false	$0.5 \times 0.875 + 1 \times 0.125 = 0.5625$
true	$0.95 \times 0.9 + 0.2 \times 0.1 = 0.875$	true	$0.5 \times 0.875 + 0 \times 0.125 = 0.4375$
S_3		S_3	
false	$0.2 \times 0.875 + 0.9 \times 0.125 = 0.2875$	false	$0.1 \times 0.7125 + 0.7 \times 0.2875 = 0.2725$
true	$0.8 \times 0.875 + 0.1 \times 0.125 = 0.7125$	true	$0.9 \times 0.7125 + 0.3 \times 0.2875 = 0.7275$

（二）结果分析

根据上述结果可得出以下结论：在驱动要素矩阵中，存在最大元素$T_{\theta ij}$用于计算T_θ的概率算法结果，则事件在驱动要素$T_{\theta ij}$的作用下，从情景i向情景j变迁。综合考虑作用因子的约束条件，事故情景S_1在作用因子影响下发展到S_2，情景S_3并未发生。上述结果作为一条模糊规则进行存储：

$$\text{Rule[B]: IF} \quad \boldsymbol{Q} = (\chi_1, \gamma_1, \cdots, z_1)^{\mathrm{T}} \text{ is } \alpha_1, \text{THEN} \gamma \text{ is } S_2 \quad （5-12）$$
$$\text{Fact:} \alpha' \rightarrow Consequences : \beta'$$

结合所得的模糊规则展开推理，需要注意以下几点：根据推理结果得到的情景S，对比现实情况中突发事件经实际作用因子影响后所得变迁后的情景，两者存在一定的误差，为了有效降低误差，需要更加精确地描述矩阵与系统情景。所以作为描述的重要组成要素，情景规则库的建立非常关键，包括情景要素数据以及模糊规则数据的收集，并不断补充健全。

　　为了使情景推理的效率更高，需要从模糊规则的赋值和计算方面进行改进，而与模糊规则紧密相关的是情景序偶，也就是说，情景序偶的类型越简单，对模糊规则的赋值和计算就越快，因此实际应用中，会将情景序偶限定为简单情景序偶，或是转换后的结果情景是一个复杂情景序偶，这样做的目的是在推理规则时，输出域中只有一个结果情景。

　　情景库经过不断积累，数据规模越来越大，对库进行检索以及取数匹配变得越来越耗时，因此，规则的检索和匹配方法需要加以改进。

三、小结

　　铁路运输配送安全事件的特性导致事件信息不全面，需借助情景重构来辅助分析情景、态势及构成，描述情景间的变迁关联，并采用模糊规则对这种描述和关联进行推理，在事件信息不全面的情况下，通过模糊规则建立描述情景的方法。采用量化的形式表示情景的相关状态参量，计算情景的状态评估值，为决策者提供掌握情景发生、发展的重要参考信息，也为"情景—应对"提供决策支持。本节借助情景的一系列要素属性参数进行推理，建立情景重构模型，这些属性参数取自情景库中，可能部分参数在情景库中没有，这种情况采用专家理论对其进行完善。但对于比较特殊的突发事件，以现有的方法是无法推理分析的，也为情景的构造和建模带来了很大的困难，这是有待进一步深入探讨的重要内容和方向。

第六章　基于突发公共卫生事件情景分析的应急物流安全动态协同决策

　　近年来，无论是在国外还是在国内，频频发生的突发公共卫生事件对社会安全、生命财产安全造成严重影响，提高应急安全能力已成为研究的热点问题之一。本章针对传统决策协同差的缺陷，探讨基于突发公共卫生事件情景分析的应急物流安全动态协同决策方法。早在古代就有"协同"一词，《辞海》对"协同"的解释为同心协力、相互配合。而在外文中，"协同"一词起源于希腊文"synergetic"，是协同工作的意思。在突发公共卫生事件下的应急物流安全决策中，协同学作为一门交叉学科，将情景构建与应急物流安全、应急物流配送等子系统，形成自组织的时间、空间、功能结构。自德国物理学家哈肯创建协同理论以来，协同学被应用到经济、文化、社会各个领域，国外相关研究起步早、文献较多，在此不再综述。总之，国内外学者研究协同理论很少从系统科学角度研究突发公共卫生事件中应急物流安全协同决策。国内来说，孙烨（2013）尝试在社会科学中应用协同学的方法。李智等（2007）应用协同学理论对应急物流网络进行优化。金广仲（2008）构建了城市应急管理、指挥与协同的总体模型。周凌云等（2011）给出了应急物流系统的协同运行机制。郭健（2011）对应急物流节点之间的协同过程进行研究。

第一节　基于情景演化的医用救灾物资
储存安全模糊协同决策

本节主要基于突发公共卫生事件发生情景考虑应急物流安全问题，给出突发公共卫生事件情景下医用救灾物资储备安全的模糊协同决策模型。其逻辑主线为：突发公共卫生事件情景→应急物流安全系统影响→应急物资储备结构影响，同时考虑物流安全与物流决策，实现静态安全与动态物流功能的协同。

一、突发公共卫生事件中的医用救灾物资配送情景

突发公共卫生事件中，疫区在疫情发展的早期、中期及后期所需要的应急物资种类是随救援活动的开展而有所变化的，具有时变需求特征。国家储备了一定量的医用救灾物资，以应对各类突发公共卫生事件。肖俊华等（2013）构建线性规划模型对北京市昌平区某个医用救灾物资储备库进行优化。税文兵等（2015）构建了随机规划选址模型，对医用救灾物资储备库失效风险进行情景分析。国家与地方政府都建有不同等级的救灾物资储备库，2016年，江苏太仓出台救灾物资储备管理办法。同年，新疆加快构建布局合理的救灾储备体系，在喀什、奎屯等地建立了37个中央级救灾物资储备库分库。救灾物资储备库中储备大量生活物资、救生类物资、医疗器械及医药类物资等。平时对救灾物资储备库中物资进行常态化管理，一旦发生重大自然灾害、传染病及交通类等突发事件，就按照事件的严重程度、发生地地理位置等其他特征，由国家应急管理部门或者联合第三方商业物流公

司等应急合作伙伴，协同调运与配送救灾物资至受灾地区，以应对受灾群众的基本生活、救助以及医疗等需求。

根据国家对救灾物资的分类标准，可将医用救灾物资分为三个大类。

①基本生活品：如帐篷、睡袋等生活物资，饮用水、方便食品等救灾食品。

②基本救生品：如地震救生器械、水灾救生器械与雪灾救生器械。

③医药基本品：医疗用具与医疗药品。

突发公共卫生事件下的救援活动，往往不惜成本与代价，以救人减损、保障应急物流安全作为第一要务。因此，应该将应急物流安全性作为医用救灾物资配送的第一评价指标。突发公共卫生事件下应急物流供需会随着时间的推移而不断发生变化，因此具备动态需求特征。本节将突发公共卫生事件下的医用救灾物资配送分为三个阶段，每个阶段受灾区域随着时间推移都有着不同的物资需求，这是由各个阶段医用救灾物资需求时变性特征所决定的。根据突发公共卫生事件的情景推演理论，对医用救灾物资保管安全按时间阶段进行细分。

（1）情景演化初期：救灾物资配送前期阶段。

突发公共卫生事件发生后，疫情瞬息万变，刘德海等（2012）在重大突发公共卫生事件的三种演化情景下，对疫情传播峰值点进行预测分析。医用救灾物资配送的前期阶段，一般也是应急救援的前期，人员感染病毒的概率最大。

在医用救灾物资配送前期阶段，要保障物流安全，必须首先注重应急物资配送的时效性，其次才考虑成本问题。根据相关资料，事件发生后的24小时之内实施救援，受灾人员获救率为90%左右；24~48小时实施救援，受灾人员获救率为50%~60%；48~72小时实施救援，受灾人员获救率为20%~30%；72小时后实施救援，受灾人员获救率仅为5%~10%；事件发生后10天内救援，受灾人员获救率几乎为零。因此，在前期医用救灾物资需求方面，除了最为紧迫的医药与生活物资要保障供给，还要保障医用救灾物资的储备方式具有高度时效性。

（2）情景演化中期：救灾物资配送中期阶段。

救灾物资配送的第二阶段，即中期阶段，是指突发公共卫生事件发生后的疫情峰值时间段，疫区对医用救灾物资的需求量达到最大。杨继君等（2016）认为，中期阶段的救灾物资配送任务与该阶段的救援目标紧密关联。在该阶段，应急需求转变为对生活类救灾物资的大量需求。在救灾物资配送中期，大量的救灾物资能否迅速及时调运配送至受灾区域，这是该阶段最为关键的工作。

（3）情景演化末期：救灾物资配送后期阶段。

救灾物资配送后期阶段主要是指突发公共卫生事件发生后，应急救援的第11天至第30天时间段。在该应急救援配送时间段，未被营救出来的人员，其生还的概率几乎为零，而已被营救出来的人员，无论是受伤还是健康的都需要药品、医疗器械等医用救灾物资，以及用于满足基本生活需要的必需品。因此，该阶段在满足受灾群众医疗物品与基本生活物品的基础上，降低有效开展医用救灾物资配送的成本也是应该值得关注的一个重要问题。

该阶段基本上属于灾后重建阶段，救援的主要目标也发生了变化。受灾区域基础设施重建、改善受灾区域生存环境以及防止疫情的进一步蔓延应该是首要目标。值得关注的是，在救灾物资配送后期阶段的开始部分，医用救灾物资配送的需求仍然呈上升趋势，随着救援进展至20天左右时，受灾区域对医用救灾物资运达量的需求才逐渐降低，此时，医用救灾物资需求在时效性与数量上的紧迫性都趋于缓和，就可以考虑医用救灾物资储备成本降低的问题。随着医用救灾物资配送时间的推移，受灾区域对医用救灾物资配送各种指标要求的变化如图6-1所示。

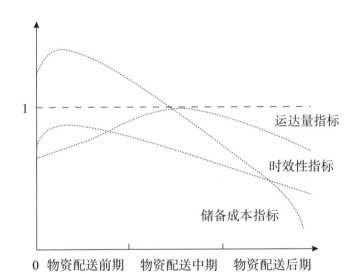

图6-1　各个救援阶段运达量、时效性及储备成本指标变化

因此，突发公共卫生事件发生后，应急救援活动与目标具有时变性特征，救灾物资配送活动与应急救援活动是紧密相关的，各个救援阶段中供应的救灾物资数量指数也会发生变化，如图6-2所示。

在救灾物资配送前期，配送给受灾区域的是医疗器械救生类物品，时间效率要求比较高。在救灾物资配送中期，随着医疗器械、救生类物资陆续运达受灾区域，对救生类物资的需求逐步降低，对基本生活物资的需求显著增加。随着受灾群众的转移，对生活类物资的需求也将回落。

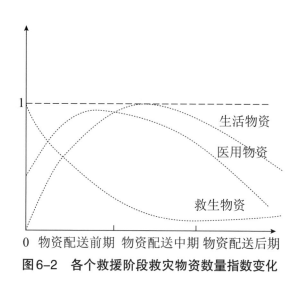

图6-2　各个救援阶段救灾物资数量指数变化

二、基于应急物流安全的救灾物资储备结构优化

（一）情景描述

突发公共卫生事件发生后的应急救援与物资配送活动，其灾害情景演化始终是个动态、时变的过程。杨伟等（2013）、朱晓寒等（2016）对"情景—应对"模式进行研究，探讨自然灾害认知—行为能力提升的途径。在各个过程中，首先要考虑的就是应急物流安全因素，然后考虑配送成本、时效等因素。受灾区域的医用救灾物资需求随着救援进程不断改变，医用救灾物资储备模式也会相应改变，应急物流安全相关的人员与设备费用也会增加。因此，优化表现在两个方面：一是"安全"功能的实现；二是"物流"功能的

实现。

在"安全"功能实现的前提下，救灾决策者根据救援目标的不同，进行医用救灾物资储备方式调整以适应受灾区域不同阶段需求特点。付晓风（2013）认为，安全是物流系统赖以顺利发展的保障。参考赵莹莹（2012）、史开菊（2013）的研究，给出政府储备、协议生产单位实物储备、协议物流企业实物储备及协议单位生产能力储备四种医用救灾物资储备模式并进行优化决策。由于受灾区域的物资需求是时变的，并且具有不确定性特点，因此可考虑构建基于应急物流安全的模糊多目标规划模型进行优化决策。

（二）突发公共卫生事件下救灾物资配送的安全

突发公共卫生事件的情景构建见第五章，这里主要探讨突发公共卫生事件下的应急物流安全情景及其模糊决策的协同问题。

1.救灾物资储备环节的应急物流安全

救灾物资储备环节的重点安全情景主要有以下几个：

（1）消防安全情景；

（2）仓储通风情景；

（3）仓储物品霉变腐烂防治情景；

（4）储罐安全技术与管理情景；

（5）危化品储存安全情景；

（6）其他安全情景等。

2.救灾物资配送环节的应急物流安全

医用救灾物资配送环节的应急物流安全情景如下：

（1）大型物件的运输安全情景；

（2）危险化学品运输安全情景；

（3）碰撞事故情景；

（4）翻车事故情景；

（5）其他安全情景等。

（三）应急物流安全模糊评价

1. 运用FAHP（模糊层次分析法）的计算指标权重过程

（1）构造模糊互补矩阵。

丁斌等（2009）运用模糊互补矩阵对应急物流预案进行评价。孙萍（2016）应用模糊互补矩阵方法对区域应急物流网络进行优化。本节运用德尔菲法来构造最终的模糊互补矩阵，不仅能够最大限度避免专家在构建判断矩阵时，由于主观意志出现的一些误差，还能使专家们就意见进行交流，最终趋向一致。具体步骤为：先引入模糊矩阵相关理念，向专家学者等研究人员介绍预案的相关资料，然后在互不干扰的状态下，独立完成预案打分评价，以便进一步计算各专家评价分数的均值和离差。重复前两个步骤，直至专家对预案的评价意见一致，最终给出模糊互补矩阵 $r_i = \sum_{k=1}^{m} f_{ik} \ (i=1,2,\cdots,n)$ ，再根据 $r_{ij} = \frac{r_i - r_j}{2n} + 0.5$ 进行转换，则模糊一致矩阵为 $\boldsymbol{R} = (r_{ij})_{n \times m}$ 。

（2）构造模糊一致矩阵。

给出数量标度参数，如表6-1所示。

表6-1   数量标度

标度	定义	说明
1	同等重要	两元素相比，同等重要

续表

标度	定义	说明
3	稍微重要	两元素比较，一比二稍微重要
5	明显重要	两元素比较，一比二明显重要
7	重要得多	两元素比较，一比二重要得多
9	极端重要	两元素比较，一比二极端重要

2.综合评价

应用模糊综合评价法（FCE），构建了二层应急物流预案指标体系，具体如下。

（1）按属性将U划分为若干因素子集。

设 $U = (u_1, u_2, \cdots, u_n)$，则 $\sum_{i=1}^{k} u_i = U$，设第二层因素子集为 $U_i (i = 1, 2, \cdots, k)$，则子集为 $U = (u_{11}, u_{12}, \cdots, u_{1n})$，此处，$U_i$包含$n_i$个元素。

（2）建立评价结果集合。

参见杨力等（2013）、刘德海等（2014），令评语集 $V = \{v_1, v_2, v_3, v_4, v_5\}$，$v_1$定义为"非常好"，$v_2$定义为"好"，$v_3$定义为"一般"，$v_4$定义为"差"，$v_5$定义为"非常差"。

（3）对n_i个U_i指标进行评价。

令$\omega_i = (\omega_{i1}, \omega_{i2}, \cdots, \omega_{in})$为$U_i$中各因素的权向量，$\boldsymbol{R}_i$为单因素隶属度矩阵，则$B_i = \omega \cdot \boldsymbol{R}_i = (b_{i1}, b_{i2}, \cdots, b_{in})$是第$i$类因素的模糊综合评价集合。

（4）对第一层各子集进行综合评价。

令U_i是第一层的第i个评价因素，$\boldsymbol{B}_i$是第二层作为U_i的单因素综合评价向量，则$\boldsymbol{B} = \omega \cdot \boldsymbol{R}$为综合评价矩阵。

3.应急物流安全因子分析

参见谢建光（2012）、段爱华（2012）、王金凤等（2014）在物流安全决策中，都考虑了物流安全因子。此处，令θ_{ij}是公共卫生事件中救援第i阶段第j种医用救灾物资的应急物流安全影响因子。通过设置标准分值表（见表6-2），将该标准分值与应急物流安全所得分值加以比较。

表6-2 应急物流安全影响因子标准分值

	非常差	差	一般	好	非常好
分值区间	0.0~0.2（不包括0.2）	0.2~0.4（不包括0.4）	0.4~0.6（不包括0.6）	0.6~0.8（不包括0.8）	0.8~1.0

对照标准分值表，一方面可以直观地看出预案的整体评价情况，如某个预案的最终分值为0.7，即属于"好"等级，未达到"非常好"，则表示预案仍可能存在某些缺陷，需进一步完善。另一方面可以观察某一指标的各一级指标的评分，再对照标准分值表，如预案的一级指标中响应时间、费用、有效性和科学性的评分是0.79、0.39、0.71、0.83，显然此预案的费用指标分值较低，隶属"差"级别。所以此预案急需减少费用节约成本，根据其具体的采购、运输、储存和相关的社会成本，分析成本过高的因素，以便为预案的修改提供依据。

医用救灾物资储备安全与相关结构决策主要设定如下。

（1）假设$\tilde{x}_1$、$\tilde{x}_2$为应急物流安全模糊决策变量，插入正偏差变量$d^+ \vee 0$，负偏差变量$d^- \vee 0$。其中，$d^+ \vee 0$为目标偏离目标值β^+悲观正偏差；$d^- \vee 0$为目标偏离目标值β^-悲观负偏差。

（2）储备安全模糊约束。设储备安全模糊目标值允许发生正偏差或负偏差。

（3）储备安全模糊优先因子。医用救灾物资储备模式及结构优化决策者在追求最优化目标时有主次之分。按照达到目标的先后次序，分别设模糊优先因子$\tilde{p}_1$，$\tilde{p}_2,\cdots,\tilde{p}_k$，$\tilde{p}_{k+1}$，其中，$\tilde{p}_k$比$\tilde{p}_{k+1}$优先权更大。

（4）储备安全模糊目标函数。定义模糊目标函数为：
$$\min Z = \tilde{f}(d^+ \vee 0, d^- \vee 0)。$$

其又存在如下三种情况。

一是最接近安全目标值，即正负偏差最小的模糊目标函数：$\min Z = \tilde{f}(d^+ \vee 0 + d^- \vee 0)$。

二是安全目标值允许达不到，但模糊目标函数的正偏差变量尽可能小：$\min Z = \tilde{f}(d^+ \vee 0)$。

三是安全目标值要求超过，但模糊目标函数负偏差变量尽可能小：$\min Z = \tilde{f}(d^- \vee 0)$。

在求解基于应急物流安全的医用救灾物资储备模式与优化结构过程中，可根据决策者的偏好与要求赋予不同优先因子模糊目标，以此进一步建立储备安全的模糊目标函数。

在建立储备安全模糊多目标规划模型时，必须首先对各类医用救灾物资储备方式及其时间效率、运达数量等参数进行调查，并对调查的数据进行归一化处理。然后，对各二级安全子目标进行约束界定，此处，根据救援及物资配送进程，物资储备数量具有不确定性特征，因此本节运用梯形模糊数反映这一不确定性数值。

定义6.1.1　梯形模糊数变量由清晰数构成一个四元组（r_1, r_2, r_3, r_4），其中$r_1 < r_2 \leqslant r_3 < r_4$，其隶属度函数为：

$$\mu\left(x\right)=\begin{cases}\dfrac{x-r_1}{r_2-r_1},r_1\leqslant x\leqslant r_2\\1,r_2\leqslant x\leqslant r_3\\\dfrac{x-r_4}{r_3-r_4},r_3\leqslant x\leqslant r_4\\0\end{cases}$$

（5）参数及常量说明。

救灾物资配送安全的总目标可进行分解，二级安全子目标中的时间效率指标反映某种救灾物资的需求紧迫性；运达量指标表明对某种救灾物资需求量越大，则赋予该指标的值越大；储备成本指标反映医用救灾物资储备的成本控制情况。上述三项指标均根据问卷结果进行赋值，引进参数，如表6-3所示。

表6-3　救灾物资储备安全模糊多目标规划模型的参数说明

符号	解释
i	i代表救援活动的阶段，$i=1,2,3$
j	j表示医用救灾物资的种类，$j=1,2,3,\cdots,13$
h	$h=1$表示储备安全时效性、$h=2$表示物资运达量、$h=3$表示储备成本
k	k是储备方式序号，$k=1,2,3,4$
t_{ijk}	第i阶段第j种医用救灾物资用第k种储备方式的时效性指数，$t_{ijk}\geqslant 0$
p_{ijk}	第i阶段第j种医用救灾物资用第k种储备方式的成本指数，$p_{ijk}\geqslant 0$
u_{ijk}	第i阶段第j种医用救灾物资用第k种储备方式的保障效率，$0\leqslant u_{ijk}\leqslant 1$
θ_{ij}	第i阶段第j种医用救灾物资的应急物流安全影响因子
T	表示救援活动中对资金的限制
A_{ij}	表示第i阶段第j种医用救灾物资的安全库存量，$A_{ij}\geqslant 0$

注：基于汶川地震数据。

三、储备安全的结构模型

突发公共卫生事件发生后，假定首先考虑物流安全因素，然后再追求其他目标。应急物流负责配送三类医用救灾物资，第一类是生活品类，第二类是医药品类，第三类是救生品类。

（一）模型假设

（1）假设救灾物资需求仅限于上述物资。

（2）假设救灾物资储备安全受最低储备量限制。

（3）假设救灾物资储备能力是影响储备安全的关键因素。

（4）假设救灾物资储备安全受到资金量限制。

（二）变量解析

变量解析如表6-4所示。

表6-4　　　　储备安全模糊协同决策模型中的变量解析

变量	解释
$\tilde{x}_{ijk}$	第 i 阶段第 j 种医用救灾物资采用第 k 种储备方式的储备量，$\tilde{x}_{ijk} \geqslant \tilde{0}$
$d^{+} \vee 0$、$d^{-} \vee 0$	表示在总目标规划方程中子目标约束条件中所对应的偏差变量，$d^{+} \vee 0 \times d^{+} \vee 0 = \tilde{0}$
$d_{ijh}^{+} \vee 0$、$d_{ijh}^{-} \vee 0$	分别表示不同的医用救灾物资不同指标所对应的模糊偏差变量
W	医用救灾物资配送活动预期安全总目标
W_i	$i=1,2,3$ 时分别表示第一、二、三阶段的安全子目标

变量	解释
W_{ijh}	第i阶段第j种医用救灾物资采用第h项指标所反映安全目标的期望值
p_i	三个一级子目标在安全总目标中的权重因子，$i=1,2,3$
p_{ih}	二级安全子目标对应一级安全子目标的权重因子

（三）模糊协同决策模型构建

运用模糊规划理论，设$\min \tilde{f}_i$表示救援第i阶段的模糊安全目标值（用模糊词语高、中、低等表示）。令救援第i阶段第j种医用救灾物资第k项指标二级安全子目标为α_{ijk}，$\alpha_{ijk} = \dfrac{\sum\limits_{k=1}^{4} t_{ijk} \tilde{x}_{ijk}}{\sum\limits_{k=1}^{4} \tilde{x}_{ijk}}$，$k=1,2,3,4$。则一级安全子目标模糊规划$\min \tilde{f}_i$模型为：

$$\min \tilde{f}_i = p_{i1} \sum_{j=1}^{13} \theta_{ij} d_{ij1}^- \vee 0 + p_{i2} \sum_{j=1}^{13} \theta_{ij} d_{ij2}^- \vee 0 + p_{i3} \sum_{j=1}^{13} \theta_{ij} d_{ij3}^+ \vee 0 \quad （6-1）$$

$$\text{s.t.} \begin{cases} \alpha_{ij1} + d_{ij1}^- \vee 0 - d_{ij1}^+ \vee 0 = W_{ij1} \\ \alpha_{ij2} + d_{ij2}^- \vee 0 - d_{ij2}^+ \vee 0 = W_{ij2} \\ \alpha_{ij3} + d_{ij3}^- \vee 0 - d_{ij3}^+ \vee 0 = W_{ij3} \\ W_{ij2} \sum\limits_{k=1}^{4} \tilde{x}_{ijk} \geqslant A_{ij} \\ \tilde{x}_{ijk} \geqslant \tilde{0}; i=1,2,3; j=1,2,\cdots,13 \end{cases} \quad （6-2）$$

第一项约束为基于储备安全的时间效率模糊约束；第二项约束为基于储备安全的运达量可靠性约束；第三项约束为基于储备安全的储备成本模糊约束，为软约束；第四项约束为硬约束，是储备安全最低约束。将α_{ijk}代入式（6-2），则应急储备安全的子目标规划如式（6-3）所示。

$$\min W = \sum_{i=1}^{3} \tilde{p}_i \cdot d_i^- \vee 0$$

$$\text{s.t.} \begin{cases} \sum_{k=1}^{4} t_{ijk} \tilde{\tilde{x}}_{ijk} / \sum_{k=1}^{4} \tilde{\tilde{x}}_{ijk} - d_{ij1}^+ \vee 0 = W_{ij1} \\ \sum_{k=1}^{4} u_{ijk} \tilde{\tilde{x}}_{ijk} / \sum_{k=1}^{4} \tilde{\tilde{x}}_{ijk} - d_{ij2}^+ \vee 0 = W_{ij2} \\ \sum_{k=1}^{4} p_{ijk} \tilde{\tilde{x}}_{ijk} / \sum_{k=1}^{4} \tilde{\tilde{x}}_{ijk} - d_{ij3}^+ \vee 0 = W_{ij3} \\ \sum_{i=1}^{3} \tilde{\tilde{x}}_{ijk} \leqslant Q_j \\ W_{ij2} \sum_{k=1}^{4} \tilde{\tilde{x}}_{ijk} \geqslant A_{ij} \\ \tilde{\tilde{x}}_{ijk} \geqslant \tilde{0}; i=1,2,3; j=1,2,\cdots,13; k=1,2,3 \end{cases} \quad （6-3）$$

其中，第一项为基于储备安全的时间效率模糊约束；第二项为基于储备安全的运达量可靠性约束；第三项为基于储备安全的储备成本模糊约束，为软约束；第四项为基于储备安全的各种储备方式的储备能力限制；第五项为基于储备安全的安全库存限制；第六项为基于储备安全的最大需求量限制。用$\min \tilde{W}$表示储备安全模糊总目标，则目标函数为式（6-4）所示。

$$\min \tilde{W} = \sum_{i=1}^{3} \tilde{p}_i \cdot d_i^- \vee 0 \quad （6-4）$$

约束条件为式（6-5）：

$$\text{s.t.} \begin{cases} \min \overline{f} + d_i^- \vee 0 - d_i^+ \vee 0 = W_i; i=1,2,3 \\ d_i^- \vee 0 \geqslant \tilde{0}, d_i^+ \vee 0 \geqslant \tilde{0}; d_i^- \vee 0 \cdot d_i^+ \vee 0 = \tilde{0}; W_i \text{为常数}; \ i=1,2,3 \end{cases} \quad （6-5）$$

则医用救灾物资储备安全模糊总目标规划模型如式（6-6）所示。

$$\min W = \sum_{i=1}^{3} \tilde{p}_i \cdot d_i^- \vee 0$$

$$\text{s.t.} \begin{cases} \min \tilde{f}_i = p_{i1} \sum_{j=1}^{13} \theta_{ij} d_{ij1}^- \vee 0 + p_{i2} \sum_{j=1}^{13} \theta_{ij} d_{ij2}^- \vee 0 + p_{i3} \sum_{j=1}^{13} \theta_{ij} d_{ij3}^+ \vee 0 \\[2mm] \min \tilde{f} + d_i^- \vee 0 - d_i^+ \vee 0 = W_i \\[2mm] \sum_{k=1}^{4} t_{ijk} \tilde{x}_{ijk} / \sum_{k=1}^{4} \tilde{x}_{ijk} - d_{ij1}^+ \vee 0 = W_{ij1} \\[2mm] \sum_{k=1}^{4} u_{ijk} \tilde{x}_{ijk} / \sum_{k=1}^{4} \tilde{x}_{ijk} - d_{ij2}^+ \vee 0 = W_{ij2} \\[2mm] \sum_{k=1}^{4} p_{ijk} \tilde{x}_{ijk} / \sum_{k=1}^{4} \tilde{x}_{ijk} - d_{ij3}^+ \vee 0 = W_{ij3} \\[2mm] \sum_{i=1}^{3} \tilde{x}_{ijk} \leqslant Q_j \\[2mm] W_{ij2} \sum_{k=1}^{4} \tilde{x}_{ijk} \geqslant A_{ij} \\[2mm] \tilde{x}_{ijk} \geqslant \tilde{0}; i = 1, 2, 3; j = 1, 2, \cdots, 13; k = 1, 2, 3 \\[2mm] d_i^- \vee 0 \geqslant \tilde{0}, d_i^+ \vee 0 \geqslant \tilde{0}; d_i^- \vee 0 \cdot d_i^+ \vee 0 = \tilde{0}; i = 1, 2, 3 \end{cases} \quad (6\text{-}6)$$

通过上述模糊评价方法获取应急物流安全因子 θ_{ij} 的系数值，其他参数则通过专家咨询结果综合得出。

四、案例评价研究

以江苏省SARS公共卫生事件为应急物流储备安全案例进行如下分析。

（一）江苏省SARS公共卫生事件对应急物流安全影响的因子系数评价

根据初始指标体系的构建，收集江苏省SARS公共卫生事件的样本数据。对江苏省地理、区域及疫区状况进行调研，收集到应急物流安全评价的一手资料。预处理调研取得的数据，得到如表6-5所示的样本数据。利用SPSS对样本数据进行离散化处理，结果如表6-6所示。

表6-5　　　　　　　江苏省SARS公共卫生事件样本数据

	C_1	C_2	C_3	C_4	C_5	C_6	C_7	C_8	C_9	C_{10}	C_{11}	C_{12}	C_{13}	C_{14}	C_{15}
情景1	2	59	2	5	240	120	8	0.8	0.95	0.85	9	8	5	8	8
情景2	12	45	5	2	250	80	5	0.5	0.8	0.95	4	6	8	7	5
情景3	6	55	10	1	550	85	5	0.6	0.95	0.85	8	7	9	3	6
情景4	8	30	8	8	320	50	10	0.95	0.85	0.7	7	9	2	6	4
情景5	4	35	6	10	400	70	3	0.85	0.75	0.8	8	8	2	8	5
情景6	16	40	12	3	230	90	8	0.65	0.8	0.65	4	7	7	7	5
情景7	20	20	30	5	280	160	9	0.5	0.65	0.75	2	6	5	8	5
情景8	3	35	15	6	190	90	5	0.6	0.7	0.9	9	6	5	6	7
情景9	15	50	20	2	380	70	6	0.8	0.85	0.95	4	8	7	7	9
情景10	6	70	9	7	420	130	6	0.75	0.85	0.85	7	6	5	8	9

表6-6　　　　　　　　　　　　　离散化结果

	C_1	C_2	C_3	C_4	C_5	C_6	C_7	C_8	C_9	C_{10}	C_{11}	C_{12}	C_{13}	C_{14}	C_{15}
情景1	1	3	1	1	1	3	3	1	1	1	1	1	1	1	3
情景2	3	3	1	3	1	2	2	2	2	3	2	3	1	2	2
情景3	3	3	1	3	2	2	2	1	1	1	3	3	3	2	2
情景4	3	1	1	1	2	1	3	3	3	2	3	2	2	2	1
情景5	1	1	1	2	2	1	1	1	1	1	2	2	1	2	1
情景6	2	3	3	3	2	3	2	3	3	1	1	1	2	2	2

续表

	C_1	C_2	C_3	C_4	C_5	C_6	C_7	C_8	C_9	C_{10}	C_{11}	C_{12}	C_{13}	C_{14}	C_{15}
情景7	2	1	1	1	1	3	3	2	3	3	2	1	1	2	3
情景8	1	1	1	1	1	2	2	2	2	1	2	1	2	3	2
情景9	2	3	3	3	2	1	2	1	2	3	1	1	1	1	1
情景10	3	2	2	1	2	3	2	1	1	2	2	1	1	1	3

然后，运用样本数据离散化后的结果，在论域 U 中，对属性值分辨能力相同的指标进行简化，之后计算不可分辨关系。以下是详细的计算步骤。

对于成本指标 B_1 来讲，$S=\langle U, B_2 \rangle$，其中 $U=\{1, 2, 3, 4, 5, 6, 7, 8, 9, 10\}$，$B_2=\{C_4,C_5,C_6,C_7\}$。

根据不可辨关系计算得：

$U/ind(B_2)=\{\{1, 7\}, 2, 3, 4, 5, 6, 8, 9, 10\}$

$U/ind(B_2-\{C_4\})=\{\{1, 7\}, \{2, 8\}, 3, 4, 5, 6, 9, 10\}$

$U/ind(B_2-\{C_5\})=\{\{1, 7\}, \{2, 3\}, 4, 5, 6, 8, 9, 10\}$

$U/ind(B_2-\{C_6\})=\{\{1, 7\}, 2, 3, 4, 5, 6, 8, 9, 10\}$

$U/ind(B_2-\{C_7\})=\{\{1, 7\}, \{2, 6\}, 3, 4, 5, 8, 9, 10\}$

由此可得，$U/ind(B_2)= U/ind(B_2-\{C_6\}) \neq U/ind(B_2-\{C_4\}) \neq U/ind(B_2-\{C_5\}) \neq U/ind(B_2-\{C_7\})$

可以对 C_6 进行删除，同样地对 C_{14} 进行删除。

本案例中应急物流安全影响因子评价指标体系如图6-3所示。

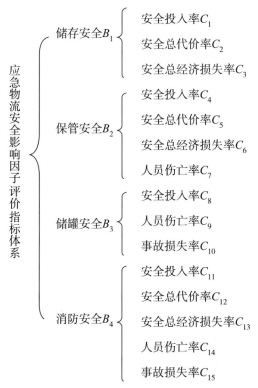

图6-3 应急物流安全影响因子评价指标体系

（二）应急物流安全影响因子评价指标权重的确定

首先构造模糊互补矩阵，如表6-7到表6-11所示。

表6-7   ***A-B*模糊互补矩阵**

	B_1	B_2	B_3	B_4
B_1	0.5	0.8	0.6	0.7
B_2	0.2	0.5	0.3	0.4
B_3	0.4	0.7	0.5	0.6
B_4	0.3	0.6	0.4	0.5

表6-8　　　　B-C模糊互补矩阵（相对于储存安全）

	C_1	C_2	C_3
C_1	0.5	0.7	0.8
C_2	0.3	0.5	0.6
C_3	0.2	0.4	0.5

表6-9　　　　B-C模糊互补矩阵（相对于保管安全）

	C_4	C_5	C_6
C_4	0.5	0.7	0.5
C_5	0.3	0.5	0.3
C_6	0.5	0.7	0.5

表6-10　　　　B-C模糊互补矩阵（相对于储罐安全）

	C_7	C_8	C_9
C_7	0.5	0.7	0.9
C_8	0.3	0.5	0.7
C_9	0.1	0.3	0.5

表6-11　　　　B-C模糊互补矩阵（相对于消防安全）

	C_{10}	C_{11}	C_{12}	C_{13}	C_{14}	C_{15}
C_{10}	0.5	0.4	0.4	0.6	0.4	0.5
C_{11}	0.6	0.5	0.5	0.7	0.3	0.7
C_{12}	0.6	0.5	0.5	0.7	0.5	0.4
C_{13}	0.4	0.3	0.3	0.5	0.4	0.6
C_{14}	0.5	0.4	0.3	0.7	0.5	0.7
C_{15}	0.6	0.7	0.5	0.4	0.7	0.6

将 A-B 模糊互补矩阵转化为 A-B 模糊一致矩阵，结果如表6-12所示。

表6-12　　　　　　　　　　A-B 模糊一致矩阵

	B_1	B_2	B_3	B_4
B_1	0.50	0.65	0.55	0.60
B_2	0.35	0.50	0.40	0.45
B_3	0.45	0.60	0.50	0.60
B_4	0.40	0.55	0.40	0.50

B 级指标权重计算：

$$\omega_{B_1} = \frac{2}{n(n-1)} \sum_{k=1}^{n} x_{ik} - \frac{1}{n(n-1)} = \frac{2}{4(4-1)}(0.5 + 0.65 + 0.55 + 0.6) - \frac{1}{4(4-1)} = 0.3$$

同理可得，$\omega_{B_2} = 0.2$，$\omega_{B_3} = 0.275$，$\omega_{B_4} = 0.225$。

则 B 的权重为：$\boldsymbol{\omega} = (0.3, 0.2, 0.275, 0.225)$。同理，$C$ 的权重分别为：$\boldsymbol{\omega}_1 = (0.417, 0.317, 0.266)$，$\boldsymbol{\omega}_2 = (0.367, 0.266, 0.367)$，$\boldsymbol{\omega}_3 = (0.433, 0.333, 0.234)$，$\boldsymbol{\omega}_4 = (0.242, 0.275, 0.275, 0.208)$。

（三）多目标综合评价

首先，设评语集 $V = \{V_1, V_2, V_3, V_4, V_5\}$，其中 V_1 为非常好，V_2 为好，V_3 为一般，V_4 为差，V_5 为非常差。同理，给出二级指标的模糊评价矩阵，如表6-13所示。

表6-13　　　应急物流储备二级安全指标模糊评价矩阵

	C_1	C_2	C_3	C_4	C_5	C_6	C_7	C_8	C_9	C_{10}	C_{11}	C_{12}	C_{13}
V_1	0.65	0.30	0.50	0.10	0.15	0	0.10	0.25	0.10	0.55	0.2	0.10	0.15

	C_1	C_2	C_3	C_4	C_5	C_6	C_7	C_8	C_9	C_{10}	C_{11}	C_{12}	C_{13}
V_2	0.25	0.45	0.20	0.15	0.20	0.15	0.30	0.55	0.35	0.30	0.45	0.10	0.75
V_3	0.05	0.15	0.10	0.45	0.35	0.55	0.35	0.15	0.40	0.10	0.20	0.35	0.10
V_4	0.05	0.10	0.10	0.20	0.25	0.10	0.20	0.10	0.10	0.05	0.10	0.30	0
V_5	0	0	0.10	0.10	0.05	0.20	0.05	0	0.05	0	0.05	0.15	0

在指标响应时间 B_1 中，二级指标 C_1，C_2，C_3 对应该层指标的模糊评价矩阵如下：

$$R_1 = \begin{bmatrix} 0.65 & 0.25 & 0.05 & 0.05 & 0 \\ 0.30 & 0.45 & 0.15 & 0.10 & 0 \\ 0.5 & 0.2 & 0.1 & 0.1 & 0.1 \end{bmatrix}$$

二级指标 C_1，C_2，C_3 的权重向量为：$\omega_1 = (0.417, 0.317, 0.266)$

根据公式计算出指标 B_1 的模糊综合评价关系为：

$$B_1 = \omega_1 \cdot R_1 = (0.417, 0.317, 0.266) \cdot \begin{bmatrix} 0.65 & 0.25 & 0.05 & 0.05 & 0 \\ 0.30 & 0.45 & 0.15 & 0.10 & 0 \\ 0.50 & 0.20 & 0.10 & 0.10 & 0.10 \end{bmatrix}$$

$$= (0.4992, 0.3001, 0.0950, 0.0792, 0.266)$$

同理，可分别得出指标 B_2、B_3、B_4 的模糊综合评价关系：

$$B_2 = (0.0766, 0.1633, 0.4601, 0.1766, 0.1234)$$

$$B_3 = (0.1500, 0.3950, 0.2951, 0.1433, 0.0334)$$

$$B_4 = (0.2468, 0.3799, 0.1963, 0.1221, 0.0550)$$

然后计算二级指标相对于一级指标 A 的综合评价向量，其中模糊评价矩阵为：

$$\boldsymbol{R} = \begin{bmatrix} R_1 \\ R_2 \\ R_3 \\ R_4 \end{bmatrix} = \begin{bmatrix} 0.4992 & 0.3001 & 0.0950 & 0.0792 & 0.0266 \\ 0.0766 & 0.1633 & 0.4601 & 0.1766 & 0.1234 \\ 0.1500 & 0.3950 & 0.2951 & 0.1433 & 0.0344 \\ 0.2468 & 0.3799 & 0.1963 & 0.1221 & 0.0550 \end{bmatrix}$$

指标 B_1、B_2、B_3、B_4 相对于指标 A 的权重向量为：$\boldsymbol{\omega} = (0.300, 0.200, 0.275, 0.225)$。

则方案的模糊综合评价向量为：

$$A = \boldsymbol{\omega} \cdot \boldsymbol{R} = (0.2618, 0.3168, 0.2458, 0.1259, 0.0462)$$

设评语集 $V = \{V_1, V_2, V_3, V_4, V_5\} = \{1, 0.8, 0.6, 0.4, 0.2\}$，则可计算出 θ_{ij} 与方案总评分值：$\theta_{11} = 0.25$，$\theta_{12} = 0.32$，$\theta_{13} = 0.35$；$\theta_{21} = 0.15$，$\theta_{22} = 0.15$，$\theta_{23} = 0$；$\theta_{31} = 0.45$，$\theta_{32} = 0.15$，$\theta_{33} = 0$；$\theta_{41} = 0.15$，$\theta_{42} = 0.25$，$\theta_{43} = 0.35$；$\theta_{51} = 0.55$，$\theta_{52} = 0.15$，$\theta_{53} = 0$。

（四）运算结果

通过咨询评估专家以获得输入变量权重，对于输入的变量采用梯形变量模糊集：$[C_1, A_1, B_1, D_1]$、$[C_2, A_2, B_2, D_2]$、$[C_3, A_3, B_3, D_3]$，分别代表低、中、高。通过调查问卷得到模糊语言值的模糊集，将其代入所建立医用救灾物资储备模式模型，运用MATLAB编程对模型求解，运行结果表明医用救灾物资配送前期、中期、后期，一级子目标在三个阶段的 $\min \tilde{f}$ 分别为0、0、0.015。运算结果表明，仅仅在救援后期阶段实际配送目标未达到预期目标，前两个阶段达到或超过预期，总体上比较理想。

各类医用救灾物资的储备安全情况如表6-14、表6-15、表6-16、表6-17、表6-18所示。

表6-14 基于储备安全的救灾食品储备结构

情景阶段	生产企业实物储备安全	物流企业实物储备安全	企业生产能力储备安全	政府储备安全	总储备量安全
救灾前期	[0, 0.1, 1.5, 2]	[5, 8, 13, 20]	[0, 0, 0, 0]	[0, 0, 0, 0]	[5, 8.1, 14.5, 22]
救灾中期	[0, 6, 11, 15]	[0, 2, 10, 18]	[0, 0, 0, 0]	[0, 1, 4, 9]	[0, 9, 25, 42]
救灾后期	[0, 18, 25, 35]	[0, 0, 0, 0]	[0, 22, 35, 40]	[0, 0, 0, 0]	[0, 40, 60, 75]
总储备量	[0, 24.1, 37.5, 52]	[5, 10, 23, 38]	[0, 22, 35, 40]	[0, 1, 4, 9]	[5, 57.1, 99.5, 139]

表6-15 基于储备安全的生活用品储备结构

情景阶段	生产企业实物储备安全	物流企业实物储备安全	企业生产能力储备安全	政府储备安全	总储备量安全
救灾前期	[0, 1, 6, 8]	[0, 8, 12, 20]	[0, 5, 10, 15]	[0, 2, 5, 10]	[0, 16, 33, 53]
救灾中期	[0, 10, 15, 20]	[0, 11, 16, 22]	[0, 2, 5, 11]	[0, 2, 6, 9]	[0, 26, 42, 62]
救灾后期	[0, 5, 13, 18]	[0, 0, 0, 0]	[0, 8, 16, 25]	[0, 1, 4, 8]	[0, 14, 33, 51]
总储备量	[0, 16, 34, 46]	[0, 19, 28, 42]	[0, 15, 31, 51]	[0, 5, 15, 27]	[0, 56, 108, 166]

表6-16 基于储备安全的救灾器械储备结构

情景阶段	生产企业实物储备安全	物流企业实物储备安全	企业生产能力储备安全	政府储备安全	总储备量安全
救灾前期	[0, 3, 10, 15]	[0, 15, 20, 30]	[0, 0, 0, 0]	[0, 5, 10, 15]	[0, 23, 40, 50]
救灾中期	[0, 10, 15, 20]	[0, 15, 25, 30]	[0, 0, 0, 0]	[0, 0, 0, 0]	[0, 25, 40, 50]

续表

情景阶段	生产企业实物储备安全	物流企业实物储备安全	企业生产能力储备安全	政府储备安全	总储备量安全
救灾后期	[0, 15, 22, 28]	[0, 0, 0, 0]	[0, 0, 0, 0]	[0, 0, 0, 0]	[0, 15, 22, 28]
总储备量	[0, 28, 47, 63]	[0, 30, 45, 60]	[0, 0, 0, 0]	[0, 5, 10, 15]	[0, 63, 102, 128]

表6-17　　　　　基于储备安全的医疗药品储备结构

情景阶段	生产企业实物储备安全	物流企业实物储备安全	企业生产能力储备安全	政府储备安全	总储备量安全
救灾前期	[0, 0, 0, 0]	[0, 15, 25, 30]	[0, 0, 0, 0]	[0, 5, 13, 20]	[0, 20, 38, 50]
救灾中期	[0, 20, 35, 50]	[0, 5, 10, 15]	[0, 0, 0, 0]	[0, 0, 0, 0]	[0, 25, 45, 65]
救灾后期	[0, 1, 5, 8]	[0, 0, 0, 0]	[0, 8, 18, 30]	[0, 0, 0, 0]	[0, 9, 23, 38]
总储备量	[0, 21, 40, 58]	[0, 20, 35, 45]	[0, 8, 18, 30]	[0, 5, 13, 20]	[0, 54, 106, 153]

表6-18　　　　　基于储备安全的医疗用具储备结构

情景阶段	生产企业实物储备安全	物流企业实物储备安全	企业生产能力储备安全	政府储备安全	总储备量安全
救灾前期	[0, 0, 0, 0]	[0, 12, 18, 30]	[0, 0, 0, 0]	[0, 5, 15, 20]	[0, 17, 33, 50]
救灾中期	[0, 20, 35, 50]	[0, 5, 15, 20]	[0, 0, 0, 0]	[0, 2, 5, 8]	[0, 27, 55, 78]

情景阶段	生产企业实物储备安全	物流企业实物储备安全	企业生产能力储备安全	政府储备安全	总储备量安全
救灾后期	[0，2，8，10]	[0，0，0，0]	[0，5，15，20]	[0，0，0，0]	[0，7，23，30]
总储备量	[0，22，43，60]	[0，17，33，50]	[0，5，15，20]	[0，7，20，28]	[0，51，111，158]

通过运算结果可对储备结构进行情景分析，具体如下所示。

（1）救灾前期情景。

基于储备安全的救灾食品储备结构方面，物流企业实物储备较多，生产企业次之，符合救灾前期特点；在救灾前期的生活用品储备结构方面，物流企业仍保持最高库存水平，可作为安全库存，政府储备最少，符合救灾前期特点；在救灾器械储备结构方面，物流企业储备也是最多。

（2）救灾中期情景。

基于储备安全的食品储备结构方面，生产企业实物储备较多，可以作为安全库存量，物流企业次之，符合救灾中期特点；在生活用品储备结构方面，物流企业保持最高库存水平，可以作为安全库存量；在救灾器械储备结构方面，物流企业储备是最多的，可以作为安全库存量，政府储备与企业生产能力储备最少。

（3）救灾后期情景。

基于储备安全的食品储备结构方面，企业生产能力储备最强，可以作为安全生产能力。生产企业实物储备能力较强，可以作为安全库存量，随着救灾进入后期，物流企业与政府的实物储备能力逐渐减弱，这符合救灾后期的特点。在生活用品储备结构方面，企业生产能力储备最强，可以作为安全生产能力。在救灾器械储备结构方面，生产企业实物储备能力最强，可以作为安全库存量。

突发公共卫生事件下的医用救灾物资储备与配送安全情景中，储备信息、储备安全具有不确定性模糊特点，要求用模糊语言预测医用救灾物资配送数量，在实际医用救灾物资配送中，能满足救灾中的动态需求特点。

本节通过构建基于应急物流安全的医用救灾物资储备模糊协同模型，经过反模糊化处理后运用MATLAB编程实现求解，验证模型的有效性，具有重要的实际意义。

可操作性分析如下所示。

①在公共卫生事件发生时，在确保应急物流安全的前提下开展应急物流及相关救援活动。分析路径为：公共卫生事件—应急物流安全影响—医用救灾物资储备结构影响。本节以江苏省SARS公共卫生事件中应急物流安全模糊协同决策的案例进行分析，具有重要的实际应用意义。

②通过上述救灾物资储备安全的协同决策的理论支持，加上与各级救灾物资储备库管理部门的协同，合理分析公共卫生事件救灾初期、中期及后期各项物资的分发、运输及配送活动，使公共卫生事件受灾区域群众的基本生活得到保障，减少公共卫生事件给灾区造成的财产损失，缓解灾区的受灾群众因灾害所致的恐惧心理。

第二节　基于情景层次的救灾物资调度
安全模糊协同决策

在前面构建了突发公共卫生事件下的情景层次模型，为本节的应急物流安全与模糊优化的协同决策奠定了基础，拟用以解决应急物流安全与应急物流优化协同决策问题。国内在情景层次方法的研究方面，主要有代鹏（2015）构建了情景层次模型，丰富了应急物流安全与协同救灾理论、方法；陈雪龙等（2016，2017）提出基于多粒度信息的情景层次方法，并开发应急物流原型系统。应用情景层次方法对应急物资调度安全进行协同决策的研究偏少。

一、救灾物资调度安全情景层次模型

（一）问题提出

突发公共卫生事件情景下，可将医用救灾物资调度流程分为三个阶段。图6-4反映了医用救灾物资调度安全运作流程。

（二）调度安全情景层次模型

1.物流安全情景粒层形式化

定义6.2.1　突发公共卫生事件下医用救灾物资调度安全的情景粒层，是由情景粒与情景粒之间的关系构成，用以支持突发公共卫生事件下某一层次决策者，情景粒层记为gl。给定医用救灾物资调度安全粒层gl_i^k如式（6-7）所示。

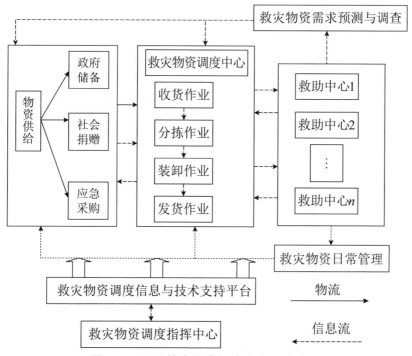

图6-4　医用救灾物资调度安全运作流程

$$g_l^k = (G_k, R_k) \qquad (6-7)$$

其中，$k=1$表示医用救灾物资供给阶段物流安全的情景粒层；$k \geqslant 1$表示在多粒层结果中的位置，如$k=2$表示医用救灾物资调度中心物流安全的情景粒层，$k=3$表示医用救灾物资分发阶段物流安全的情景粒层；g_l^k的情景粒集合为$G_k = \{g_i \mid i=1,2,\cdots,n\}$，$n$是情景粒数量，$g_l^k$中情景粒之间属性集的多元关系集为$R_k = \{r_i \mid i=1,2,\cdots,m\}$，$m$是情景粒属性集合间关系的个数。

2.情景层次模型

参照前面章节的相关理论，本节给出突发公共卫生事件下医用救灾物资调度安全的情景层次模型，表达式为式（6-8）。

$$SC = \left(GL, R^{SC} \right) \qquad (6-8)$$

其中，$GL = \{gl_i \mid i = 1, 2, \cdots, k\}$，表示医用救灾物资调度安全情景粒层的集合，$k$ 是该情景粒层的数量，对于任意 $gl_i \in C$，存在 $gl_i \leqslant gl_{i+1}$；此外，R^{SC} 表示相邻的粒层之间的映射集，$R^{SC} = \left\{ R_{i,i+1}^{SC} \mid i = 1, 2, \cdots, k-1 \right\}$，$R_{i,i+1}^{SC}$ 是 gl_i、gl_{i+1} 之间映射关系集合，描述相邻情景粒层由低层次向高层次转化的聚合过程。参见前文，给出三阶段情景粒层：$g_i^k (k = 1, 2, 3)$。医用救灾物资调度安全情景粒层包含的情景粒如表6-19所示。

表6-19　医用救灾物资调度安全情景粒层包含的情景粒

G_k	g_l^k	A_{gl}^k	P_{gl}^k	X_{gl}^k
G_1	g_1^1（政府储备）	{供给数量，储备安全，调度速度，供货点数量}	{供给数量，null；储备安全，null；隔离人数，null；调度速度，null；供货点数量，null}	{受灾区域 D}
	g_2^1（社会捐赠）	{供给数量，储备安全，调度速度，供货点数量}	{供给数量，null；储备安全，null；隔离人数，null；调度速度，null；供货点数量，null}	{受灾区域 D}
	g_3^1（应急采购）	{供给数量，储备安全，调度速度，供货点数量}	{供给数量，null；储备安全，null；隔离人数，null；调度速度，null；供货点数量，null}	{受灾区域 D}
G_2	g_1^2	{收货数量，收货流程安全，收货速度}	{收货数量，null；收货流程安全，null；收货速度，null}	{g_1^1, g_1^2}
	g_2^2	{分拣数量，收货流程安全，收货速度}	{分拣数量，null；分拣流程安全，null；分拣速度，null}	{g_3^1}
	g_3^2	{装卸数量，装卸流程安全，装卸速度}	{装卸数量，null；装卸流程安全，null；装卸速度，null}	{g_2^1, g_3^1}

G_k	g_l^k	A_{gl}^k	P_{gl}^k	X_{gl}^k
G_2	g_3^3	{发货数量，发货流程安全，发货速度}	{发货数量,null；发货流程安全,null；发货速度，null}	$\{g_1^1, g_3^2\}$
G_3	g_1^3	{物资的充足性，物资调度安全系数，灾害影响范围}	{物资的充足性，null；物资调度安全系数，null；灾害影响范围，null}	$\{g_1^2, g_2^2, g_3^2\}$

二、情景层次与模糊多目标决策协同

设定各情景粒间的作用关系具体变量如下。A 是调度中心，$A_1, A_2, \cdots, A_n$ 是 n 个供应点，$\tilde{x}$ 是用三角模糊数表示的医用救灾物资模糊需求量；A_i 用三角模糊数表示的资源限制为 $\tilde{x}_i$，（$\tilde{x}_i > \tilde{0}$）$i = 1, 2, \cdots, n$，$\sum_{i=1}^{n} \tilde{x}_i \geq \tilde{x}$，$\tilde{t}_i$ 是用三角模糊数表示的调度时间。物资调度速度 v 是常量，要求保证医用救灾物资连续供应条件下，确定医用救灾物资分发开始时间最早的选点优化方案。三角模糊数 $\tilde{s}$ 为调度安全起始时间，$\tilde{f}$ 为调度安全结束时间，由于 v 为物资消耗速度，则有：$\tilde{x} = (\tilde{f} - \tilde{s})v$。每个调度安全方案 φ 可表示为式（6-9）。

$$\varphi = \left\{ \left(A_{i_1}, \tilde{x}'_{i_1} \right), \left(A_{i_2}, \tilde{x}'_{i_2} \right), \cdots, \left(A_{i_m}, \tilde{x}'_{i_m} \right) \right\} \tag{6-9}$$

其中，$\tilde{0} < \tilde{x}'_{i_k} < \tilde{x}'_{j_k}$，$\sum_{k=1}^{m} \tilde{x}'_{i_k} \approx \tilde{x}$，$i_1, i_2, \cdots, i_m$ 是一个全排列，医用救灾物资安全供应点数目为 $N(\varphi)$，对于安全调度方案 φ 有 $N(\varphi) = m$。若方案 φ 对于 s 是连续可行的，对 $\forall \tilde{t} \in \left[\tilde{s}, \tilde{f} \right]$，都有：

$$\sum \tilde{x}'_{i_k} \geq (\tilde{t} - \tilde{s})\tilde{v}, \text{ 其中，} k \in \{ j \mid \tilde{t}_{ij} \leq \tilde{t}, j = 1, 2, \cdots, m \} \tag{6-10}$$

式（6-10）反映 $\tilde{t}$ 时刻，$\tilde{s}$ 连续可行且 $\varphi \geq (\tilde{s} - \tilde{t})$ 时医用救灾物资消耗量。由此可以得出 $\tilde{x} = (\tilde{f} - \tilde{s})v \Rightarrow \tilde{f} = \tilde{s} + \dfrac{\tilde{x}}{v}$。

医用救灾物资调度安全是个动态决策过程，必须兼顾"安全"情景粒与"优化"情景粒之间的协同问题，因此，在安全前提下要兼顾考虑调度优化的几个子问题。

（一）分发开始时间最早问题

令 $\chi_{\tilde{s}}$ 为基于调度安全的医用救灾物资分发起始时间，$\tilde{s}$ 是连续可行的方案集。分发开始时间最早可用 $\min_{\chi_{\tilde{s}} \neq \phi} \tilde{s}$ 表示。对于 φ 来说，运作安全的最早时间一定大于等于 $\min_{k=1,2,\cdots,m} t_{i_k}$，且小于等于 $\max_{k=1,2,\cdots,m} t_{i_k}$。再令 φ^* 为最优最早安全开始时间，则对于 $\sum_{k=0}^{p-1} \tilde{x}_k < \tilde{x} \leqslant \sum_{k=0}^{p} \tilde{x}_k$，

$\varphi^* = \left\{ (A_1, \tilde{x}_1), (A_2, \tilde{x}_2), \cdots, \left(A_p, \tilde{x} - \sum_{k=0}^{p-1} \tilde{x}_k\right) \right\}$，则 $s^* = \min_{\chi_{\tilde{x}} \neq \phi} \tilde{s}$，$\tilde{t}_1 \leqslant s^* \leqslant \tilde{t}_p \leqslant f^*$，

$\tilde{t}_p = \max_{k=1,2,\cdots,p} t_k$。若 $s^* \geqslant \tilde{t}_p$，$\varphi^*$ 一定可行；若 $s^* < \tilde{t}_p$，可以把 $\left[s^*, f^*\right]$ 分为 $\left[s^*, \tilde{t}_p\right]$ 与 $\left[\tilde{t}_p, f^*\right]$ 两个区间讨论。当 $\tilde{t}$ 取值在 $\left[s^*, \tilde{t}_p\right]$ 区间，对于最优安全方案 φ^*，$\tilde{t}$ 时刻安全到达调度中心 A 的医用救灾物资数量为：

$$\sum_{k \in \{j|\tilde{t}_{ij} \leqslant \tilde{t}, j=1,2,\cdots,n\}} \tilde{x}_k \geqslant \sum_{k \in \{j|\tilde{t}_{ij} \leqslant \tilde{t}, j=1,2,\cdots,m\}} \tilde{x}_{i_k} \geqslant \sum_{k \in \{j|\tilde{t}_{ij} \leqslant \tilde{t}, j=1,2,\cdots,m\}} \tilde{x}'_{i_k} \geqslant \left(\tilde{t} - s^*\right) v \quad (6\text{-}11)$$

当 $\tilde{t}$ 取值在 $\left[\tilde{t}_p, f^*\right]$ 时，$\tilde{t}$ 时刻安全到达调度中心 A 的医用救灾物资数量为：

$$x \geqslant \left(\tilde{t} - s^*\right) v \quad (6\text{-}12)$$

由于基于调度安全的最早起始时间 s^* 满足 $\tilde{t}_1 \leqslant s^* \leqslant \tilde{t}_p$，则式（6-13）成立：

$$s^* = \max_{k \in (1,2,\cdots,p)} \left(\tilde{t}_k - \sum_{i \in \{i|\tilde{t}_i \leqslant \tilde{t}_k, i=0,1,2,\cdots,p\}} \tilde{x}_i / v \right), \tilde{t}_0 = \tilde{0}, \tilde{x}_0 = \tilde{0} \quad (6\text{-}13)$$

则当$\tilde{t}_1 \prec \tilde{t}_2 \ldots \prec \tilde{t}_p$，$\varphi^*$对应的最早起始时间为$\max\limits_{k \in (1,2,\cdots,p)}\left(\tilde{t}_k - \sum\limits_{i=0}^{k-1}\tilde{x}_i / v \right)$。

（二）多救灾资源多目标问题

在调度安全基础上，考虑时间最短与供货点最少的多救灾资源多目标问题，即有一个物资调度中心A，n个医用救灾物资供货点$A_1, A_2, \cdots, A_n$，有$X_1, X_2, \cdots, X_m$等m种资源可供调度，用三角模糊数表达的需求量分别为：$\tilde{x}_1, \tilde{x}_2, \cdots, \tilde{x}_m$。$x_{ij}$是第$i$个供货点$A_i$的第$j$种资源库存量，令$\sum\limits_{i=1}^{n} x_{ij} \geq \tilde{x}_j$，且对于任意一个$A_i$，都有$x_{ij} \geq 0$，且不能全为0。供货点$A_i$到调度中心$A$所需时间确定为$t_i$，再令$t_1 \leq t_2 \leq \cdots \leq t_n$。救灾开始后，医用救灾物资调度中心需给出一个优化决策方案。

令可行方案集合$\phi = \{\phi_1, \phi_2, \cdots, \phi_m\}$，其中，$\phi_j = \Big\{ \big(A_{d_1}, \tilde{x}'_{d_1 j}\big),$ $\big(A_{d_2}, \tilde{x}'_{d_2 j}\big), \cdots, \big(A_{d_k}, \tilde{x}'_{d_k j}\big) \Big\}$表示第$j$种资源的救灾配送方案，且$\sum\limits_{i=1}^{k} \tilde{x}_{d_i j} = \tilde{x}_j$，$d_1, d_2, \cdots, d_j$是提供资源$j$的$n$个供应点中挑选出的供货点，且对第$j$种物资的供应数量用三角模糊数表示为$\tilde{x}'_{d_1 j}, \tilde{x}'_{d_2 j}, \cdots, \tilde{x}'_{d_k j}$，再令$\Omega$为全部方案集合，可行方案集合$\phi$如定义6.2.2。

定义6.2.2　记$N(\phi)$为供货点个数，$T(\phi)$为救灾开始时间，供应时间连续。其中，$T(\phi) = \tilde{\max}(t_i)$，$i = d_1, d_2, \cdots, d_k$，基于调度安全的多物资多目标模糊调度模型如下：

$$\tilde{\min} T(\phi)$$
$$\tilde{\min} N(\phi) \qquad\qquad (6\text{-}14)$$
$$\text{s.t. } \phi \in \Omega$$

可运用理想点法求最优解与最劣解。令$\tilde{\min} N(\phi)$与$\tilde{\min} T(\phi)$的最优解与最劣解分别为$\underline{\phi}'$、$\overline{\phi}'$、$\underline{\phi}''$、$\overline{\phi}''$，则非劣方案ϕ_v的接近度为式

（6-15）。

$$R_v = w_1 \frac{N(\phi')}{N(\phi_v)} + w_2 \frac{T(\phi'')}{T(\phi_v)} \qquad （6-15）$$

负理想点与非劣方案ϕ_v接近度为：

$$r_v = w_1 \frac{N(\phi_v)}{N(\underline{\phi'})} + w_2 \frac{T(\phi_v)}{T(\underline{\phi''})} \qquad （6-16）$$

式中w_1、w_2两者之和为1，考虑到个人偏好等因素影响，具体数值由专家评估得到，如二者取值均为0.5，则每个非劣方案对理想点的接近度为：

$$\varepsilon_v = \frac{R_v}{R_v + r_v}, \ 0 \leqslant \varepsilon_v \leqslant 1 \qquad （6-17）$$

按ε_v值的大小，对非劣方案进行排序，越靠前方案越优。

模型求解与算法如下。

1.$T(\phi'')$与$T(\overline{\phi''})$的求解

首先，计算$T(\phi'')$。由于$\phi' = \{\phi_1', \phi_2', \cdots, \phi_m'\}$，则可得到：$T(\phi'') = s^* = \max_m s_m^*$。对于可行的安全调度方案$\phi'$，由于在$T(\underline{\phi''})$与$t_n$时间段运行才能保证调度安全，则可令$T(\overline{\phi''}) = t_n$。

2.$N(\phi')$与$N(\overline{\phi'})$的求解

对于第j种物资，将n个供应点的库存量从大到小排列得到$x_{k_1 j}, x_{k_2 j}, \cdots, x_{k_n j}$，求出该序列的临界下标$p_j$，设

$$\phi_j = \left\{ \left(A_{k_1}, x_{k_1 j} \right), \left(A_{k_2}, x_{k_2 j} \right), \cdots, \left(A_{k_{p_j-1}}, x_{p_j-1 j} \right), \left(A_{k_{p_j}}, x_j - \sum_{i=1}^{p_j-1} x_{k_i j} \right) \right\}$$，其中，ϕ_j即第j

种医用救灾物资的调度方案，p_j即最少供货点的个数。令$N_{\max}$为临界下标的最大值，假设$N_{\max} \leqslant n(\phi) \leqslant n$成立，则可找出相应供货点组合，算法如下。

（1）首先求出$N_{\max}$，$N\left(\phi'\right)$，$N\left(\overline{\phi'}\right)$，$T\left(\phi''\right)$，$T\left(\overline{\phi''}\right)$。

（2）设备选供货点集合$R=\left\{A_1,A_2,\cdots,A_n\right\}$，$\theta=1$。

（3）令$n'=N_{\max}$，找出所有n'组合。

（4）若不存在某个n'组合，则转步骤（1）。

（5）从可行的n'组合方案中选出起始救灾时间最早的组合N_θ^*，并计算ε_θ。

（6）修正集合R，保留集合中$t_i<t'$的供货点。

（7）设$n'=n'+1$，$\theta=\theta+1$；如有$n_r\geq n'$转步骤（5），否则转步骤（1）；求出ε_θ的最大值所在方案即最优解，也是原问题的非劣解，并能求出最优调度方案。

三、案例分析

以2009年四川省暴发H1N1流感病毒疫情为例，疫情发生时，各级政府及军队立即行动起来运送大量救灾物资到灾区，救灾物资主要有食品、衣服、帐篷及药品等，鉴于广元市疫情较为严重，在广元市成立救灾物资调度中心，假设该中心标记为A，向广元市调运药品、衣物、食品的国家级救灾物资储备中心有10个。救灾物资到达调度中心A，再由调度中心A分发到青川、剑阁、旺苍、苍溪4个县与利州、朝天、元坝3个区，总共7个市辖的救助供货点。

运用第四章的情景层次方法与本章的模糊协同决策方法，试求解安全分发时间最早的最优调度方案。

（一）四川省H1N1流感病毒疫情的情景粒层泛化过程

通过情景粒层的泛化算法，可以得出突发公共卫生事件的疫情底

层情景粒层的初始化，以及粒层间的情景粒推理与粒层间的映射关系
计算三个步骤。

（1）2009年四川省H1N1流感病毒疫情中底层情景粒层的初
始化。

根据四川疫情实际情景与相关数据整理，抽取疫情数据集D（见
表6-20）。

表6-20　　　　　突发公共卫生事件的疫情数据集

D	φ	$v(\varphi)$
d_1	等级	三级响应
d_2	疫区中心纬度	北纬31度
d_3	病毒感染区域	280多个城镇
d_4	病毒感染人口	213.33万人
d_5	主要病毒感染区域	青川、苍溪、剑阁、旺苍、朝天、元坝、利州
d_6	青川	45
d_7	剑阁	67
d_8	苍溪	77
d_9	旺苍	25
d_{10}	元坝	24
d_{11}	朝天	21
d_{12}	利州	48
d_{13}	儿童	68

D	φ	$v(\varphi)$
d_{14}	老人	24
d_{15}	青壮年	34

将四川省发生疫情情景粒层gl_1以及数据集D输入，调用上述底层情景粒层初始化算法，即可完成H1N1疫情情景粒层的初始化，具体的初始化可在原型系统中实现，借助Matlab进行编程，通过上述算法调用，完成整个初始化过程。

（2）H1N1流感病毒疫情中的粒层间情景粒推理。

情景粒层gl_1、gl_2之间存在某种推理关系，因此，在泛化之前应完成情景粒层间的推理。可在H1N1流感病毒疫情原型系统中自动实现该推理过程。

（3）H1N1流感病毒疫情中的粒层间映射关系计算。

通过完成上述步骤，可获得情景粒层gl_1信息的泛化，进而根据gl_1信息的泛化递推得到gl_2信息的情景泛化过程。该泛化过程涉及的调用算法与算子，都在原型系统中自动完成。国家级物资储备库的供应信息如表6-21所示，病毒感染区域救灾物资模糊需求如表6-22所示。

表6-21　　　　　　国家级物资储备库的供应信息

	编号	$\tilde{t}_i$时间	药品$\tilde{x}_{i1}$（万箱）	衣物$\tilde{x}_{i2}$（万件）	食品$\tilde{x}_{i3}$（万箱）
成都	A_1	[0,5.5,8]	[0,800,1000]	[0,700,1200]	[0,600,900]
西安	A_2	[0,10.5,15]	[0,200,500]	[0,250,500]	[0,700,1000]

	编号	$\tilde{t}_i$时间	药品$\tilde{x}_{i1}$（万箱）	衣物$\tilde{x}_{i2}$（万件）	食品$\tilde{x}_{i3}$（万箱）
武汉	A_3	[0,18,30]	[0,600,1000]	[0,350,700]	[0,300,800]
郑州	A_4	[0,18,25]	[0,1000,2000]	[0,550,800]	[0,300,800]
长沙	A_5	[0,21,30]	[0,500,800]	[0,450,800]	[0,400,900]
合肥	A_6	[0,25,30]	[0,300,900]	[0,600,900]	[0,800,1200]
南宁	A_7	[0,32.5,40]	[0,500,800]	[0,900,1500]	[0,300,700]
北京	A_8	[0,33.5,50]	[0,600,1000]	[0,350,800]	[0,400,900]
沈阳	A_9	[0,35.48]	[0,1100,2000]	[0,450,700]	[0,300,800]
哈尔滨	A_{10}	[0,39,60]	[0,400,1400]	[0,550,800]	[0,900,1400]

表6-22　　　　　病毒感染区域救灾物资模糊需求

	药品$\tilde{x}_{i1}$（万箱）	衣物$\tilde{x}_{i2}$（万件）	食品$\tilde{x}_{i3}$（万箱）
总需求量$\tilde{x}_j$	[1000,2200,3500]	[1000,1900,3200]	[1000,1800,2500]
配送速度$\tilde{v}$	[60,100,130]	[100,200,300]	[200,400,500]

（二）$T(\underline{\phi''})$与$T(\overline{\phi''})$的求解过程

由于A_1至A_{10}供货点按时间长短进行升序排列，根据上述算法，药品以物资分发起始时间最早为目标的最优调度方案为：

$$\phi''_1 = (A_1,0,800,1000),(A_2,0,200,500),(A_3,0,600,1000),(A_4,0,1000,2000)$$

对应的最早安全起始时间为：$s_1^* = \max\limits_{k \in (1,2,\cdots,4)} \left(\tilde{t}_k - \sum\limits_{i \in \{i|\tilde{t}_i \leq \tilde{t}_k, i=0,1,2,\cdots,4\}} \tilde{x}_i / \tilde{v} \right)$

$$= \max\{(0,5,9),(0,3,7),(0,8,10),$$
$$(0,4,8)\} = 10$$

同理可求出衣物和食品的物资分发起始时间最早调度方案与最早安全起始时间。

$$\phi_2'' = (A_1,0,700,1200),(A_2,0,250,500),(A_3,0,350,700),(A_4,0,550,800)$$

$$s_2^* = 12.8$$

$$\phi_3'' = (A_1,0,600,900),(A_2,0,700,1000),(A_3,0,300,800),(A_4,0,300,800)$$

$$s_3^* = 18.5$$

此时，最佳调度方案为 $\phi'' = \{\phi_1'',\phi_2'',\phi_3''\}$；$T(\underline{\phi''}) = \max\{s_1^*,s_2^*,s_3^*\} = 18.5$；$T(\overline{\phi''}) = t_{10} = 61$。

（三）$N(\underline{\phi'})$ 与 $N(\overline{\phi'})$ 的求解过程

将10个供货点储备量从大到小进行排序，得到第一种医用救灾物资的临界下标为3，则最少供货点的个数 $N(\phi_1') = 3$，以此类推，求出 $N_{\max}$，$N(\phi_2') = 5$，$N(\phi_3') = 2$，故 $N_{\max} = 5$。找出供货点中的所有 n' 集合，找到最佳组合方案为 A_1、A_3、A_6、A_8、A_9。则 $N(\underline{\phi'}) = 5$，$N(\overline{\phi'}) = 10$。7个救助供货点所辖范围内的受灾群众对医用救灾物资分发数量限制如表6–23所示。

表6–23　　　　　　　　总需求模糊信息

	药品	衣物	食品
单批次可分发量 $\tilde{v}_j$	[0,100,200]	[0,200,300]	[0,400,600]
总需求量 $\tilde{x}_j$	[0,2000,3000]	[0,1800,2500]	[0,1500,2000]

通过将受灾群众分为G1、G2、G3三个组，每个组再按物资需求的紧迫性程度进行分类，很明显，儿童组对物资最急需，应该记为A；老人组次之，记为B；青壮年组排最后，应记为C。各个群组内受灾群众对各种

物资的需求量也随疫情发展动态变化具有不确定性，故仍然用三角模糊数表示，如表6-24所示。

表6-24 各种物资的模糊需求量

	药品	衣物	食品
G1	[0,2,3]	[0,3,4]	[0,4,6]
G2	[0,6,8]	[0,5,7]	[0,6,9]
G3	[0,8,12]	[0,7,10]	[0,6,9]

通过医用救灾物资调度安全情景粒层泛化与细化算法，以及模糊优化协同算法的综合应用，可得到基于物流安全与调度优化的受灾区域需求排序，发现青川急需程度最高，其次为剑阁、苍溪，最低的是利州。此外，求出基于应急物流安全的较为满意的医用救灾物资分配方案如下。

（1）医用救灾物资1：药品分配方案。

第1批：儿童，{[0,20,30],[0,30,40],[0,24,28],[0,6,9],[0,5,8],[0,4,6],[0,11,15]}

第2批：儿童，{[0,0,0],[0,0,0],[0,10,15],[0,6,9],[0,5,8],[0,4,6],[0,11,15]}

老人：{[0,18,20],[0,14,18],[0,12,15],[0,6,9],[0,4,6],[0,4,6],[0,6,10]}；

第3批：老人，{[0,0,0],[0,16,20],[0,24,28],[0,6,9],[0,8,12],[0,8,12],[0,12,15]}

青壮年，{[0,20,30],[0,0,0],[0,0,0],[0,0,0],[0,0,0],[0,0,0],[0,0,0]}

第4~5批：青壮年，{[0,100,130],[0,0,0],[0,0,0],[0,0,0],[0,0,0],[0,0,0],[0,0,0]}

第6批：青壮年，{[0,36,50],[0,65,79],[0,0,0],[0,0,0],[0,0,0],[0,0,0],[0,0,0]}

第7批：青壮年，{[0,0,0],[0,100,120],[0,0,0],[0,0,0],[0,0,0],[0,0,0],[0,0,0]}

第8批：青壮年，{[0,0,0],[0,12,15],[0,18,30],[0,0,0],[0,0,0],[0,0,0],[0,0,0]}

第9批：青壮年，{[0,0,0],[0,0,0],[0,100,120],[0,0,0],[0,0,0],[0,0,0],[0,0,0]}

第10批：青壮年，{[0,0,0],[0,0,0],[0,44,60],[0,56,70],[0,0,0],[0,0,0],[0,0,0]}

第11批：青壮年，{[0,0,0],[0,0,0],[0,0,0],[0,72,90],[0,28,40],[0,0,0],[0,0,0]}

第12批：青壮年，{[0,0,0],[0,0,0],[0,0,0],[0,100,120],[0,0,0],[0,0,0],[0,0,0]}

第13批：青壮年，{[0,0,0],[0,0,0],[0,0,0],[0,0,0],[0,6,10],[0,94,110],[0,0,0]}

第14批：青壮年，{[0,0,0],[0,0,0],[0,0,0],[0,0,0],[0,0,0],[0,27,40],[0,73,100]}

第15批：青壮年，{[0,0,0],[0,0,0],[0,0,0],[0,0,0],[0,0,0],[0,0,0],[0,100,150]}

（2）医用救灾物资2：衣物分配方案。

第1批：儿童，{[0,30,40],[0,40,50],[0,52,60],[0,18,19],[0,15,18],[0,12,16],[0,30,45]}

第2批：儿童，{[0,0,0],[0,0,0],[0,0,0],[0,0,0],[0,0,0],[0,0,0],[0,4,5]}

老人，{[0,15,20],[0,25,28],[0,30,35],[0,15,10],[0,10,16],[0,10,16],[0,15,20]}

青壮年，{[0,78,100],[0,0,0],[0,0,0],[0,0,0],[0,0,0],[0,0,0],[0,0,0]}

第3批：青壮年，{[0,150,160],[0,55,80],[0,0,0],[0,0,0],[0,0,0],[0,0,0],[0,0,0]}

第4批：青壮年，{[0,0,0],[0,200,250],[0,0,0],[0,0,0],[0,0,0],[0,0,0],[0,0,0]}

第5批：青壮年，{[0,0,0],[0,78,90],[0,126,160],[0,0,0],[0,0,0],[0,0,0],[0,0,0]}

第6批：青壮年，{[0,0,0],[0,0,0],[0,200,230],[0,0,0],[0,0,0],[0,0,0],[0,0,0]}

第7批：青壮年，{[0,0,0],[0,0,0],[0,55,70],[0,115,120],[0,35,50],[0,0,0],[0,0,0]}

第8批：青壮年，{[0,0,0],[0,0,0],[0,0,0],[0,0,0],[0,88,100],[0,108,110],[0,10,20]}

第9批：青壮年，{[0,0,0],[0,0,0],[0,0,0],[0,0,0],[0,0,0],[0,0,0],[0,200,220]}

第10批：青壮年，{[0,0,0],[0,0,0],[0,0,0],[0,0,0],[0,0,0],[0,0,0],[0,30,50]}

（3）医用救灾物资3：食品分配方案。

第1批：儿童，{[0,40,45],[0,60,70],[0,70,80],[0,25,39],[0,20,28],[0,16,20],[0,44,55]}

老人，{[0,18,20],[0,30,38],[0,30,35],[0,15,10],[0,10,16],[0,10,16],[0,15,20]}

第2批：老人，{[0,0,0],[0,0,0],[0,6,8],[0,3,6],[0,2,4],[0,2,4],[0,3,5]}

青壮年，{[0,195,200],[0,55,78],[0,50,55],[0,1620],[0,17,26],[0,15,26],

$[0,35,50]\}$

第3批：青壮年，$\{[0,0,0],[0,130,180],[0,110,120],[0,32,40],[0,34,50],[0,30,40],[0,68,80]\}$

第4批：青壮年，$\{[0,0,0],[0,100,120],[0,110,120],[0,32,40],[0,34,50],[0,30,40],[0,68,80]\}$

青壮年，$\{[0,0,0],[0,0,0],[0,35,50],[0,0,0],[0,0,0],[0,0,0],[0,0,0]\}$；

第5批：青壮年，$\{[0,0,0],[0,0,0],[0,25,40],[0,16,20],[0,17,25],[0,15,20],[0,35,50]\}$

在突发公共卫生事件的救灾过程中，要确保在应急物流安全的前提下开展应急物流运作活动。如本节的应急物资供应的不确定性问题，在无法精确配送和要保障应急物流安全的条件下如何科学合理地完成医用救灾物资配送任务，是首先要解决的一个现实问题。本节通过基于应急物流安全的模糊协同决策方法，可得到该算例中3种救灾物资在物资调度中心进行分配的顺序与方案，解决了物资供应过程中的短缺或浪费问题。本节根据H1N1流感病毒疫情的案例进行分析，结果表明，在不确定性的救灾物资调度安全运作中，模糊协同决策模型较之于一般模型具有可以实时、动态满足灾区物资需求的特点。案例中只能选择成都、武汉等4个供应点，在灾害发生的18.5小时后即可实施权衡了供货点数目最少以及时间最短这两个目标的最优调度方案。通过模糊协同决策模型的案例，可以实现医用救灾物资配送的公平与合理，动态满足受灾群众对衣物、药品等救灾物资的需求。

第三节　基于多维情景的应急物流安全跨区域协同鲁棒策略

Jin Zhang等（2013）在应急物流优化中运用了跨区域协同方法，此后，Fu-Sheng Chang等（2014）、Rodrigo等（2015）将随机优化、鲁棒优化等方法相结合，构建了重大洪涝灾害的跨区域应急协同模型。本节通过应急物流安全的跨区域协同、鲁棒协同的案例分析，检验构建的跨区域协同模型的实际应用性与科学性。

一、问题描述

在突发公共卫生事件下的应急物流安全决策中，存在两种"安全"现象，一种是静态的安全，即物流系统自身的"安全"；另一种是动态的安全，即在事件发生后救援灾区的"安全"功能。在兼顾这两种"安全"的前提下，本节首先考虑应急物流配送系统响应速度和时效性欠缺，所导致的受灾区域医用救灾物资紧缺或物资运输延误等广义的物流安全决策问题。其次，根据多个情景熵值确定受灾差异化区域（轻度、中度与重度），给出差异化区域之间应急物流安全协同方案的组合。最后，对应急物流安全协同运作的鲁棒性进行检验，给出突发公共卫生事件下应急物流安全鲁棒控制策略。

令应急物流安全系统有T个计划期，是在$[0,T]$期间监测及完成物流安全任务。将$[0,T]$分割为n期(t_{k-1}, t_k)，整个任务中有k个应急品目和J个需求点。应急物流安全系统基本功能有：既保障物流系统自身的安全，又在动态灾害情景中执行应急物流的功能，并通过跨区域协同、鲁棒性协同，检验应急物流安全系统的效率。

（一）假设条件

（1）假设在突发公共卫生事件中决策者能够获得物流安全影响的多维情景序列，最终获得应急物流安全系统的状态信息。

（2）假设应急物流安全系统各状态库存受到应急物流安全操作规范及其耗时等因素的制约，其他非关键因素对应急物流安全与效率的影响暂时不考虑。

（3）假定应急物流安全系统的可及性信息部分已知、部分缺失。

（4）假设在满足灾区自身需求后，才将剩余物资运往其他灾区，跨区域协同的方向是轻度运往中度灾区、轻度运往重度灾区、中度运往重度灾区。

（5）假定应急物流安全系统在运作优化时，应急部门能够动员包括军用车辆的所有交通运输工具协助。

（二）变量解释

1.多维情景变量

令应急物流安全的多维情景空间为 $S = (S_1, S_2, S_3, S_4)^{\mathrm{T}}$，其中，$S_j$ 是其情景特征的子空间之一。预警期的情景空间 S_1 较短，时刻用 t_1 表示，所代表的是事件暴发的前几秒到 t_1 时刻的情景空间。可令 S_1 为预警期，发生时刻为 t_1；S_2 为暴发期，发生时刻为 $t_1 \sim t_2$；S_3 为缓解期，发生时刻为 $t_2 \sim t_3$；S_4 为善后期，发生时刻为$t_3 \sim t_4$。令突发公共卫生事件中应急物流安全的多维情景因子为$Sc' = (H, A, E) = (Hu, Pr, Ne) = (ex, ph, ge, hs)$。其中，致灾因子$ex = (h_1, h_2, h_3, h_4)^T$，$h_1, h_2, h_3, h_4$分别表示疫情发展、受灾面积、疫情重现期以及持续时间。建筑物、仓库等承灾体为$ph = (a_1, a_2, a_3)^T$，其中，a_1, a_2, a_3分别表示承灾体的名称、抗灾状态、损毁程度。$ge \cdot hs = (e_1, e_2, e_3)^T$是孕灾环境，其中，$e_1, e_2, e_3$分别表示地理位置、人口密度、受灾人数（包括死亡与受伤人数）。根据上述分析，构建事件中应急物流安全的情景序列如下：

$$Sc = \left(Sc'_{t_1}, Sc'_{t_2}, Sc'_{t_3}, Sc'_{t_4}\right) = \left\{ \left(H_{t_1}, A_{t_1}, E_{t_1}\right), \left(H_{t_2}, A_{t_2}, E_{t_2}\right), \left(H_{t_3}, A_{t_3}, E_{t_3}\right), \left(H_{t_4}, A_{t_4}, E_{t_4}\right) \right\}$$

$$= \left\{ \left(ex_{t_1}, ph_{t_1}, ge_{t_1}, hs_{t_1}\right), \left(ex_{t_2}, ph_{t_2}, ge_{t_2}, hs_{t_2}\right), \left(ex_{t_3}, ph_{t_3}, ge_{t_3}, hs_{t_3}\right), \right.$$
$$\left. \left(ex_{t_4}, ph_{t_4}, ge_{t_4}, hs_{t_4}\right) \right\}$$

$$= \left\{ \left[\left(h_{1t_1}, h_{2t_1}, h_{3t_1}, h_{4t_1}\right), \left(a_{1t_1}, a_{2t_1}, a_{3t_1}\right), \left(e_{1t_1}, e_{2t_1}, e_{3t_1}\right) \right], \right.$$
$$\left[\left(h_{1t_2}, h_{2t_2}, h_{3t_2}, h_{4t_2}\right), \left(a_{1t_2}, a_{2t_2}, a_{3t_2}\right), \left(e_{1t_2}, e_{2t_2}, e_{3t_2}\right) \right],$$
$$\left[\left(h_{1t_3}, h_{2t_3}, h_{3t_3}, h_{4t_3}\right), \left(a_{1t_3}, a_{2t_3}, a_{3t_3}\right), \left(e_{1t_3}, e_{2t_3}, e_{3t_3}\right) \right],$$
$$\left. \left[\left(h_{1t_4}, h_{2t_4}, h_{3t_4}, h_{4t_4}\right), \left(a_{1t_4}, a_{2t_4}, a_{3t_4}\right), \left(e_{1t_4}, e_{2t_4}, e_{3t_4}\right) \right] \right\}$$

给出受灾区域$v_{j'}$序列$W = (w_1, w_2, \cdots, w_z)$为受灾程度属性的综合熵权重集合，$W' = (w'_1, w'_2, \cdots, w'_z)$为属性$v_{j'}$的综合客观熵权重集合，$W'' = (w''_1, w''_2, \cdots, w''_z)$为属性$v_{j'}$的综合主观熵权重集合，将受灾区域按受灾情况界定为三类，第一类为轻度，第二类为中度，第三类为重度。

2. 应急物流安全变量

模型针对的是为了受灾区域安全而采取的应急物流活动，除涉及4个状态变量，即出救点库存、在途库存、灾区库存、受灾人数，还设置仓库中转候选点、应急品目（w）的权重以及二进制变量z（表示是否选中）等参数。因本节主要关注的是应急物流安全的动态决策，其余与应急物流安全与配送相关的变量均与时间t相关。参数、变量的定义如下。

$D^a_{k,j}(t)$是t时刻应急需求点j对应急物资k的实际需求量；$S^a_{k,i}(t)$是t时刻第i集货点对应急物资k的实际供应量；$c_i(t)$是t时刻第i集货点车辆容量；$c_l(t)$是t时刻中转站l可用的车辆容量；$c_{il}(t)$是t时刻第i集货点到l的单位运输费用；$c_{lj}(t)$是t时刻从l到j的单位运输费用；$D_{k,j}(t)$是t时刻j所需物资k的量；FC_l是中转点l的建设费用；$ms_k(t)$是t时刻应急物资k配送安全度极小值；$R_{il}(t)$是t时刻i到l的配送时间；$R_{lj}(t)$是t时刻l到j的运输时间；$S_{k,i}(t)$是t时刻集货点i物资k的集货数量；$S_{k,j}(t)$是t时刻需求点j对物资k运达的满意度；$TC_{il}(t)$是t时刻i到l的总运输费用；$TC_{lj}(t)$是t时刻l到j的总运输费用；$T_{il}(t)$是t时刻i到l的实际运输时间。假定$T_{il}(t)=R_{il}(t)$；$T_{lj}(t)$是t时刻中转候选仓库l至j的实际运输时间。假定仓库l调运物资到需求点j，则$T_{lj}(t)=R_{lj}(t)$，否则为0；W_k是物资k包装后的体积；$x_{k,lj(t)}$是t时刻中转候选仓库l调运到需求点j的备货数量；$y_{k,il(t)}$是t时刻第i集货点调运应急物资k到l的量；$z_l=0$和$z_l=1$，分别表示l是否被选为中转仓库。

（三）跨区域协同关联分析

根据模型的边界与假设，将应急物流安全系统分为受灾子系统、应急物流配送系统与应急安全反馈子系统。

（1）受灾子系统：反映受灾人数随事件动态变化的情况，受灾人数中包含受伤人数、死亡人数、失踪人数与康复人数。主要关联：受伤人数→死亡率，康复人数→康复率。

（2）应急物流配送系统：描述突发公共卫生事件发生后应急物资

从集货到分发的整个环节。主要关联：应急物资集货速率→供应点库存→应急物资分发速率→在途库存→应急物资抵达速率→受灾地库存→应急物资发放速率→需求满意度。其中，整个医用救灾物资配送过程中物流安全因素制约医用救灾物资的分发速率、抵达速率及发放速率。

（3）应急安全反馈子系统：以应急物资供应点补给的反馈回路为核心，体现未来某个时段实现应急物资供需的平衡。主要关联：受灾点安全需求→安全呼救→安全反馈→应急物资分发速率→在途库存→安全反馈→供应点补给决策。此外，在因果关联分析中特意设计物流安全所导致的延迟性来刻画这一特点，其余，如在途库存、在途库存反馈也同样存在应急物流安全因素的制约。

根据突发公共卫生事件的多维情景熵权，确定灾害对不同区域的差异化影响，给出差异化区域之间应急物流安全协同方案的组合如下。

方案一：轻度—中度、中度—重度，综合考虑应急物流安全与物流效率等因素，在满足自身需求后，轻度灾区将剩余物资配送到中、重度灾区。因此，可在方案一中加入两个辅助变量：轻—中应急物资配送速率、中—重应急物资配送速率。在跨区域应急协同过程中，受到应急物流安全、轻度灾区库存与需求等因素的制约，仅当物流安全达到一定水平，以及轻度灾区医用救灾物资库存大于需求时，轻度灾区才有能力去救助中度与重度灾区。

方案二：轻—重、中—重，即轻、中度灾区协同实施救援，在方案二中有轻—重应急物资配送速率、中—重应急物资配送速率两个辅助变量。

方案三：轻—中、轻—重、中—重，即轻、中度灾区自身需求得到满足后再救援重度灾区。方案三中有轻—重应急物资配送速率、轻—中应急物资配送速率、中—重应急物资配送速率三个辅助变量。

二、应急物流安全鲁棒决策

（一）鲁棒优化目标

（1）物流成本 f_1 最小。令 f_1 为医用救灾物资配送成本，优化目标函数为 $\min f_1 = \sum_l FC_l \cdot z_l + \sum_t \sum_i \sum_l TC_{il}(t) + \sum_t \sum_i \sum_l TC_{lj}(t)$，其中，$\sum_l FC_l \cdot z_l$ 是中转仓库的建设成本，$TC_{il}(t)$ 为上游运输成本，$TC_{lj}(t)$ 为下游运输成本。

（2）救灾时间 f_2 最短。令 f_2 为医用救灾物资配送时间，优化目标函数为：$\min f_2 = \sum_t \sum_i \sum_l TC_{il}(t) + \sum_t \sum_i \sum_l TC_{lj}(t)$。

（3）应急物流安全是提高医用救灾物资配送效率的前提，没有安全的基础，其余的优化目标不能实现。设 f_3 表示应急物流安全极大化，优化目标函数为 $\max f_3 = \sum_t \sum_k ms_k(t)$。应急物流安全度为

$$ms_k(t) = \min_j \left\{ S_{k,j}(t) \right\} = \left\{ \frac{\sum_l x_{k,lj}(t)}{D_{k,j}^a(t)} \right\}, \ \forall t, k。$$

（二）鲁棒优化约束

（1）应急物流安全的上述三个优化目标函数确定后，首先考虑无效物流问题，保证应急物流效率有效性的约束为：

$$\sum_l \sum_j x_{k,lj}(t) \leqslant \sum_j D_{k,j}^a(t)，且 \sum_l \sum_j x_{k,lj}(t) \leqslant \sum_i S_{k,i}^a(t)，\ \forall t, k。$$

（2）同理，为避免医用救灾物资出救点、中转站出现空转，给定约束：$\sum_i y_{k,il}(t) = \sum_j x_{k,lj}(t)$，$\forall t,k,l$。

（3）为了保证应急物流安全，物资不能超载运输，故有约束：$\sum_l x_{k,lj}(t) \leqslant D_{k,j}^a(t)$，$\forall t,k,j$。保障仓储安全与效率的中转站选址约束为：$\sum_i y_{k,il}(t) \leqslant M \cdot Z_l$，$\forall t,k,i$。医用救灾物资集货站装运已集齐的医用救灾物资约束为：$\sum_i y_{k,il}(t) \leqslant S_{k,i}^a(t)$，$\forall t,k,i$。医用救灾物资订购约束为：$y_{k,il}(t) \in \{0,1,2,\cdots,n\}$，$\forall t,k,i,l$，$x_{k,lj}(t) \in \{0,1,2,\cdots,n\}$，$\forall t,k,l,j$，$z_l \in \{0,1\}$，$\forall l$。

（4）随机安全因素约束。灾区应急物资供应点 i 基于随机安全的供应能力约束，如式（6–18）所示。每个医用救灾物资需求点 j 基于随机安全因素实际需求量的约束如（6–19）所示。

$$\begin{cases} S_{k,i}^a(t) = S_{k,i}(t), \forall k,i; t=1 \\ S_{k,i}^a(t) = S_{k,i}(t) + \left[S_{k,i}^a(t-1) - \sum_l y_{k,il}(t-1) \right], \forall t,k,i; t \geqslant 2 \end{cases} \quad (6\text{--}18)$$

$$\begin{cases} D_{k,j}^a(t) = D_{k,i}(t), \forall k,j; t=1 \\ D_{k,j}^a(t) = D_{k,j}(t) + \left[D_{k,j}^a(t-1) - \sum_l x_{k,lj}(t-1) \right], \forall t,k,j; t \geqslant 2 \end{cases} \quad (6\text{--}19)$$

（三）鲁棒协同

在跨区域协同基础上，构建鲁棒协同策略如下。

（1）对于 $e_i \in E$，有应急安全随机转移矩阵 $\boldsymbol{S}(u)$，取 $u_j \in U$，计算安全可能度矩阵 $\boldsymbol{P}_{ni}$ 及其排序向量 $\boldsymbol{W} = (w_1, w_2, \cdots, w_n)$，设其最大安全分量为 w_{j_0}，即 $w_{j_0} = \max\limits_{1 \leqslant i \leqslant n} w_i$，记 $b_{n-1,i} = G_n(e_i, u_{j_0})$，则 u_{j_0} 是应急物流安全鲁棒优化问题 $\max C_n(u_j) \wedge \boldsymbol{B}_n(f(e_i, u_j))$ 或

$\min C_n\left(u_j\right)\wedge B_n\left(f\left(e_i,u_j\right)\right)$的解，记$u_n\left(i\right)=u_{j_0}$。

（2）对于$e_i\in E$，实行策略（1），对于应急物流安全鲁棒优化目标序列$B_k\left(1\leqslant k\leqslant n\right)$，对于固定的$i$任意取$u_j\in U$，算出$G_k\left(e_i,u_j\right)=C_k\left(u_j\right)\wedge B_k\left(f\left(e_i,u_j\right)\right)$，进而求出应急物流安全鲁棒最优化问题$\max C_k\left(u_j\right)\wedge B_k\left(f\left(e_i,u_j\right)\right)$，即求随机序列$G_k\left(e_i,u_1\right),G_k\left(e_i,u_2\right),\cdots,G_k\left(e_i,u_m\right)$的可能度矩阵$P_{ki}$的排序向量，令其分量最大者为$w_{j_0}$，则$w_{j_0}=\max\limits_{1\leqslant i\leqslant n}w_i$，记$u_k\left(i\right)=u_{j_0}$，那么$u_k\left(i\right)$为应急物流安全鲁棒最优化问题$\max C_k\left(u_j\right)\wedge B_k\left(f\left(e_i,u_j\right)\right)$的最优解，记为$b_{k-1,i}=G_k\left(e_i,u_{j_0}\right)$。

（3）对于$e_i\in E$，实行策略（2），得到$B_{k-1}=\left(b_{k-1,1},b_{k-1,2},\cdots,b_{k-1,l}\right)$。分别令$k=n,n-1,\cdots,2,1$，循环策略（1）、（2）$n$次，即可得到应急物流安全的鲁棒最优解。

（4）对于应急安全状态$e\left(t_0\right)=e_{i_0}$，$k=1$时可得到$B_1$的最优输入$u_1\left(i_0\right)$，进而$e\left(t_1\right)=f\left(e_{i_0},u_{i_0}\right)$，直至$k=n$，得到$u_n\left(i_{n-1}\right)$，再由$e\left(t_n\right)=f\left(e_{i_{n-1}},u_n\left(i_{n-1}\right)\right)$进而得到$u^{\Delta}=\left(u_1\left(i_0\right),u_2\left(i_1\right),\cdots,u_n\left(i_{n-1}\right),e\left(t_n\right)\right)\in U^*$，由$\max C_k\left(u_j\right)\wedge B_k\left(f\left(e_i,u_j\right)\right)$可知，$u^{\Delta}$满足$F\left(u\right)=C_1\left(u\left(t_1\right)\right)\wedge C_2\left(u\left(t_2\right)\right)\wedge\cdots C_n\left(u\left(t_n\right)\right)$，寻找$u^{\Delta}\in U^*$，使$F\left(u^{\Delta}\right)=\underset{u\in U_*}{\vee}F\left(u\right)$，有$u^{\Delta}=\left(u^{\Delta}\left(t_1\right),u^{\Delta}\left(t_2\right),\cdots,u^{\Delta}\left(t_n\right)\right)$，$u^{\Delta}\left(t_n\right)$为跨区域协同的应急物流安全鲁棒最优解。

（四）应急物流安全鲁棒H_{∞}控制

定理6.3.1　对于应急物流安全初始最优解$u^{\Delta}=\left(u^{\Delta}\left(t_1\right),u^{\Delta}\left(t_2\right),\cdots,u^{\Delta}\left(t_n\right)\right)$，在存在外部安全与其他扰动情况下，应急物流安全反馈H_{∞}控制器如式（6-20）所示。

$$u^\Delta(t+1) = x(k+1) = Ax(k) + A_d x(k-d_1) + B_1 w(k) + B_2 u(k) + B_d u(k-d_2)$$
$$z(k) = Cx(k) + C_d x(k-d_1) + D_{11} w(k) + D_{12} u(k) + D_d u(k-d_2)$$

$$(6-20)$$

其中，$x(k) \in \mathbf{R}^n$为应急物流安全总目标最优；$u(k) \in \mathbf{R}^m$为输入；$w(k) \in \mathbf{R}^l$为扰动输入；$z(k) \in \mathbf{R}^p$为控制输出，值为正数时满足：$0 \leqslant d_i < \infty, i=1,2$。此外，$w(k)$到$z(k)$最优应急安全闭环系统如式（6-21）所示。

$$u^\Delta(t+1) = x(k+1) = A_K x(k) + A_d x(k-d_1) + B_1 w(k) + B_d K x(k-d_2)$$
$$z(k) = C_K x(k) + C_d x(k-d_1) + D_{11} w(k) + D_d K x(k-d_2)$$

$$(6-21)$$

其中，$A_K = A + B_2 K$，$C_K = C + D_{12} K$。

引理 6.3.1　若$0 \leqslant d_i < \infty, i=1,2$，对于$\gamma > 0$，若存在$\boldsymbol{P}$、$\boldsymbol{R}_1$和$\boldsymbol{R}_2$等正定矩阵，使式（6-22）成立，则式（6-21）具有二次稳定性。

$$\begin{bmatrix} -\boldsymbol{P}^{-1} & \boldsymbol{A}_K & \boldsymbol{A}_d & \boldsymbol{B}_d & \boldsymbol{B}_1 & 0 \\ \boldsymbol{A}_K^{\mathrm{T}} & -\boldsymbol{P}+\boldsymbol{R}_1+\boldsymbol{K}^{\mathrm{T}}\boldsymbol{R}_2\boldsymbol{K} & 0 & 0 & 0 & \boldsymbol{C}_K^{\mathrm{T}} \\ \boldsymbol{A}_d^{\mathrm{T}} & 0 & 0 & 0 & 0 & \boldsymbol{C}_d^{\mathrm{T}} \\ \boldsymbol{B}_d^{\mathrm{T}} & 0 & 0 & -\boldsymbol{R}_2 & 0 & \boldsymbol{D}_d^{\mathrm{T}} \\ \boldsymbol{B}_1^{\mathrm{T}} & 0 & 0 & 0 & 0 & \boldsymbol{D}_{11}^{\mathrm{T}} \\ 0 & \boldsymbol{C}_K & \boldsymbol{C}_d & \boldsymbol{D}_d & \boldsymbol{D}_{11}^{\mathrm{T}} & -\boldsymbol{I} \end{bmatrix} \qquad (6-22)$$

引理 6.3.2　在应急物流安全可控基础上，给出应急物流安全费用的控制。给定d_k为k时刻应急物资需求，τ为应急物流安全时滞参数，$0 \leqslant \tau < \infty$，则应急物流安全总费用控制表达式为$z_k = f_1 = \sum_l FC_l \cdot z_l + \sum_t \sum_i \sum_l TC_{il}(t) + \sum_t \sum_i \sum_l TC_{lj}(t)$。中转仓库建设费用为：$C_1 = \sum_l FC_l z_l$。上游运输费用为：$C_2 = \sum_t \sum_i \sum_l TC_{il}(t)$。

下游运输费用为：$C_3 = \sum_t \sum_i \sum_l TC_{lj}(t)$。应急物流安全总费用优化的前提下，给出鲁棒安全控制策略如式（6-23）所示。

$$z_k = (C_1 + \Delta C_1)x_k + (C_2 + \Delta C_2)u_{1,k} + (C_3 + \Delta C_3)u_{2,k} \quad （6-23）$$

$\Delta C_1, \Delta C_2, \Delta C_3$ 为应急物流安全不确定性所导致的运作费用，$u_{1,k}$ 为 k 时刻应急物资从供应点调拨至中转仓库的量，$u_{2,k}$ 为中转仓库调拨应急物资至需求点的量。此时，$\boldsymbol{B}_1 = (1,0)$，$\boldsymbol{B}_2 = (0,1)$，$\boldsymbol{C} = c_1$，$\Delta \boldsymbol{C} = \Delta c_1$，$\boldsymbol{D} = (c_2, c_3)$，$\Delta \boldsymbol{D} = (\Delta c_2 + \Delta c_3)$。定义 γ 是应急物流安全抑制因子，若 $\|z\| / \|d\|_2 \leqslant \gamma$，$\gamma$ 越小，应急物流安全性能越好，通过应急物流安全反馈 H_∞ 控制策略，可得到应急物流安全最优控制 u_k，进一步抑制"牛鞭效应"。

三、案例分析

以长三角地区发生的重大公共卫生事件为例。苏浙皖三地开展相应的联防应急机制，应急救援信息及时沟通、应急响应和合作协查等机制启动，在长三角地区形成一个跨区域应急协同机制，针对重大气象灾害所致疫情启动医用救灾物资跨区域协同决策系统，设置相关参数如表6-25所示。设置跨区域应急物流系统的决策模型步长为1天，取30天为模型仿真运行时长，即每次观察30个决策周期，设置整个长三角地区的医用救灾物资生产能力系数为0.95，应急运输常态时间为0.5天，延迟因素为1天，应急调整为0.5天。设应急物流安全系统应急安全状态、输入分别为：$\boldsymbol{E} = (e_1, e_2, e_3, e_4)$、$\boldsymbol{U} = (u_1, u_2, u_3, u_4, u_5)$。此外，假设应急安全目标及约束均给定，通过专家咨询及课题组讨论，最终将该模型的不确定参数设定为：$|\Delta c_1| \leqslant 0.15$，$|\Delta c_2| \leqslant 0.15$，$|\Delta c_3| \leqslant 0.15$。

表6–25　　　长三角地区应急物流安全协同决策系统参数方程设置

物流安全因素所致受伤人数	康复人数
康复率	死亡率
供应点仓储=INTEG（集货速率–分发速率，10^5）	受灾点仓储=INTEG（运达速率–分发速率，10^5）
在途仓储=INTEG（分发速率–运达速率，10^5）	集货速率=征集数量/征集时间
分发速率=MIN（受灾点需求，仓储+运达速率）	
运达速率=DELAYFLXED（分发速率，在途仓储延迟，0）	
集货数量=受灾点需求 × 受灾点应急资源品目生产能力系数	
应急安全反馈系统	
受灾点需求=伤亡人数 × 人均需求量	需求满足率=分发速率/受灾点需求
需求提前期=延迟反馈+在途运输延迟	延迟反馈=DELAY（信息延迟，0.5,0）
救助延迟=DELAY（救助延迟，0.5,0，0.5,0）	救助延迟=需求 × 提前期–受灾点仓储
在途仓储反馈=DELAY（在途仓储，0.5,0）	供应点补给=救助订单反馈–在途仓储反馈

　　在案例中将安徽、江苏、浙江分别视为重度、中度、轻度灾区。假定应急物资需求点D1为合肥、D2为杭州、D3为南京、D4为苏州；供应点G1为芜湖、G2为湖州、G3为温州、G4为无锡、G5为常州；中转仓库地点为G1（芜湖）、D4（苏州）。假定G1（芜湖）兼做应急物资供应点与转移仓库，D4（苏州）兼做应急物资中转站及需求点。

　　设定应急物资四个运达阶段，仿真分析应充分考虑现实应急安全的随机扰动与内部噪声影响。其中，轻（中、重）度供应点仓储=INTEG（集货速率–分发速率，10^7），轻（中、重）度受灾点应急物资补给策略=10^5–在途仓储反馈，轻（中、重）度受灾点供应物资征集时间=2.5，轻（中、重）度受灾点供应物资征集量=3.5×10^9。应急物流安全跨区域协同参数设置如表6-26所示。

表6-26　　　　　应急物流安全跨区域协同参数设置

方案一

轻度受灾点仓储=INTEG（运达速率-分发速率，2×10^7）
中度受灾点仓储=INTEG（运达速率+"轻→中救援速率"-分发速率，2×10^7）
重度受灾点仓储=INTEG（运达速率+"中→重救援速率"-分发速率，2×10^7）
"轻→中救援速率"=IF THEN ELSE（轻度受灾点所供应仓储>轻度受灾点需求，轻度受灾点供应仓储-轻度受灾点需求，0）
"中→重救援速率"=IF THEN ELSE（中度受灾点供应仓储>中度受灾点需求，中度受灾点供应仓储-中度受灾点需求，0）

方案二

轻（中）度受灾点仓储=INTEG（运达速率-分发速率，2×10^7）

重度受灾点仓储=INTEG（运达速率+"中→重救援速率"+"轻→重救援速率"-分发速率，2×10^7）
"轻→重救援速率"=MIN（IF THEN ELSE（轻度受灾点供应仓储>轻度受灾点需求，轻度受灾点供应仓储-轻度受灾点需求，0）
"中→重救援速率"=IF THEN ELSE（中度受灾点供应仓储>中度受灾点需求，中度受灾点供应仓储-中度受灾点需求，0）

方案三

轻度受灾点仓储=INTEG（运达速率-分发速率，2×10^7）
中度受灾点仓储=INTEG（运达速率+"轻→中救援速率"-分发速率，2×10^7）
重度受灾点仓储=INTEG（运达速率+"中→重救援速率"+"轻→重救援速率"-分发速率，2×10^7）
"轻→中救援速率"=IF THEN ELSE（轻度受灾点供应仓储>轻度受灾点需求，轻度受灾点供应仓储-轻度受灾点需求，0）
"轻→重救援速率"=MIN（IF THEN ELSE（轻度受灾点供应仓储>轻度受灾点需求，轻度受灾点供应仓储-轻度受灾点需求，0，重度受灾点需求）
"中→重救援速率"=IF THEN ELSE（中度受灾点供应仓储>中度受灾点需求，中度受灾点供应仓储-中度受灾点需求，0）

（一）基于多维情景熵的鲁棒解

根据情景因子对本次重大公共卫生事件的贡献以及专家的综合熵权重评分，可得到暴雨灾害各阶段多维情景熵值，如表6-27所示。

表6-27   各阶段多维情景熵值

阶段名称	组分分布概率值	多维情景熵值
预警期（e_1时段）	$p_1 = 0.12$	0.168
暴发期（e_2时段）	$p_2 = 0.35$	0.379
缓解期（e_3时段）	$p_3 = 0.45$	0.436
善后期（e_4时段）	$p_4 = 0.08$	0.035

在多维情景熵分析的基础上，应用MATLAB软件LMI工具箱计算出应急物流安全系统4个时段目标函数的鲁棒最优解。

在预警期，应急物流安全系统的三个目标值分别为：应急物流安全总成本5634万元，最少预警时间为3天，最大安全度为85.2%。这说明不可预测性对跨区域协同影响较大，应急物流安全鲁棒优化的目标值不理想。

在疫情暴发期，应急物流安全跨区域协同鲁棒优化值：应急物流安全总成本为8995.78万元，运达时间为2.5天，最大安全度为85.9%。

在疫情缓解期，应急物流安全鲁棒优化值：应急物流安全总成本为5737.51万元，运达时间为1天，最大安全度为90.2%，进一步得到优化。

在疫情善后期，应急物流安全跨区域协同鲁棒优化值：应急物流安全总成本为3678.53万元，运达时间为0.5天，最大安全度为

95.55%，鲁棒优化进一步升级。基于跨区域协同的应急物流安全的总费用逐渐下降，各个品目应急物资运达时间逐渐减少，应急物流安全度却在逐渐提高，说明跨区域协同模式要比非协同模式更佳，对应急物流费用及安全带来正向、积极的影响。

此外，在受灾点应急物流安全、安全度等目标满足的前提下，应急物流安全总输出成本将在一个理想的条件下（$\gamma = 0.27$）维持稳定。

（二）灵敏度分析

1.延迟因素影响

应急物流安全跨区域协同的延迟因素对应急物流安全的影响如图6-5所示。其中横坐标表示天数，纵坐标以金额反映灾区的库存量。当应急物资运达延迟1天时，受灾点仓储量在19天后呈上升趋势，26天左右进入平衡状态。应急物资运达延迟为4天时，则受灾点仓储量约20天后出现升势，30天左右进入平衡状态。这说明应急物资运达延期越长危害越大，对应急物流安全的影响也越大，应急救援的有效性大打折扣。

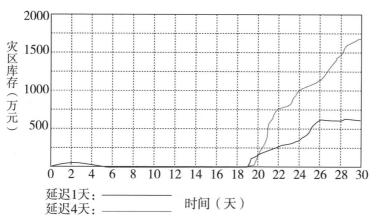

图6-5 运达延迟对应急物流安全的影响

2.差异化区域的供需平衡

本次重大公共卫生事件所导致的疫情，对苏浙皖带来的影响具有差异性，结合差异化区域的医用救灾物资供应情况，得到各灾区的医用救灾物资供需平衡状态变化情况，从而测度差异化区域供需平衡对各个区域应急物流安全的影响，如图6-6所示。

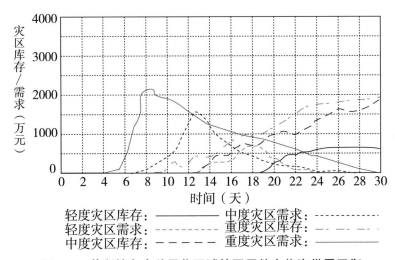

图6-6 苏浙皖各个差异化区域的医用救灾物资供需平衡

通过观察发现，重度灾区应急物资需求8天后达到峰值，而中度灾区约第13天达到峰值，轻度灾区约在第18天达到峰值。这表明，受灾程度越大的区域越早出现了医用救灾物资的需求缺口，且需求的增速加快。从时间维度考察受灾区域应急安全级别，重度灾区、中度灾区、轻度灾区维持灾区需求与应急物流安全的时间段分别为8天、13天、18天。

3.应急物流安全跨区域协同方案

应急物流安全性受到供需平衡被打破以及突发随机安全因素的影响，暂不考虑突发随机安全因素，从疫情的演变规律着手，寻求跨区域应急物流安全协同方案。以重度灾区安徽与中度灾区江苏为例，图6-7表明方案一中度灾区达到供需平衡时间节点约为13天；图6-8表明重度灾区安徽的供需平衡时间节点约为7天；图6-9、图6-10采取方案二，中度受灾的江苏供需平衡时间节点约为12天、重度受灾的安徽供需平衡时间节点约为8天。图6-11与图6-12说明，方案三中度受灾点与重度受灾点分别约为12天和8天。

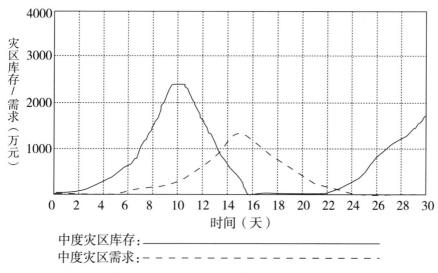

图6-7　方案一时中度灾区（江苏）的应急物资供需平衡

对两种"安全"兼顾的前提下，本节首先考虑应急物流配送系统响应速度和时效性欠缺导致受灾区域医用救灾物资紧缺或物资运输延误等广义的物流安全决策问题。其次，根据突发公共卫生事件下多维情景熵理论及方法，计算某事件在灾害过程中的多个情景熵值，用以确定受灾差异化区域，给出差异化区域之间应急物流安全协同方案的组合。最后，对应急物流安全协同运作的鲁棒性进行检验，给出突发公共卫生事件下应急物流安全鲁棒控制策略。基于多维情景的应急物

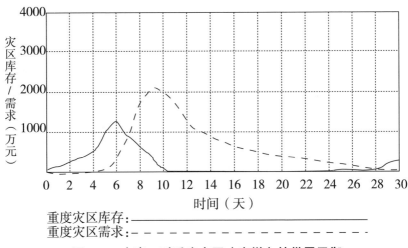

图6-8　方案一时重度灾区（安徽）的供需平衡

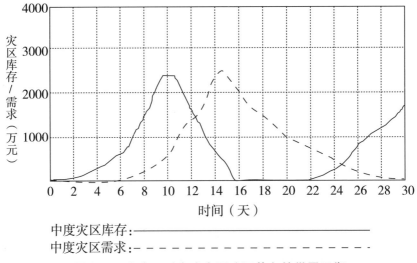

图6-9　方案二时中度灾区（江苏）的供需平衡

流安全跨区域协同策略，既保障物流系统自身的安全，又在动态灾害情景中执行应急物流的功能，已达到受灾区域人、财、物的安全要求，并通过跨区域协同、鲁棒性协同，检验应急物流安全系统的效率。

　　本节通过设置相关参数，对应急物流安全跨区域协同的库存参数

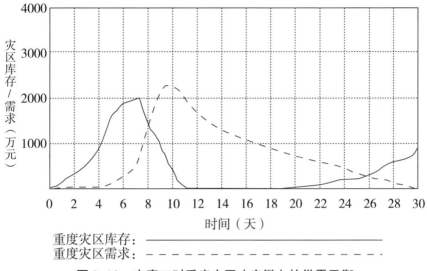

图6-10　方案二时重度灾区（安徽）的供需平衡

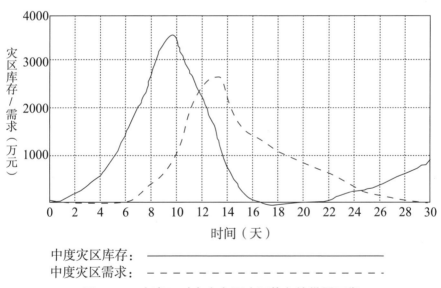

图6-11　方案三时中度灾区（江苏）的供需平衡

进行灵敏度分析，发现应急物流系统中的延迟因素对灾区疫情影响深远，它对疫情控制与应急救援带来不利影响，应采取综合防范措施规避延迟因素。作为跨区域研究的案例，苏浙皖等受疫情冲击的区域对

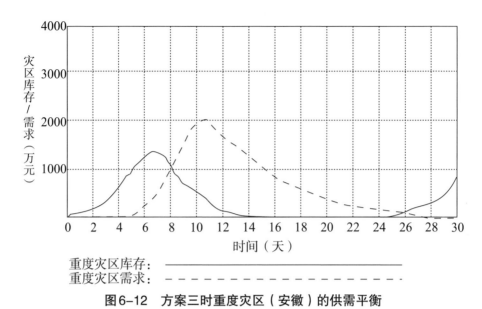

灾区库存／需求（万元）

重度灾区库存： ————————
重度灾区需求： – – – – – – – – – –

图6-12 方案三时重度灾区（安徽）的供需平衡

跨区域应急协同有较强的需求，但在此期间，信息沟通经常容易受到干扰，乃至中断，必须加强信息沟通以减少应急安全、物流安全等安全问题的发生。

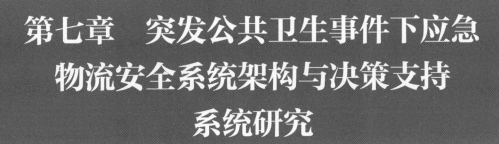

第七章　突发公共卫生事件下应急
物流安全系统架构与决策支持
系统研究

各类灾害事件尤其是突发公共卫生事件给国家、企业与个人带来重大损失，其中不包括灾害事件引起的潜在环境成本与生态成本。针对突发公共卫生事件构建的信息系统对应急物流的质量与效率将产生深远影响，是应急物流系统的神经中枢。关于应急物流系统架构方面的研究，国外相关文献繁多，在此不再综述，国内相关的研究还刚起步，但也积累了不少成果。如谢旭阳等（2006）对应急物流的信息系统进行全面探讨，构建了应急物流信息系统的支持架构。赵丽鲜（2008）研究了基于 J2EE 的应急指挥系统，从系统软件、总体构成等方面设计应急指挥系统。蒲鹏先等（2008）将应用集成与应急地理信息进行整合，设计了一种用于应急指挥的软件体系架构。吕雪等（2013）设计了一种预防信息安全的应急预案系统架构。张宁熙（2014）给出一种基于应急信息大数据支持的系统架构。陈相兆（2016）构建了一种对地震进行快速评估的系统，并设计了支持架构。综上所述，信息系统架构的建立与应用，在应急管理领域的运用较为普遍，但是，在应急物流安全领域运用较少。因此，本章在前期应急物流安全情景、情景构建与动态协同决策实施的前提下，提出应急物流安全的系统架构，确保应急人员安全与应急物流业务的开展，保障国家与人民群众的生命财产安全。

一、应急物流安全信息系统的体系结构

本章主要研究基于应急物流安全的信息管理系统构建，用于应急

物流安全系统管理及其实体安全设备管理。基于应急物流安全的信息管理平台是一种实体性的安全信息管理平台，它与视频监控平台及门禁报警管理平台存在较大差异。基于应急物流安全的信息管理平台可实现安全应用程序与平台的对接与协同，可通过与事件相关联的传感器、物流设备与建筑系统收集有用的安全管理信息，帮助安全管理人员识别应急物流安全有关事态。因此，本书提出的应急物流安全信息管理平台具备如下几个特征。

系统集成化。基于应急物流安全的信息管理平台，可将应急资源系统与应急物流系统连接起来并进行管理。应急资源系统包括楼宇自动化、火灾系统、视频监控、应急通知、门禁系统等。信息管理平台还要与计算机数据仓库、ERP系统及其他应急运作系统进行数据交换，并保持开放性与可拓展性，与这些系统相互协同运作。

安全信息服务。基于应急物流安全的信息管理平台必须与突发公共卫生事件下的各种安全情景自动连接与交叉引用，具备实时提供各类安全情景的处理能力，并通过自身的安全信息表达方式，营造应急物流安全事件的处理环境，提出实时处理的技术方法。

安全管理可视化。基于应急物流安全的信息管理平台具备安全管理的可视化界面，可通过GPS、三维GIS、应急物流子系统平面图等，进行可视化的资源管理、指挥调度及人员组织。

协同处理能力。应急物流安全管理部门必须具备多职能部门的协同应急能力，提供基于角色访问与操作的协同能力。通过事先设置职能部门权限，一旦事件发生，迅速激活相关机制，对相关事件进行紧急处置。

（一）整体结构

根据突发公共卫生事件的情景分析与系统的功能分析，可将基于应急物流安全的信息管理系统设计成多层结构，包括应急物流安全信息管理平台、数据层与系统接入层，如图7-1所示。

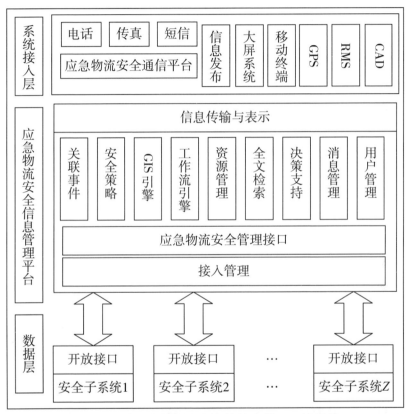

图7-1　基于应急物流安全的信息管理系统结构

应急物流安全信息管理平台是应急物流安全指挥控制中心的核心部分，完成突发公共卫生事件相关管理工作的流程。控制中心的各种智能引擎对系统具有支撑作用，整个指挥、任务的完成是由中间件来实现。该信息管理平台主要担负安全策略制定、公共事件关联、工作流引擎、GIS图形显示、决策支持等。

数据层是整个应急物流安全信息管理系统的基础,包括以下功能。

(1)已有的数据库或系统被整合并相互连接,以实现数据资源利用的最大化。

(2)通过API与OPC接口,从消防系统、生产自动化系统、安全预警系统等采集实时数据并集成,以满足各个用户层模块的需求。

(3)通过统一系统数据库对涉及的所有数据进行存储、处理及传输,使应急物流系统处在数据交换、数据共享的环境中,具备效率极高的业务分析能力、决策分析能力。

(二)Java EE体系结构

Java EE体系结构是基于企业物流安全的一个应用系统,是实施基于应急物流安全的信息管理系统的拓展系统,也是基于Java编程语言的服务器开放平台。赵杨(2012)提出应用企业级J2EE体系架构与电子地图,对应急资源实施调度过程动态监控。Najmeh Vaez等(2013)提出了一个Java EE体系结构框架来分析DAPs的可靠性,所提出的框架被用于分析工厂应急响应DAP真实过程。孙占萌(2014)采用J2EE标准实现应急资源信息的实时采集。但是,国内外运用Java EE相关的文献较少。Java EE拥有坚实的性能与成熟的开发体系,可根据各个应急物流安全子系统的需求以及各层用户的需求,增加一些个性化的系统服务与库,具有可拓展性、系统性、完整性与安全性等特征。具体来说,Java EE体系结构如图7-2所示。

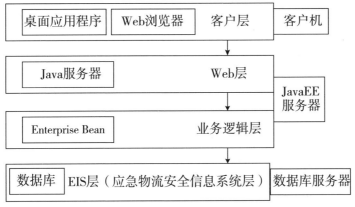

图7-2　Java EE体系结构

（1）客户层。

用户登录平台后，应用Web浏览器，通过下载相关HTML页面，调用客户所需要的应急物流安全信息。

（2）业务逻辑层。

数据处理与相关的应急安全流程等Enterprise Bean模块组成了业务逻辑层。Enterprise Bean可以实现相关的接口规范，是Java EE组件的一种。通过Enterprise Bean对应急物流安全的业务逻辑进行分类，降低应急物流安全系统的耦合效果，便于增强应急物流安全系统的灵敏性。

（3）Web层。

该层的首要任务是生成Web页面上与应急物流安全相关的动态内容，将客户端传输来的Web请求打包处理，将客户的请求与输入信息发给业务逻辑层，由Enterprise Bean模块进行处理。

（4）应急物流安全信息系统层。

相关软件运行由此层负责，即负责Java EE所涉及相关软件的运行，如ERP系统软件运行、数据库系统软件运行以及灾害预警系统软件运行等。因此，要开发这样一种可伸缩、可拓展、易维护的应急物流安全信息系统，必须采用Java EE体系。

（三）应急物流安全信息管理平台架构设计

应急物流安全信息管理系统研究，对于突发公共卫生事件下应急物流安全决策具有宏观指导与规范作用。应急物流安全信息管理系统的核心是基于Java EE平台的信息管理平台，是典型的标准应用模型，可分为五个层次，从下到上排序为支持层、数据层、业务逻辑层、表示层、客户层，其架构设计如图7-3所示。其中，每层提供的服务为上一层的应用提供了基础，上下层之间协同完成相关的应用任务。

Pradhan 等（2007）研究了灾害管理信息系统基础设施的框架。Bardet 等（2010）研究了地震灾后侦察信息系统。Preece 等（2013）提出利用活性信息系统模型处理灾害快速响应过程中所需的复杂信息。Car-minati等（2013）研究了紧急情况下快速和受控信息共享系统框架。

（1）客户层。客户必须在计算机上安装Web浏览器，并根据自身的特殊需求安装相应的插件，通过Web浏览器访问表示层，将相关的表示层通信与HTTP协议进行渲染与反馈，并在HTML页面执行Java Script代码。而且，各类用户访问、门禁管理员操作以及安全管理员操作都由客户层来提供服务。

（2）表示层。该层是业务逻辑层与客户端Web浏览器之间的中介，接收并反馈客户端Web浏览器的请求。表示层的相关操作可在JSP页面运行与Servlet组件中加以实现。

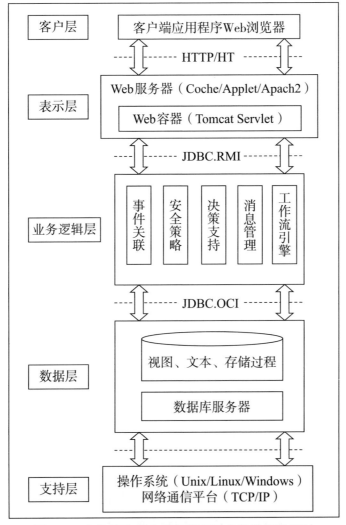

图7-3　应急物流安全信息管理平台软件架构设计

（3）业务逻辑层。该层是核心层，对表示层传来的请求进行处理与反馈。

（4）数据层。实现各类应急物流安全信息的存储与管理，对整个系统的计算结果具有支撑作用，一般采用Oracle 11g作为数据库管理系统。

（5）支持层。通过安装 Unix、Linux 或 Windows 等系统软件，在其操作系统中配备 TCP/IP 网络通信协议，为软件与硬件提供支持，为客户端与服务器的有效连接提供支持。

（四）应急物流安全事件工作流管理技术研究

应急物流安全系统是管理一定范围内各类突发事件下的应急物资生产、运输、仓储与配送等环节，预防与处理安全事故的计算机信息系统。因此，应急物流安全事件的工作流管理必须与相关物流安全管理的流程、管理的组织结构相协同。

以应急物流安全系统的典型用户石油化工行业为例，该行业发生的安全事件主要有以下几类。

（1）由地震、火山喷发等自然灾害引起的应急物流安全等。

（2）由物流园区发生的各类火灾、爆炸等重大突发事件引起的应急物流安全等。

（3）由人为原因造成的生产安全突发事件所引起的应急物流安全等。

（4）由盗窃、破坏等治安突发事件所引起的应急物流安全等。

应急物流安全事件的工作流管理模型（P2DR 模型）如图 7-4 所示。

P2DR 模型由 Protection（防护）、Policy（策略）、Detection（检测）与 Response（响应）四个部分组成。

上述模型将应急物流安全防护的若干重要环节有机联结，协同完成应急物流安全的防护任务。应急物流安全系统的核心是安全策略的制定，通过计算机软件提供相应的决策支持，使各类应急物流安全事件能够得到快速响应。

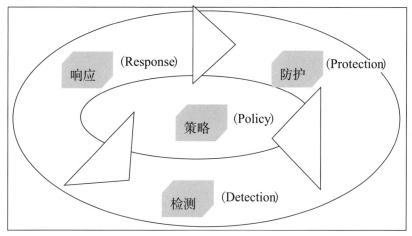

图7-4 P2DR模型

在前几章的研究中，我们构建了应急物流安全相关的情景与动态协同决策模型，可在这些模型的基础上建立基于情景构建的安全理论，用以描述各类应急物流安全事件各个阶段的安全情景与安全能力。此外，应急物流安全系统的核心价值并不局限于提供安全策略，还可以作为安全状态的情景感知手段，连接与集成应急物流系统的各类安全情景，高效实时地提供应急物流安全的决策与有效安全控制，进而通过预测、监测与响应等手段，将应急物流安全事故对系统的影响降低到一个合理的、可接受的水平。

基于此，在上述P2DR模型的基础上，给出应急物流安全事件管理的工作流模型，如图7-5所示。

工作流由预警、防护／检测、响应与恢复四个部分组成，即Prevention、Protection/Detection、Response、Recover。

（五）业务流程分析

通过分析上述工作流，应急物流安全监控中心的业务逻辑与流程

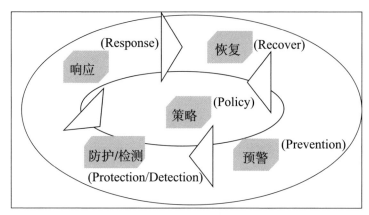

图7-5 应急物流安全事件管理的工作流模型

如图7-6所示。

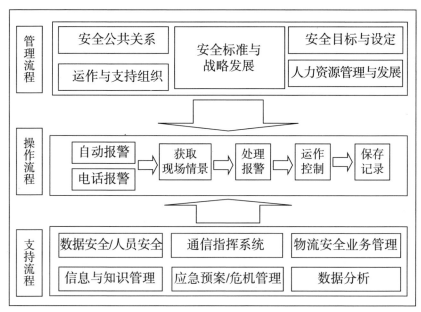

图7-6 应急物流安全监控中心的业务逻辑与流程

因此，应急物流安全的业务流程可概括为四个阶段：第一阶段为安全事件受理阶段，第二阶段为安全事件处置阶段，第三阶段为实时监管与反馈阶段，第四阶段为任务报告阶段。如图7-7所示。

图7-7 应急物流安全的业务流程

（1）安全事件受理。

当触发应急物流流程，首先是应急物流安全事件预警的受理，主要包括电话报警系统、入侵报警系统、疫情报警系统等自动化报警系统的预警，提供培训、演练、模拟仿真等，最终生成报警系统。应急物流安全事件受理与处置流程如图7-8所示。

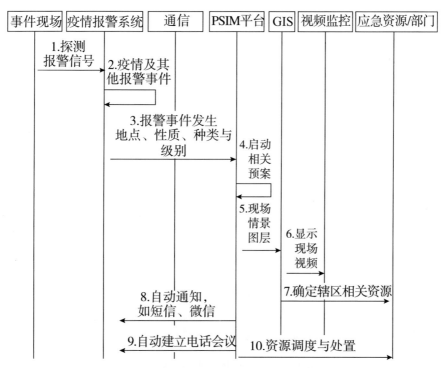

图7-8 应急物流安全事件受理与处置流程

（2）安全事件处置。

系统平台基于及时处置响应的前提，创建一个包括资源提案、核对表等应急物流安全事件处理的方法列表，这些方法可以由调度员启用、修改或否定。然后，将全部应急物流资源和报警信息生成列表，可随时在应急物流安全系统平台的目标管理器上显示。

（3）实时监管与反馈。

调度员有权监控应急资源的状态及安全事故状态，在每个关键时间、地点接收反馈信息。此外，应急物流安全事件可由多个安全工作站共同处理。为应对资源及人员不足，调度员可随时处置相关应急资源，包括添加、交换、移除或补充。这将生成二次调度的应急资源列表，回到最初的安全事件处置阶段。

（4）任务报告。

应急物流安全事件处置完成后，即可拟定相关的报告。在报告中必须提供相关安全事件发生的情景、各个应急部门工作人员如何作出反应及其他相关重要情报。报告可手动完成，也可通过嵌入式工具自动生成，记录及审查调度员的行为是否正常，并且提出具体故障排查与安全状况改进的建议。通过记录与反馈，改善未来应急物流安全的感知意识与应急响应能力。

二、应急物流安全动态协同决策支持系统研究

决策支持系统（Decision Support System，DSS）是在运筹学与管理科学的基础上发展起来的一门辅助决策科学。

国外的应急管理决策支持系统研究已有很多成果，在此不再综述。国内相关的文献较少，主要有汪季玉等（2003）应用案例推理方法构建了应急决策支持系统。李玉海等（2010）研究了网络舆论危机决策支持系统的功能与策略。刘晓慧（2014）给出突发公共卫生事件

智能应急决策模型。李赛（2016）研究了应急决策支持系统的设计原则。在突发公共卫生事件发生后的应急救援过程中，其中的物资配送至关重要，关系到受灾群众的生命安全。由于我国大部分地方没有专门的应急物资调度部门，只有由各自独立的几个政府部门与民间组织成立的处于松散状态的临时性应急组织，不能充分利用信息对物资调度、分发等决策问题实时决断，可能会造成极大的财产损失和人员伤亡。动态协同决策的支持系统可有效提高决策效率，避免决策失误，是管理技术与计算机技术的有效结合。

（一）逻辑模型

动态协同决策支持系统的逻辑模型框架如图7-9所示。应急物流安全动态协同决策的支持协同主要包括五个部分：第一部分为安全信息采集系统，第二部分为综合数据库系统，第三部分为知识库系统，第四部分为模型库管理系统，第五部分为人机界面、应急安全决策者。

应急物流安全信息采集子系统主要对事件相关的气象条件、道路状况等信息进行收集，为应急物流安全动态协同决策支持系统提供原始数据，并对原始数据进行预处理，使其符合应急物流运作实际与模型运算需求。应用相关的研究，主要有王兴玲（2007）认为北斗卫星导航系统应在疫情信息采集方面发挥巨大作用。李亚品（2013）构建了一个能够实时采集传染病信息的应急处置系统。应急物流安全综合数据库子系统存储各种与应急物流安全相关的信息，主要源于应急物流安全信息采集子系统，并为救灾知识推理及协同决策模型的运行提供数据支持。应急物流安全知识库子系统为应急物流安

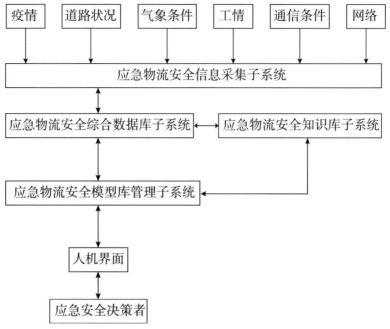

图7-9　动态协同决策支持系统的逻辑模型框架

全动态协同决策相关的模型构建及选择提供知识支持。应急物流安全模型库管理子系统主要为上述模型库提供运行环境。

（二）应急物流安全动态协同决策支持系统结构

应急物流安全动态协同决策支持系统包括三个部分：第一部分为数据库子系统，第二部分为模型库管理子系统，第三部分为知识库子系统。应急物流安全动态协同决策支持系统结构如图7-10所示，此外，应急物流安全动态协同决策支持系统还需要内置地理信息系统的支持。

1.数据库子系统设计

数据库的作用至关重要，它是应急物流安全动态协同决策支持系统的基础，包含大量的应急救援及物资配送安全方面的信息，既有受

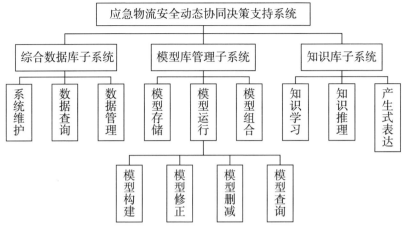

图7-10　应急物流安全动态协同决策支持系统结构

灾区域的历史资料与数据，又有实时地理信息、通信网络及人口等数据内容。

（1）概念设计。

要设计数据库，首先要进行概念设计。数据库概念设计的主要表达工具包括应用实体——联系方法（以下简称E-R方法）、语义数据模型、面向对象数据模型等。本节应用E-R方法构建如图7-11所示的数据库子系统实体——联系模型。

（2）功能设计。

功能设计的目的有两个：一是收集医用救灾物资配送历史数据；二是各级政府应急管理决策部门决策参考。数据库子系统的设计如图7-12所示。

自然生态数据库指与受灾地区有关的基本数据，提供受灾区域生态景观、自然背景查询，包括受灾地区地形、地貌与气候等地理数据以及经济发展、交通网络、居民数量及建筑物分布等数据，起到支撑作用的是地理信息系统。

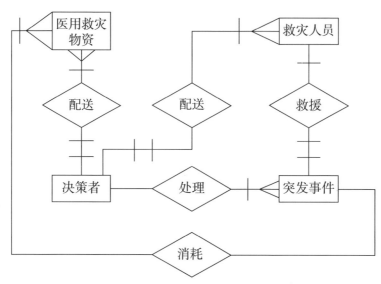

图7-11　数据库子系统实体——联系模型

突发公共卫生事件数据库主要包括受灾地区曾经发生的突发事件种类及基本历史数据。

配送人员数据库主要包括供货中心、救助站点、救灾配送人员的年龄结构、数量以及健康状况等数据，还包括周边区域相关方面的分布数据。

医用救灾物资数据库主要包括仓库、医用救灾物资种类、用途及数量等数据以及周边区域分布数据。

医疗救助站点数据库主要包括各医疗救助站点及其可支配医护人员数量、可接纳受灾伤病员数量等数据。

法律法规数据库主要包括与突发公共卫生事件有关的应急法律与法规信息。

用户管理数据库主要包括使用该系统用户的基本信息。

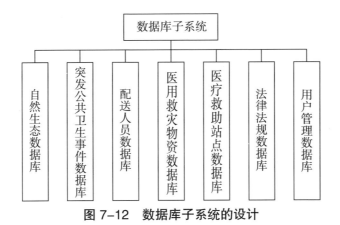

图 7-12　数据库子系统的设计

（3）逻辑设计。

①突发公共卫生事件数据库：突发公共卫生事件数据库包括与突发公共卫生事件相关的各种基本信息表，包括突发公共卫生事件发生过程、突发公共卫生事件的相似度计算、突发公共卫生事件的评估指标体系、突发公共卫生事件相似度计算参数、突发公共卫生事件评估参数等基本信息。突发公共卫生事件数据库基本信息如表7-1所示。

表7-1　　　　　　突发公共卫生事件数据库基本信息

数据项条目	类型	长度	备注
编号	数值	4字节	
名称	字符	26字节	
类别	字符	14字节	
等级	字符	8字节	
地点	字符	36字节	
时间	时间/日期	默认	单位为天
持续时间	数值	4字节	
持续单位	字符	8字节	

273

续表

数据项条目	类型	长度	备注
感染人数	数值	4字节	单位为人
死亡人数	数值	4字节	单位为人
财产损失	数值	6字节	单位为万元
过程ID	数值	4字节	
处理ID	数值	4字节	

突发公共卫生事件发生过程信息表基本信息如表7-2所示。

表7-2　　　　突发公共卫生事件发生过程信息表基本信息

数据项条目	类型	长度	备注
事件ID	数值	4字节	
记录ID	数值	4字节	
当前时间	时间/日期	默认	单位为天
人员数量	数值	2字节	
人员构成ID	数值	12字节	
安全策略	字符	100个字符	
安全评价	字符	10个字符	过量、正常、不足等模糊词汇
人员评价	字符	12个字符	冗余、正常、不足等模糊词汇
感染人数	数值	4字节	单位为人
死亡人数	数值	4字节	单位为人
财产损失	数值	4字节	单位为万元
下一物流安全过程ID	数值	2字节	

突发公共卫生事件相似度计算信息目录如表7-3所示。

表7-3   突发公共卫生事件相似度计算信息目录

数据项条目	类型	长度	备注
突发公共卫生事件类别	字符	18个字符	
相似度模型ID	数值	20字节	
规模	字符	10个字符	小规模、较小规模、中规模、大规模、重大规模
首参数ID	数值	20字节	取值范围0~86515（0表示无此计算模型）
重大规模突发公共卫生事件模型首参数ID	数值	20字节	取值范围0~86515（0表示无此计算模型）
大规模突发公共卫生事件模型首参数ID	数值	20字节	取值范围0~86515（0表示无此计算模型）
中等规模突发公共卫生事件模型首参数ID	数值	20字节	取值范围0~86515（0表示无此计算模型）
较小规模突发公共卫生事件模型首参数ID	数值	20字节	取值范围0~86515（0表示无此计算模型）
小规模突发公共卫生事件模型首参数ID	数值	20字节	取值范围0~86515（0表示无此计算模型）

突发公共卫生事件相似度计算参数信息如表7-4所示。

表7-4   突发公共卫生事件相似度计算参数信息

数据项条目	类型	长度	备注
参数名称	字符	18个字符	
突发公共卫生事件ID	数字	2字节	
评估参数权重隶属度	数值	2字节	取值范围0.0~1.0
参数权重	数值	20字节	取值范围0.1~0.9
下一参数ID	数值	20字节	取值范围0~86515（0表示无后继ID）
参数权重的动态度	数值	4字节	不限

②配送（应急物流）人员数据库：关于应急物流数据库建设方面的研究，主要有陈良冬（2014）构建基于GIS的震后应急物流决策的支持系统，吕梦楠（2016）界定了配送人员数据库。配送人员基本信息如表7-5所示。

表7-5　　　　　　　　　配送人员基本信息

数据项条目	类型	长度	备注
姓名	字符	18个字符	
性别	字符	1个字符	
年龄	数值	2字节	
工号	数值	2字节	
职称	字符	18个字符	
职业类型	字符	18个字符	
当前职称年龄	数值	2字节	
当前状况	字符	12字符	办公、下班、救灾中、度假
工作等级	数值	2字节	
日常办公电话	字符	18个字符	
工作站点ID	数值	2字节	
紧急联系电话	字符	20个字符	24小时接听

配送人员在各个站点的汇总如表7-6所示。

表7-6　　　　　　　　各站点配送人员汇总

数据项条目	类型	长度
站点名称	字符	18个字符
站点ID	数值	4字节

续表

数据项条目	类型	长度
当前可调度应急物流人员数量	数值	4字节
医用救灾物资配送人员总数	数值	4字节
职称结构ID	数值	4字节
年龄结构ID	数值	4字节
当前可调度应急物流人员年龄结构ID	数值	4字节
当前可调度应急物流人员职称结构ID	数值	4字节

配送人员资历结构如表7-7所示。

表7-7　　　　　　　　　　配送人员资历结构

数据项条目	类型	长度
职称名称	字符	22个字符
编号	数值	2字节
人数	数值	2字节
下一职称编号	数值	2字节

配送人员年龄结构如表7-8所示。

表7-8　　　　　　　　　　配送人员年龄结构

数据项条目	类型	长度
编号	数值	2字节
年龄上限	数值	2字节
人数	数值	2字节
年龄下限	数值	2字节
下一年龄段编号	数值	2字节

③用户管理数据库：用户管理数据库主要由用户相关信息的表格组成，主要内容如表7-9所示。

表7-9　　　　　　　　　用户管理数据库信息

数据项条目	类型	长度	备注
用户名	字符	22字节	
用户ID	数值	2字节	
用户类别	字符	16字节	VIP用户，或者是安全管理人员
用户等级	数值	4字节	分为A、B、C、D四个等级
用户密码	字符	6字节	6个字符的组合
所属部门	字符	32字节	
部门联系电话	字符	20字节	
部门负责人	字符	20字节	

2.模型库子系统设计

应急物流安全动态协同决策支持系统的模型库是情景构建、模糊决策及鲁棒决策等协同决策模型的集合，调度员可从模型库中调用、查询所需模型，也可根据用户需求或功能转换需要，对模型库进行修改。

应急物流安全动态协同决策中所有模型均可接入模型库子系统，进行软件开发。其主要功能包括各种相关的决策模型构建、查询模型库中的模型、修改模型库中的模型以及重构模型库中的模型等，可以进行各数据库接口之间的转换。此外，还可以对应急物流安全动态协同决策模型的运行进行有效控制，整个结构如图7-13所示。

应急物流安全动态协同决策支持系统的模型库实质上是所有模糊决策模型的有机集合体，通过其管理系统对模型库进行有效管理。

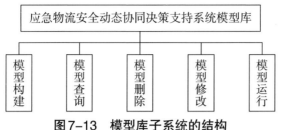

图7-13 模型库子系统的结构

（1）模型库的字典结构。

模型库的字典结构信息如表7-10所示。

表7-10 模型库的字典结构信息

数据项条目	类型	长度
模型编号（IDNO）	数值	2字节
文件名称（FNAME）	字符	22字节
功能说明（FUNC）	字符	82字节
存储位置（ROUT）	字符	64字节
输入变量说明（INPT）	字符	64字节
输出变量说明（OUTP）	字符	64字节

为方便修改与查询模型，可将模型文件加以分类，也可将外部视图设计成菜单形式。

（2）模型库的构成。

下列模型与算法在前几章都已进行了研究，不再重复说明。应急物流安全动态协同决策支持系统的模型库子系统如图7-14所示。

可以通过两种途径进行模型的运算。一是用户运行模式，只要用

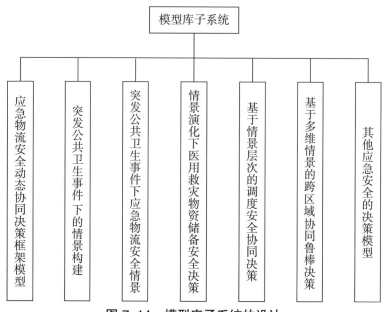

图 7-14　模型库子系统的设计

户输入具体模型及数据来源，系统就会自动搜索并运算；二是内部运行模式，需先找到模型，输入变量、参数等，再找到相应算法进行运算，即可得到运算结果。

3.知识库子系统

（1）功能结构。

知识库子系统的主要作用是提供知识信息的支持，具有知识学习、表示及推理三大功能。由传统的机械学习法转为归纳学习法，知识表示与知识推理也与时俱进。

（2）组成结构。

由于应急物流安全涉及的知识内容、类型繁多，可对知识库中的知识进行分类。如可分为地理自然背景类、历史救灾纪实类、应急政策法规类、规划方案类、应急调度方案类、救灾物资管理方案类，以及救援专家类、公共卫生专家经验类等。

4.小结

在前面章节构建的应急物流安全动态协同决策模型的基础上，本章进一步给出应急物流安全动态协同决策实施的架构支持及决策支持系统，可有效提升应急物流安全的决策效率，具有重要的理论意义和实践价值。

结　语

一、本书的工作总结

近年来，突发事件频繁发生，突发公共卫生事件下的应急物流安全危机事件暴露出传统"预测—应对"型决策的许多弊端：应急物流安全运作预案与决策脱节、应急物流运作安全缺乏动态监控及智能研判机制、应急物流安全情景感知及动态反应能力缺失，以及应急物流安全决策体系偏于静态，很难适应"动态"救灾环境。而且，长期以来，由于传统"预测—应对"型决策缺乏信息平台支持，以致应急物流安全决策预案与救灾实践严重脱节，关键时刻起到的作用微乎其微。针对传统"预测—应对"型决策的缺陷，本书以突发公共卫生事件下应急物流安全情景构建为基础，构建"情景构建—协同决策"的应急物流安全动态协同决策体系及其架构支持系统，有效解决突发公共卫生事件下应急物流安全决策预案与救灾实践严重脱节问题，有效服务于我国应急物流安全管理与决策实践，形成对应急物流安全客观规律的科学认识，有利于提高我国突发公共卫生事件下应急物流安全管理体系的科学性。

本书拓展了突发公共卫生事件下的应急管理、应急物流管理、情景理论、情景构建理论、协同学、鲁棒决策、模糊决策及上述决策方

282

法的协同，并对基于突发公共卫生事件下的情景构建、应急物流安全等案例进行了深入分析与研究。本书主要做了如下工作。

第一，通过相关理论综述，为突发公共卫生事件下的情景构建、应急物流安全动态协同决策模型构建以及相关的案例分析，进行理论铺垫。从一般不确定性的模糊不确定性与深度不确定性的鲁棒不确定性两个决策方法层面，探讨突发公共卫生事件下应急物流安全决策方法。

第二，应用情景推演方法，开展了突发公共卫生事件下的情景推演研究。根据突发事件演变的规律，构建突发事件的情景演化网络图，并进行实例分析，验证了灾害演化随机网络应用的科学性。

第三，应用情景层次分析方法，开展了突发公共卫生事件下的情景层次模型研究。构建了突发公共卫生事件下基于情景粒计算理论的情景层次模型。根据情景粒层的泛化与细化计算，得到自由散毒人数、疫情输入病例速率等数据资料，应急管理专家可以根据这些信息对疫情的发展演变进行预测，给出人员疏散、安置等的合理化建议。

第四，应用多维情景分析方法，开展了突发公共卫生事件下的多维情景研究。在突发公共卫生事件演化过程中，多维情景分析方法可起到情景模拟作用。

第五，将情景构建方法应用到物流安全决策领域，开展了突发公共卫生事件下应急物流安全的情景构建研究。构建医用救灾物资仓储安全的事故树分析模型，并以应急物流的实际案例进行分析，验证了事故树分析方法的科学性。对碰撞事故和翻车事故导致的物流安全问题进行情景分析，给出相应应对策略。构建基于D-S的应急物流配送安全情景模型并进行实证分析，给出相应的应急物流安全对策与建

议。此外，提出了在信息不完备情形下的情景规划方法，并针对应急
物流的重要环节——铁路运输安全出现的各种问题，开展铁路运输安
全情景重构的研究。

第六，综合运用情景构建、模糊决策、鲁棒决策等不确定决策方
法，开展了基于突发公共卫生事件情景分析的应急物流安全动态协同
决策研究。构建基于情景推演的应急物资储存安全的模糊决策模型，
并进行案例分析。通过应急物资的多供应点选择、最优供货点及应急
物流安全等多目标问题的分析，构建基于情景层次的应急物资调度安
全协同决策模型。通过模糊协同决策模型的案例，简洁直观地刻画出
所要研究的医用救灾物资调度、物流安全、配送与方法等问题，较好
地体现了医用救灾物资分配的公平性原则，得出详细的分配方案，可
以作为各级政府部门与应急供应链决策者科学进行医用救灾物资调
度、配送与分配的具有借鉴价值的备选预案与调研资料。根据突发公
共卫生事件下多维情景熵理论及方法，计算突发事件在灾害过程中的
多个情景熵值，用以确定受灾差异化区域，给出差异化区域之间应急
物流安全协同方案的组合。对应急物流安全协同运作的鲁棒性进行检
验，给出突发公共卫生事件下应急物流安全鲁棒控制策略。

第七，研究了突发公共卫生事件下的应急物流安全协同决策架构
支持的构建问题，有利于提高我国突发公共卫生事件下应急物流系
统的运作安全及效率。构建了应急物流安全协同决策支持系统，为政
府、研究院所及相关部门提供有力的决策参考依据。

综上所述，本书将情景构建、模糊决策、鲁棒决策等决策理论与
应急管理、物流安全等理论相融合，提出突发公共卫生事件下应急
物流安全的"情景构建—协同决策"动态协同决策理论，并给出相应

的运行机制。给出应急物流安全"情景—应对"型决策、"预测—应对"型决策等决策集成与协同的理论、方法，对于应急物流安全领域的研究具有重要学术价值。提出突发公共卫生事件下基于情景构建的应急物流安全动态协同决策体系及其架构、支持系统。本书给出一系列应急物流安全动态协同决策的案例与仿真分析，提出切实可行、有针对性的物流安全策略，对于发挥突发公共卫生事件下应急物流安全决策的智库作用，服务于应急物流安全管理与实践，具有重要的应用价值。

二、不足与愿望

作者在撰写过程中，参阅了国内外大量文献，取得了一些成果，但因科研能力及写作时间的限制，本研究还存在一些缺陷与不足。在今后的研究工作中还需进一步补充与完善。

（1）突发公共卫生事件下的应急物流管理研究才刚刚起步，具有广阔的研究前景。其中，应急物流安全及其决策问题研究具有重大理论指导价值。另外，突发公共卫生事件下的应急物流安全的研究，方法与手段众多，由于篇幅与时间限制，本书只重点借鉴了情景构建、鲁棒决策与模糊决策等协同决策理论中的一些核心思想与机理；在今后的研究中，还可应用关于情景理论、情景构建与协同理论中更为丰富的思想与机理，对突发公共卫生事件下的应急物流安全问题开展更为全面、深入的研究。

（2）对于动态协同决策的研究，国内外学者虽然积累了一定的成果，但目前在应急物流安全领域的应用还处于探索阶段，因此，本书对应急物流安全系统、动态协同决策系统的界定，突发公共卫生事件案例的选择，应急物流安全的全面监测、决策，可能还不够全面，还有待进一步深入研究。

（3）本书基于情景构建与其他不确定性决策协同的机理，提出了突发公共卫生事件下的应急物流安全协同决策架构支持框架，但并未对具体的应急物流安全协同决策系统决策规则进行深入研究，今后可对其做进一步的研究。

（4）本书重点研究了突发公共卫生事件下应急物流安全的三类问题。第一类，研究了突发公共卫生事件下的情景构建问题，为后续应急物流安全的情景构建打好基础。第二类，研究了突发公共卫生事件下应急物流安全的情景构建问题，为后续的动态协同决策及架构支持研究奠定基础。第三类，研究了突发公共卫生事件下的应急物流安全协同决策架构支持，但研究不够深入，比如应急物流、物流安全与更多决策问题的协同优化、系统架构与决策支持系统等。

由于时间和研究深度等原因，本书存在上述问题。书中还存在其他一些不足，此处不再一一列出。如果本书的研究能使对该领域感兴趣的研究者从中得到些许启发，进而成为进一步研究的起点，则幸莫大焉。

参考文献

[1] 罗铮.物流链安全保障体系研究[J].物流科技，2005（10）：8-10.

[2] 张诚，单圣涤.浅谈物流安全管理[J].企业经济，2006（5）：39-40+142.

[3] 杜汉钦.努力探索现代物流企业安全管理新途径[J].商品储运与养护，2006（1）：43-45.

[4] 潘晓英，祝捷.刍议建立突发事件下福建省对台应急物流作业安全管理机制的方法[J].物流工程与管理，2014，36（11）：102-103+89.

[5] 张博.煤矿生产物流系统安全影响因素敏感性问题研究[D].郑州：郑州大学，2015.

[6] 于添.基于危化品物流的安全性战略研究[J].化工管理，2017（27）：168-170.

[7] 刘霞.以自动识别技术的深度应用提升物流安全管理[J].信息记录材料，2017，18（11）：82-84.

[8] 肖立刚."互联网+"背景下危化品物流安全防护体系的构建与实施[J].中国市场，2017（27）：116-117+159.

[9] 徐晓林，李卫东.基于信息技术的政府群决策模式研究[J].

江西社会科学，2008（10）：192-197.

[10]黄毅宇，李响.基于情景分析的突发事件应急预案编制方法初探[J].安全与环境工程，2011，18（2）：56-59.

[11]王永明，周磊山，刘铁民.非常规突发事件中的区域路网疏散能力评估与交通组织方案设计[J].系统工程理论与实践，2011，31（8）：1608-1616.

[12]胡玉玲，王飞跃，刘希未.基于ACP方法的高层建筑火灾中人员疏散策略研究[J].自动化学报，2014，40（2）：185-196.

[13]张辉，刘奕.基于"情景—应对"的国家应急平台体系基础科学问题与集成平台[J].系统工程理论与实践，2012，32（5）：947-953.

[14]王文俊，熊康昊.基于"情景—任务—能力"的民航应急管理体系建设[J].交通企业管理，2015，30（1）：59-61.

[15]张敏，张玲.基于失效情景的应急设施选址评估指标体系与模型[J].中国管理科学，2016，24（11）：129-136.

[16]孙超，钟少波，邓羽.基于暴雨内涝灾害情景推演的北京市应急救援方案评估与决策优化[J].地理学报，2017，72（5）：804-816.

[17]王齐兴.大数据构建国家信息安全作用分析[D].杭州：浙江大学，2015.

[18]马奔，毛庆铎.大数据在应急管理中的应用[J].中国行政管理，2015（3）：136-141+151.

[19]盛杨燕，周涛.莫里航海图，最早的大数据实践[J].中国统计，2016（10）：25-26.

［20］冯秀成."大数据"时代的政府管理［J］.廉政瞭望，2013（6）：50-51.

［21］涂子沛.大数据及其成因［J］.科学与社会，2014，4（1）：14-26.

［22］孟小峰，杜治娟.大数据融合研究：问题与挑战［J］.计算机研究与发展，2016，53（2）：231-246.

［23］王旭坪，张娜娜，詹红鑫.考虑灾民非理性攀比心理的应急物资分配研究［J］.管理学报，2016，13（7）：1075-1080.

［24］镇璐，付方九.集装箱港口泊位与堆场分配的联合优化研究［J］.工业工程，2014，17（2）：1-6.

［25］谭跃进.新兴信息技术下管理科学的创新思考［J］.国防科技，2015，36（3）：55-58.

［26］庞素琳.巨灾风险大数据处理应急分类、分解、分拣算法与应用［J］.系统工程理论与实践，2015，35（3）：743-750.

［27］欧忠文，李科，姜玉宏，等.应急物流保障机制研究［J］.物流技术，2005（9）：13-15.

［28］王宗喜.关于应急物流建设的若干问题［J］.中国流通经济，2009，23（3）：20-22.

［29］薛梅，胡志娟.我国应急物流系统构建研究［J］.经济论坛，2010（7）：145-147.

［30］李金太，吴超，陈然.对构建军民融合式应急物流体系的思考［J］.中国储运，2010（12）：101-102.

［31］张姣芳，陈晓和.我国军民融合应急物流体系建设研究［J］.中国流通经济，2011，25（5）：43-47.

［32］陈树东.突发事件应急物流区域协调机制研究［D］.衡阳：南华大学，2012.

［33］郑晓莹.长三角区域粮食应急物流体系的组织管理研究［D］.南京：南京财经大学，2016.

［34］刘青芝.DH公司应急物流系统的优化研究［D］.石家庄：河北科技大学，2015.

［35］张中华.苏南应急物流自组织协同机制研究［J］.物流技术，2017，36（7）：27-31.

［36］聂彤彤.非常规突发事件下应急物流中心建设研究［J］.科技管理研究，2011，31（14）：46-50+32.

［37］马士华，孟庆鑫.供应链物流能力的研究现状及发展趋势［J］.计算机集成制造系统，2005（3）：301-307.

［38］谈笑.供应链物流能力的研究现状及发展趋势［J］.中国储运，2021（3）：121-122.

［39］胡文刚.基于国家大部制下企业应急物流的研究［D］.广州：华南理工大学，2010.

［40］罗书林.第三方物流企业在应急物流体系中的支撑作用［J］.中国管理信息化，2010，13（22）：45-46.

［41］何叶荣，李玲.安徽省公共危机事件应急物流管理体系构建［J］.安徽理工大学学报（社会科学版），2011，13（4）：24-27.

［42］郝悦，蒋丽华.军事采购力的构成要素及其关系分析［J］.中国物流与采购，2012（21）：76-77.

［43］黄如安.低碳经济与加快后勤保障力生成模式转变［J］.军事经济研究，2013，34（2）：73-75.

［44］程华亮，杨西龙.应急物流中军民协同保障能力评价研究 ［J］.物流科技，2016，39（5）：120-124.

［45］马向国，梁艳，杨慧慧，等.基于模糊物元法的京津冀区域 应急物流能力评价［J］.物流技术，2017，36（8）：87-94.

［46］陈欢欢.基于AHP-FCE和德尔菲法的应急物流能力评价模 型［J］.现代商业，2017（13）：61-62.

［47］王旭坪，傅克俊，胡祥培.应急物流系统及其快速反应机制 研究［J］.中国软科学，2005（6）：127-131.

［48］刘春林，陈华友.区间数计划网络的关键路问题研究［J］. 管理科学学报，2006（1）：27-32.

［49］孙华丽，王循庆，薛耀锋.随机需求应急物流多阶段定位— 路径鲁棒优化研究［J］.运筹与管理，2013，22（6）：45-51.

［50］程碧荣，赵晓波，秦进.考虑供应不足的应急物流车辆路径 优化模型及算法［J］.计算机应用研究，2016，33（6）：1682-1685.

［51］蒋杰辉，马良.多目标应急物资路径优化及其改进智能水滴 算法［J］.计算机应用研究，2016，33（12）：3602-3605.

［52］刘长石，朱征，刘立勇.震后初期应急物资配送LRP中的干 扰管理研究［J］.计算机工程与应用，2017，53（20）：224-230.

［53］王海燕.危险品物流安全管理及事故应急管理研究［J］.东 南大学学报（哲学社会科学版），2009，11（1）：71-74+124.

［54］夏红云，江亿平，赵林度.基于双层规划的应急救援车辆调 度模型［J］.东南大学学报（自然科学版），2014，44（2）：425-429.

［55］周超，王红卫，祁超.基于层次任务网络的应急资源协作规 划方法［J］.系统工程理论与实践，2015，35（10）：2504-2512.

［56］徐浩，李佳川，韩传峰.震后运速受限条件下的多目标定位：路径问题研究［J］.管理工程学报，2017，31（4）：147-155.

［57］王喆，王世昌，李明磊，等.层次任务网络规划在应急物流方案制定中的应用研究［J］.安全与环境工程，2017，24（5）：15-20.

［58］董传仪."汶川地震"灾后重建经验与行政模式［J］.中国智库，2011（1）：109-116.

［59］石彪，薛旭旭，池宏，等.应急预案的执行状态优化问题研究［J］.中国管理科学，2017，25（3）：156-163.

［60］朱鹏飞，濮荣，吴江.公路交通应急指挥平台统一通信系统的研究［J］.江苏科技信息，2011（6）：17-19.

［61］周利敏，李夏茵.超越问责：中美应急管理结构比较研究——基于天津港与德州大爆炸分析［J］.中国软科学，2017（10）：12-22.

［62］周圆，陈超，张晓健.美国环境应急管理制度简析［J］.中国环境管理，2017，9（5）：95-100.

［63］谢迎军，朱朝阳，周刚，等.应急预案体系研究［J］.中国安全生产科学技术，2010，6（3）：214-218.

［64］王卓，贾利民，秦勇.城市轨道交通应急预案分类方案评价研究［J］.城市轨道交通研究，2011，14（7）：31-35.

［65］常建鹏，陈振颂，周国华，等.基于前景理论的铁路应急预案多指标风险评估研究［J］.铁道学报，2016，38（2）：7-18.

［66］赵树平，梁昌勇，罗大伟.基于诱导型直觉不确定语言集成算子的应急预案评估群决策方法［J］.计算机应用研究，2016，33

（3）：726-729.

［67］石彪，池宏，祁明亮，等.资源约束下的应急预案重构方法研究［J］.中国管理科学，2017，25（1）：117-128.

［68］李永清.新常态下地方政府应急管理机制重塑的路径选择［J］.特区实践与理论，2015（3）：63-67.

［69］孙招平，吴奕锦，张美琪.新疆南疆农村突发自然灾害应急管理机制探讨［J］.价值工程，2015，34（28）：249-251.

［70］张永领，周晓冰，王伟.我国旅游突发事件应急管理机制构建研究［J］.资源开发与市场，2016，32（1）：116-119.

［71］李民，贾先文.中美省州际间跨界应急管理机制比较研究［J］.中国地质大学学报（社会科学版），2016，16（5）：121-126.

［72］赖玉林，代联.高校学生突发事件应急管理机制研究［J］.管理观察，2017（9）：116-117.

［73］谢园青，周慧.大数据时代中国的应急管理体制创新［J］.中国管理信息化，2016，19（8）：198-199.

［74］陶鹏.基层政府应急管理体制创新的网格化路径探析［J］.风险灾害危机研究，2016（2）：178-190.

［75］熊康昊.基于应急准备的民航单位应急管理组织创新研究——以民航华东地区空中交通管理局为例［J］.交通企业管理，2017，32（6）：111-114.

［76］滕飞霞，范升彦.政府应急管理咨询服务模式的实践探索［J］.安全，2017，38（10）：52-56.

［77］娄伟.情景分析理论与方法［M］.北京：社会科学文献出版社，2012.

［78］余序江，许志义，陈泽义.技术管理与技术预测［M］.北京：清华大学出版社，2008.

［79］宗蓓华.战略预测中的情景分析法［J］.预测，1994（2）：50-51+55+74.

［80］孙知明.情景分析的战略贡献［J］.企业研究，2002（3）：22-23.

［81］岳珍，赖茂生.国外"情景分析"方法的进展［J］.情报杂志，2006（7）：59-60+64.

［82］王晶，张玲，黄钧，等.基于不确定需求的鲁棒应急物流系统［J］.数学的实践与认识，2009，39（20）：53-60.

［83］陈小可.应急物流网络鲁棒性问题研究［D］.北京：北京工商大学，2010.

［84］赵晓波.考虑随机需求和鲁棒性的应急物流车辆路径问题优化模型及算法研究［D］.长沙：中南大学，2011.

［85］刘波.应急物流优化中的鲁棒双层规划模型研究［D］.天津：天津大学，2013.

［86］孙华丽，王循庆，薛耀锋.随机需求应急物流多阶段定位—路径鲁棒优化研究［J］.运筹与管理，2013，22（6）：45-51.

［87］何珊珊，朱文海，任晴晴.不确定需求下应急物流系统多目标鲁棒优化模型［J］.辽宁工程技术大学学报（自然科学版），2013，32（7）：998-1003.

［88］接婧.国际学术界对鲁棒性的研究［J］.系统工程学报，2005（2）：153-159.

［89］晏妮娜，黄小原.电子市场环境下双源渠道模型及其牛鞭效

应 H$_\infty$ 控制［J］.东北大学学报，2006（5）：583-586.

［90］徐家旺，张毅，方云龙.闭环供应链鲁棒运作模型与仿真［M］.北京：经济管理出版社，2009.

［91］刘铁民.重大突发事件情景规划与构建研究［J］.中国应急管理，2012（4）：18-23.

［92］姜卉，黄钧.罕见重大突发事件应急实时决策中的情景演变［J］.华中科技大学学报（社会科学版），2009，23（1）：104-108.

［93］杨保华，方志耕，张娜，等.基于多种不确定性参数分布的 U-GERT 网络模型及其应用研究［J］.中国管理科学，2010，18（2）：96-101.

［94］朱佳翔，江涛涛，钟昌宝，等.响应紧急救援的应急供应链物流配送模型［J］.系统工程，2013，31（7）：44-51.

［95］TAIKEN LINA，郝皓.从天津港"8·12"事故看化工物流企业仓储安全管理［J］.物流科技，2017，40（5）：153-155.

［96］谢尚，孙建华，姜天文，等.事故树定量分析法在煤矿中的应用［J］.北京联合大学学报（自然科学版），2010，24（4）：56-59.

［97］臧艳彬，王瑞和，张锐，等.基于事故树的钻柱失效分析方法［J］.石油学报，2011，32（1）：171-176.

［98］王大庆，张鹏，郭冀，等.考虑相关性时 LNG 储罐泄漏模糊事故树定量分析［J］.中国安全科学学报，2014，24（1）：96-102.

［99］黄卫清，徐平如，钱宇.基于事故树方法的城市灰霾的致因机理分析：以天津市为例［J］.化工学报，2018，69（3）：982-991+1252.

［100］王晓波，李诗赞，代雪云，等.基于事故树与贝叶斯网

络的管道泄漏事故溯源方法［J］.油气储运，2017，36（9）：1013-1018.

［101］龚本刚.基于证据理论的不完全信息多属性决策方法研究［D］.合肥：中国科学技术大学，2007.

［102］杨岩.国际海铁联运协调问题［D］.武汉：武汉理工大学，2010.5.

［103］王颜新.非常规突发事件情境重构模型研究［D］.哈尔滨：哈尔滨工业大学，2011.

［104］李欣.情景分析和预案重构在电信网络应急管理中的应用［D］.北京：中国科学院大学，2013.

［105］张志英.基于情景剖面的生命救援情景重构与演化研究［D］.成都：电子科技大学，2014.

［106］孙烨.协同学方法论在社会科学中的定性研究分析［J］.自然辩证法研究，2013，29（9）：118-124.

［107］李智，韩瑞珠，刘明.生物反恐体系中应急救援网络协同动力学模型分析［J］.东南大学学报（自然科学版），2007（S2）：374-380.

［108］金广仲.城市应急管理指挥协同研究［D］.上海：同济大学，2008.

［109］周凌云，张清，罗建锋.应急物流体系的建设与协同运作机制［J］.综合运输，2011（6）：24-29.

［110］郭健.应急物资配送点协同研究［D］.北京：北京交通大学，2011.

［111］肖俊华，侯云先.区域救灾物资储备库布局优化的实证研

究——以北京市昌平区为例［J］.经济地理，2013，33（2）：135-140.

［112］税文兵，沈小静，何民.考虑失效风险的救灾物资储备库选址模型研究［J］.中国安全科学学报，2015，25（7）：166-170.

［113］袁晔.江苏太仓：出台救灾物资储备管理办法［J］.中国减灾，2016（23）：61.

［114］杨英春.我区将建设37个救灾物资储备库［N］.新疆日报（汉），2016（3）.

［115］苏桂武，聂高众，高建国.地震应急信息的特征、分类与作用［J］.地震，2003（3）：27-35.

［116］孙君.灾害干扰影响下应急物流网络系统构建［J］.铁道运输与经济，2015，37（8）：38-43.

［117］刘德海，王维国，孙康.基于演化博弈的重大突发公共卫生事件情景预测模型与防控措施［J］.系统工程理论与实践，2012，32（5）：937-946.

［118］吴弼人.“黄金72小时”救援设施［J］.华东科技，2008（6）：25.

［119］李周清.大规模突发事件救援物资联动调运优化模型与算法研究［D］.成都：西南交通大学，2011.

［120］杨继君，佘廉.面向多灾点需求的应急资源调度博弈模型及优化［J］.中国管理科学，2016，24（8）：154-163.

［121］葛洪磊.基于灾情信息特征的应急物资分配决策模型研究［D］.杭州：浙江大学，2012.

［122］杨伟，李彤.非常规灾害事件情景演化的概率性生长模

式——基于台风莫拉克的探索性案例研究［J］.电子科技大学学报（社科版），2013，15（5）：14-19.

［123］朱晓寒，李向阳，王诗莹.自然灾害链情景态势组合推演方法［J］.管理评论，2016，28（8）：143-151.

［124］付晓凤.集装箱多式联运物流安全管理及应急决策支持系统研究［D］.西安：长安大学，2013.

［125］蔡鉴明.地震灾害应急物流时变性及可靠性相关问题研究［D］.长沙：中南大学，2012.

［126］丁斌，陈殿龙.基于粗糙集与FAHP-FCE的地方政府应急物流预案评价［J］.系统工程，2009，27（4）：7-11.

［127］孙萍.自然灾害下区域应急物流网络规划研究［D］.哈尔滨：黑龙江大学，2016.

［128］杨力，刘程程，宋利，等.基于熵权法的煤矿应急救援能力评价［J］.中国软科学，2013（11）：185-192.

［129］刘德海，于倩，马晓南，等.基于最小偏差组合权重的突发事件应急能力评价模型［J］.中国管理科学，2014，22（11）：79-86.

［130］谢建光.突发事件食品应急物流中应急能力评价与方案优化研究［D］.长沙：中南大学，2012.

［131］段爱华.生鲜品冷链物流安全评价及关键流程研究［D］.长沙：长沙理工大学，2012.

［132］王金凤，翟雪琪，冯立杰.面向安全硬约束的煤矿生产物流效率优化研究［J］.中国管理科学，2014，22（7）：59-66.

［133］胡东萍.基于地理空间数据的地震诱发滑坡易感性统计模

型研究［D］.重庆：重庆大学，2014.

［134］代鹏.基于粒计算的非常规突发事件情景层次模型［D］.大连：大连理工大学，2015.

［135］陈雪龙，代鹏.应急管理中情景信息生成方法及系统实现［J］.信息技术，2016（3）：64-68+72.

［136］陈雪龙，卢丹，代鹏.基于粒计算的非常规突发事件情景层次模型［J］.中国管理科学，2017，25（1）：129-138.

［137］王东妹.救灾物资调配问题研究［D］.北京：北京交通大学，2010.

［138］谢旭阳，邓云峰，李群，等.应急管理信息系统总体架构探讨［J］.中国安全生产科学技术，2006（6）：27-30.

［139］赵丽鲜.应急指挥系统平台架构设计［J］.办公自动化，2008（6）：13-15.

［140］蒲鹏先，王勇.应急地理信息整合平台系统架构初探［J］.地理信息世界，2008，6（6）：39-44.

［141］吕雪，凌捷.基于J2EE架构的信息安全应急预案管理系统研究与实现［J］.计算机工程与设计，2013，34（4）：1197-1201+1237.

［142］张宁熙.面向大数据应用的政府应急信息系统架构研究［J］.保密科学技术，2014（11）：35-40.

［143］陈相兆.HAZChina地震应急快速评估技术研究及系统建设［D］.哈尔滨：中国地震局工程力学研究所，2016.

［144］赵杨.基于J2EE-WebGIS应急调度系统的研究与实现［D］.武汉：武汉理工大学，2012.

［145］孙占萌.应急资源管理系统的设计与实现［D］.成都：电子科技大学，2014.

［146］汪季玉，王金桃.基于案例推理的应急决策支持系统研究［J］.管理科学，2003（6）：46-51.

［147］李玉海，徐畅，马思思.网络舆论危机应急管理决策支持系统研究［J］.情报科学，2010，28（7）：1089-1093+1099.

［148］刘晓慧.基于预案的突发地质灾害智能应急决策支持模型研究［D］.北京：中国地质大学，2014.

［149］李赛.大数据环境下突发事件应急决策支持系统研究［D］.武汉：华中师范大学，2016.

［150］王兴玲.基于北斗卫星的灾情信息采集与灾害应急指挥系统研究［J］.西南师范大学学报（自然科学版），2007（3）：136-140.

［151］李亚品.传染病信息实时采集与应急处置系统研究［D］.北京：中国人民解放军军事医学科学院，2013.

［152］程思.地质灾害应急指挥系统信息管理子系统的研发［D］.成都：成都理工大学，2008.

［153］钟宇.贵阳小河区安监局内部业务管理系统的分析与设计［D］.昆明：云南大学，2013.

［154］陈良冬.基于GIS的震后应急物资调配决策支持系统设计与实现［D］.成都：西南交通大学，2014.

［155］吕梦楠.应急地图数据管理与地图控制系统设计与实现［D］.大连：大连理工大学，2016.

［156］GEORGIADOU P S，PAPAZOGLOU I A，KIRANOUDIS C T，et al. Modeling emergency evacuation for major hazard industrial sites［J］.

Reliab. Eng. Syst. Safety, 2006, 92:1388–1402.

[157] JIA H Z, ORDONEZ F, DESSOUKY M. A modeling framework for facility location of medical services for large–scale emergencies [J]. IIE Trans,2007,39: 41–55.

[158] RAWLS C G, TURNQUIST M A. Pre–positioning of emergency supplies for disaster response [J]. Transp. Res. B–Meth,2010,44:521–534.

[159] CAUNHYE A M, NIE X F, POKHAREL S Optimization models in emergency logistics: a literature review [J]. Socio–Econ. Plan. Sci, 2011, 46: 4–13.

[160] CAUNHYE A M, LI M, NIE X. A location–allocation model for casualty response planning during catastrophic radiological incidents [J]. Socio–Econ. Plan. Sci, 2015, 50:32–44.

[161] CAUNHYE A M, ZHANG Y, LI M, et al. A location–routing model for prepositioning and distributing emergency supplies [J]. Transport. Res. Part E: Logist.Transport. Rev,2016,90:161–176.

[162] AI F, COMFORT L K, DONG Y, et al. A dynamic decision support system based on geographical information and mobile social networks: a model for tsunami risk mitigation in Padang [J]. Indonesia. Saf. Sci,2016,90: 62–74.

[163] SANTOS R, MOSSE D, ZNATI T, et al.Design and implementation of a Witness Unit for opportunistic routing in tsunami alert scenarios [J]. Saf. Sci,2016,90:75–83.

[164] LEE Y M, GHOSH S, ETTL M. Simulating distribution of emergency relief supplies for disaster response operations [C].

Proceedings of the Winter Simulation Conference,2009: 2657–2668.

［165］HORNER M W, DOWNS J A. Optimizing hurricane disaster relief goods distribution: model development and application with respect to planning strategies ［J］. Disasters , 2010,34:821–844.

［166］MALISZEWSKI J P ,HORNER W M .A Spatial Modeling Framework for Siting Critical Supply Infrastructures* ［J］.The Professional Geographer,2010,62（3）: 426–441.

［167］MALISZEWSKI P J, KUBY M J, HORNER M W. A comparison of multi–objective spatial dispersion models for managing critical assets in urban areas ［J］. Comput.,Environ. and Urban Syst, 2011, 36（4）: 331– 341.

［168］ZHAO M, CHEN Q. Risk–based optimization of emergency rescue facilities locations for large–scale environmental accidents to improve urban public safety ［J］. Nat. Haz.Volume, 2015, 1（5）:163–189.

［169］ZHAO M, LIU X. Regional risk assessment for urban major hazards based on GIS geoprocessing to improve public safety ［J］. Saf. Sci,2016,87:18–24.

［170］ZHAO M, CHEN Q W, MA J, et al. Optimizing temporary rescue facility locations for large–scale urban environmental emergencies to improve public safety ［J］. J.Environ. Inf, 2007,1（29）: 63–73.

［171］CANDOLIN U. The Use of Multiple Cues in Mate Choice ［J］. Biological Reviews, 2003,78:575–595.

［172］KWAN S H. Operating performance of banks among Asian economies: An international and time series comparison ［J］. Journal of

Banking and Finance ,2003,27:471–489.

［173］MICHAEL S. CASEY SUVRAJEET SEN.The Scenario Generation Algorithm for Multistage Stochastic Linear Programming［J］. Mathematics of Operations Research , 2005,30（3）:615–631.

［174］PAGNONCELLI BK, REICH D, CAMPI M. Risk–return trade-off with the scenario approach in practice: A case study in portfolio selection ［J］. J. Optim. Theory Appl, 2012, 155（2）:707–722.

［175］THOMAS A. GROSSMAN, ÖZGÜR ÖZLÜK. A Spreadsheet Scenario Analysis Technique That Integrates with Optimization and Simulation［J］. INFORMS Transactions on Education ,2009,10（1）:18–33.

［176］LARS MAGNUS HVATTUM, ARNE LØKKETANGEN, GILBERT LAPORTE. Scenario Tree–Based Heuristics for Stochastic Inventory–Routing Problems［J］. INFORMS Journal on Computing, 2009, 21（2）:268–285.

［177］AL–AZAWI M, YANG Y, ISTANCE H. Irregularity–based saliency identification and evaluation［C］. 2013 IEEE International Conference on Computational Intelligence.

［178］ALGO CARÈ, SIMONE GARATTI, MARCO C, et al. FAST–Fast Algorithm for the Scenario Technique［J］. Operations Research,2014,62（3）:662–671.

［179］JINIL HAN, CHUNGMOK LEE, SUNGSOO PARK. A Robust Scenario Approach for the Vehicle Routing Problem with Uncertain Travel Times［J］. Transportation Science . 2014, 48（3）:373–390.

［180］E. PULTAR M, RAUBAL M F, GOODCHILD. "in Proceedings

of the 16th ACM SIGSPATIAL International Conference on Advances in Geographic Information Systems" ,GEDMWA: Geospatial Exploratory Data Mining Web Agent, 2008.

［181］A STEFANIDIS, A CROOKS, J RADZIKOWSKI. Harvesting ambient geospatial information from social media feeds［J］. GeoJournal,2013,78（2）:319–338.

［182］T SAKAKI, M OKAZAKI, Y MATSUO.Tweet analysis for real–time event detection and earthquake reporting system development. IEEE Trans. Knowl and Data Eng（Volume）,2013,25（4）:919–931.

［183］TSOUKAS H .Correction to: Leadership, the American Academy of Management, and President Trump's Travel Ban: A Case Study in Moral Imagination［J］.Journal of Business Ethics,2020,163（1）:11–12.

［184］SADEGHI J ,SADEGHI S ,NIAKI A T S .A hybrid vendor managed inventory and redundancy allocation optimization problem in supply chain management: An NSGA–Ⅱ with tuned parameters［J］. Computers operations research,2014,41:53–64.

［185］JOUNI P ,HUISKONEN J ,PIRTTILÄ T .Improving global spare parts distribution chain performance through part categorization: A case study［J］. International Journal of Production Economics,2010,133（1）:164–171.

［186］GREGORY N STOCK, NOEL P GREIS, JOHN D.Kasarda,Enterprise logistics and supply chain structure: the role of fit［J］. Journal of Operations Management, 2000,18（5）:531–547.

［187］LINET ÖZDAMAR,EDIZ EKINCI, BESTE KÜÇÜKYAZICI.

Emergency Logistics Planning in Natural Disasters ［J］. Annals of Operations Research,2004,129:217–245.

［188］JIUH–BIING SHEU.Dynamic relief–demand management for emergency logistics operations under large–scale disasters ［J］. Transportation Research Part E,2010,5（11）:1–17.

［189］AHARON BEN–TAL, BYUNG DO CHUNG, SUPREET REDDY MANDALA, et al. Robust optimization for emergency logistics planning: Risk mitigation in humanitarian relief supply chains ［J］. Transportation Research Part B, 2010, 45（8）:1177–1189.

［190］PETER KOROŠEC, GREGOR PAPA.Metaheuristic approach to transportation scheduling in emergency situations ［J］.Transport, 2013, 28（1）:46–59.

［191］RODRIGO A GARRIDO, PATRICIO LAMAS, FRANCISCO J. A stochastic programming approach for floods emergency logistics ［J］. Transportation Research Part E , 2015,75: 18–31.

［192］ALFREDO MORENO, DOUGLAS ALEM, DEISEMARA FERREIRA. Heuristic approaches for the multiperiod location–transportation problem with reuse of vehicles in emergency logistics ［J］. Computers & Operations Research, 2016,69: 79–96.

［193］OKASAKI, N W. Improving transportation response and security following a disaster ［J］.ITE Journal,2003, 73（8）:30–32.

［194］MAKINO H.Analysis of ship refuge action in tsunami using AIS data: Case of the 2011 east Japan earthquake and tsunami ［J］. Journal of Shipping and Ocean Engineering, 2012,2:380–385.

［195］HONG-YUE SUN, LI-LIN RAO, KUN ZHOUC, et al. Formulating an emergency plan based on expectation-maximization is one thing, but applying it to a single case is another ［J］. Journal of Risk Research. 2014, 17（7）:785-814.

［196］U JACK, PHILIP DE SOUZA, N KALEBAILA.Development of emergency response plans for community water systems ［J］. Water SA, 2015, 41（2）:232-237.

［197］JHO M H, KIM G H, YOON S B, et al. Selection of ship evacuation area to construct tsunami emergency action plan ［J］. Journal of Coastal Research, 2017,79:169-173.

［198］CZ LIU.Basic problem on emergency disposition of abrupt heavy geological disaster ［J］.Journal of natural disasters,2006, 15:24-30.

［199］KRISHNA SV, PAL N, SADHU P K. Post Disaster Illumination for Underground Mines ［J］. Telkomnika Indonesian Journal of Electrical Engineering, 2015,13: 425-430.

［200］YOJNA A ,DINESH G .Big Data Technologies: Brief Overview ［J］.International Journal of Computer Applications,2015,131（9）:1-6.

［201］M ALVIOLI, RL BAUM. Parallelization of the TRIGRS model for rainfall-induced landslides using the message passing interface ［J］. Environmental Modelling and Software,2016,81:122-135.

［202］GINTAUTAS VIRKETIS,VERONIKA MATUTYTĖ. Lithuanian emergency medical assistance system management improvement strategy ［J］. Management Theory and Studies for Rural Business and Infrastructure Development, 2017, 39（2）:245-252.

［203］RICHARD G LITTLE, TREVOR MANZANARES.Factors Influencing the Selection of Decision Support Systems for Emergency Management: An Empirical Analysis of Current Use and User Preferences ［J］. Journal of Contingencies and Crisis Management,2015,23（4）: 266–274.

［204］MINKYUN KIMA, RAJ SHARMANB, CATHERINE P COOK–COTTONEC, et al. Assessing roles of people, technology and structure in emergency management systems: a public sector perspective ［J］. Behaviour & Information Technology, 2012, 31（12）:1147–1160.

［205］HAENLEIN, M KAPLAN, A M. A beginner' s guide to partial least squares analysis ［J］. Understanding Statistics, 2004,3（1）: 283–297.

［206］DE SILVA T, et al.Logistics, information technology（IT）, and telecommunications in crisis management ［J］. Prehospital and Disaster Medicine, 2005, 20（6）:464–467.

［207］COOK–COTTONE C.The attuned representation model for the primary prevention of eating disorders: an overview for school psychologists ［J］. Psychology in the Schools,2006, 43（2）:223–230.

［208］KIM J, et al. Efficiency of critical incident management systems: instrument development and validation ［J］.Decision Support Systems, 2007, 44（1）:235–250.

［209］M.GODET. The art of scenarios and strategic planning:tools and pitfalls ［J］. Technological Forecasting and Social Change, 2000,65:3–22.

［210］K.VAN DER HEIJDEN. SCENARIOS:The Art of Strategic conversation［M］.Chichester: Wiley, 1996.

［211］PORTER M E.Competitive advantage［M］.New York:Free Press,1985.

［212］FAHEY,RANDALL.Learning from the future:Competitive foresight scenarios［M］.New York:John Wiley &Sons, 2009.

［213］LENA BÕRJESON,MATTIAS HÕJER .Scenario types and techniques :Towards a user's guide［J］.Futures, 2006,38（7）:723–739.

［214］CYNTHIA SELIN.Trust and the illusive of scenarios［J］. Futures, 2005,38（1）:1–14.

［215］K E WEICK.Theory construction as disciplined imagination ［J］.The Academy of Management Review,1989,14（4）:516–531.

［216］LANCE M ,OLEKSIY O .Strategic scenario planning in practice: eight critical applications and associated benefits［J］.Strategy Leadership,2023,51（6）:22–29.

［217］P.SCHWARTZ. The Art of Long View［M］.New York: Crown Business, 1996.

［218］KAARTEMO V ,HELKKULA A .A Systematic Review of Artificial Intelligence and Robots in Value Co–creation: Current Status and Future Research Avenues［J］.Journal of Creating Value,2018,4（2）:211–228.

［219］M .GODET, F.ROUBELAT. Creating the future:the use and misuse of scenarios［J］. Long Range Planning,1996,29（2）:164–171.

［220］BÖRJESON L, HÖJER M, DREBORG K, et al.Scenario types and techniques: Towards a user's guide [J]. Futures, 2005,38（7）:723–739.

[221] TANG C S. Robust strategies for mitigating supply chain disruptions [J].International Journal of Logistics,2006,9（1）:33–45.

[222] MULVEY J M,VANDERBEI R. Robust optimization of large-scale systems [J]. Operations Research,1995, 43（2）:264–281.

[223] KLIBI W,MARTEL A, GUITOUNIA. The design of robust value–creating supply chain network: a critical review [J]. European Journal of Operational Research, 2010,203（2）:283–293.

[224] DALZIELL E, NICHOLSON A. Risk and impact of nature hazards on a road network [J]. Journal of Transportation Engineering,2001, 127（2）:159–166.

[225] TAYLOR M A P, D, ESTE G M. Network vulnerability: an approach to reliability analysis at the level of national strategic transport networks [J]. Elsevier Science, 2003,5 :23–44.

[226] BERDICA K.An introduction to road vulnerability: what has been done is done and should be done [J].Transport Policy, 2002, 9（2）:117–127.

[227] LUMMUS R R, DUCLOS L K. VOKURKA R J.Supply chain flexibility:buidl a new model [J]. Global Journal of Flexible Systems Management,2003（1）:1–13.

[228] MCMANUS S, SEVILLE E, BRUNSDON D.Resilience management: a framework for assessing and improving the resilience of organizations [M]. Canterbury: University of Canterbury, 2007.

[229] CHRISTOPER M, PECK H. Building the resilient supply chain

〔J〕. International Journal of Logistics Management, 2004, 15（2）:1-14.

〔230〕RICE J, CANIATO F. Building a secure and resilient supply network〔J〕. Supply Chain Management Review, 2003, 5（7）:22-33.

〔231〕SHEFFI Y.The Resilient Enterprise: Overcoming Vulnerability for Competitive Advantage〔M〕.Boston: The MIT Press, 2005.

〔232〕TOMLIN B.On the value of mitigation and contingency strategies for managing supply chain disruption risks〔J〕. Management Science,2006, 52（5）:639-657.

〔233〕RANJAN R P ,DURYODHAN J ,RANJAN J M , et al.Assessing the impact of supply chain agility on operational performances-a PLS-SEM approach〔J〕.Measuring Business Excellence,2023,27（1）:1-24.

〔234〕SOYSTER A L. Convex programming with set-inclusive constrains and applications to inexact linear programming〔J〕. Operations Research,1973, 21（5）:1154-1157.

〔235〕BERTSIMAS D, SIM M.The price of robustness〔J〕. Operations Research,2004, 52（1）:35-53.

〔236〕BECK A, BEN-TAL A. Duality in robust optimization: primal worst equals dual best〔J〕. Operations Research Letters,2008,37（1）:1-6.

〔237〕LEE C M, HSU S L.The effect of advertising on the distribution free newsboy problem〔J〕. International Journal of Production Economics, 2011, 129（1）:217-224.

〔238〕WU Y.Robust optimization applied to uncertain production loading problems with import quota limits under the global supply chain management environment〔J〕. Internationale Journal of Production

Research, 2006, 44（5）:849–882.

［239］SHAFER G. A Mathematical Theory of Evidence［M］. Princeton Princeton University Press, 1976.

［240］JIN ZHANG,MING DONG, F. FRANK CHEN. A bottleneck Steiner tree based multi–objective location model and intelligent optimization of emergency logistics systems［J］. Robotics and Computer Integrated Manufacturing, 2013,29（3）:48–55.

［241］NAJMEH VAEZ, FARSHAD NOURAI. RANDAP. An integrated framework for reliability analysis of detailed action plans of combined automatic–operator emergency response taking into account control room operator errors［J］. Journal of Loss Prevention in the Process Industries, 2013,26（6）:1366–1379.

［242］FENG Z ,GONZÁLEZ A V ,MUTCH C , et al.Towards a customizable immersive virtual reality serious game for earthquake emergency training［J］.Advanced Engineering Informatics,2020,46:101–134.

［243］PREECE G,SHAW D.Using the Viable System Model（VSM）to structure information processing complexity in disaster response［J］. European journal of operational research,2013,224（1）:209–218.

［244］ER MC. Decision Support Systems: A Summary, Problems and Future Trends［J］. Decision Support Systems,1988,4（3）:355–363.